AtV DOKUMENT UND ESSAY

Lewis Carlson wurde 1934 in Muskeegon, Michigan, geboren. Er lehrt amerikanische Geschichte an der Western Michigan University und war wiederholt als Fulbright-Stipendiat in Deutschland, u. a. 1986 am John-F.-Kennedy-Institut für Nordamerikastudien der Freien Universität Berlin. Lewis Carlson, der über umfangreiche Erfahrungen mit Oral History verfügt, ist Autor bzw. Herausgeber mehrerer Bücher über die Kulturgeschichte der USA sowie zur Geschichte des Sports.

Norbert Haase wurde 1960 in Köln geboren. Er leitet gegenwärtig die Gedenkstättenstiftung des Freistaates Sachsen in Dresden und beschäftigt sich wissenschaftlich mit Problemen der Alltagsgeschichte im Zweiten Weltkrieg. Im Rahmen eines Projekts der Forschungsstelle Widerstandsgeschichte der Freien Universität Berlin zur Kriegsgefangenschaft recherchierte er umfassend in US-Archiven. Norbert Haase veröffentlichte mehrere Bücher zur Geschichte militärischer Disziplinierung und des Widerstands von Soldaten im Zweiten Weltkrieg.

Bis zum 8. Mai 1945 brachten die Alliierten mehr als 370 000 deutsche Kriegsgefangene in die Vereinigten Staaten. Zur selben Zeit waren etwa 94 000 Amerikaner in deutschen Lagern. Die in diesem Buch dokumentierten Erinnerungen von je einem Dutzend betroffener Amerikaner und Deutscher wurden aus mehr als 150 Interviews ausgewählt. Die Berichte über ihre Erlebnisse, über existentielle Not und dramatische Konflikte zwischen Alt- und Antinazis widerlegen Mythen vom stets heldenhaften Soldaten und von unverbrüchlicher Kameradschaft. Während viele Deutsche erstmals die Grundsätze einer Demokratie schätzen lernten, waren manche amerikanische Soldaten von der völkerrechtswidrigen Willkür ihrer Feinde bedroht.

Lewis Carlson
Norbert Haase

Warten auf Freiheit

Deutsche und amerikanische Kriegsgefangene des Zweiten Weltkrieges erzählen

Aufbau Taschenbuch Verlag

Die Texte von Ludwig Norz, Robert Engstrom, Karl Hans Hackbarth, Phillip B. Miller, Oskar Schmoling, Glenn C. Miller, Daniel Abeles, Kurt Pechmann, Ross H. Calvert, Eberhard Ladwig, Louis A. Pfeifer und Helmut Dillner wurden von Friedrich Baadke aus dem Amerikanischen übersetzt.

Herman W. Baadke übersetzte die Texte von Joseph R. Beyrle, Sanford Lubinsky, William Kalway, Henry McKee, Edwin Pelz, Louis G. Grivetti und John J. Forster aus dem Amerikanischen.

ISBN 3-7466-8022-0

1. Auflage 1996

Umschlaggestaltung Torsten Lemme
Satz LVD GmbH, Berlin
Druck Elsnerdruck GmbH, Berlin
Printed in Germany

Inhalt

Einleitung

»In their rememberings are their truths.«
Studs Terkel

Im Verlauf des Zweiten Weltkrieges brachten die Alliierten mehr als 370 000 deutsche Kriegsgefangene in die Vereinigten Staaten. Während jener Jahre wurden annähernd 94 000 amerikanische Soldaten in Deutschland gefangengehalten. *Warten auf Freiheit* stellt die Erfahrungen einer exemplarischen Auswahl dieser Männer einander gegenüber. Ihre hier vorgestellten Erinnerungen sind das Ergebnis einer systematischen Befragung, (Militär)-Geschichte von unten, von Menschen erzählt, die niemals daran dachten, daß ihre Erlebnisse in ein Buch eingehen würden, obschon kaum ein äußerer Anlaß Berichte über die Lebenserfahrung der Kriegsgeneration mehr stimuliert hat als die Kriegsgefangenschaft. Ausgewählt aus mehr als 150 Interviews und Berichten, offenbaren diese beeindruckenden Zeugnisse, was es für ehemalige deutsche und amerikanische Soldaten bedeutete, Gefangene in Feindesland zu sein, wie sie den Alltag in der Kriegsgefangenschaft zubrachten, aber auch zu welchen politischen Auseinandersetzungen es in den amerikanischen Lagern kam, wie es um das Schicksal amerikanischer »Sondergefangener« stand oder um die *Reeducation*. Die Berichte belegen zugleich, wie der Einzelne sein Schicksal in den Nachkriegsjahrzehnten verarbeitete.

Anfang Juni 1994 feierten die Amerikaner den fünfzigsten Jahrestag des *D-Day* – der alliierten Invasion in der

Normandie. Fernseh- und Radiosendungen, zahlreiche Artikel, Bücher und andere Würdigungen zollten den tapferen Männern umfänglich Tribut, die am 6. Juni 1944 an den Stränden der Normandie gelandet waren und in den darauffolgenden Monaten schrittweise die deutschen Truppen aus Frankreich verdrängt und in eine Kapitulation gezwungen hatten. Endlose Reihen weißer Kreuze dienen heute als stumme Zeugen für Tausende alliierter Soldaten, die in der *Operation Overlord*, wie die Invasion bezeichnet wurde, getötet wurden. Die vielen tausend Amerikaner, die von den Deutschen insbesondere während der Ardennenoffensive gefangengenommen wurden, sind anläßlich der Gedenkfeierlichkeiten nur am Rande bzw. gar nicht erwähnt worden. Patrick Henrys berühmt gewordenes Bedauern, daß er nur ein Leben für sein Vaterland zu geben hätte, lehrte Amerikaner, der Tod fürs Vaterland sei das eigentlich Heroische. Auch in Deutschland wurde die Erinnerung an die beiden Weltkriege mittels eines zum Teil überhöhten Totenkultes um die gefallenen Soldaten wachgehalten. Gefangenschaft stellte hingegen nie etwas Ehrenhaftes oder Heroisches dar. Zwar konnte ein Gefangener seine Ehre wiederherstellen, wenn er beweisen konnte, daß er seinen Bewachern entflohen war, doch fanden solche Aktionen vornehmlich in Hollywoods Kriegsfilmen statt.

Die Feierlichkeiten zum 50. Jahrestag des Sieges in Europa lösten 1995 in den USA eine noch größere Flut öffentlicher Dankbarkeit aus gegenüber den Männern und Frauen, die Hitler und die Achsenmächte bezwangen als der Jahrestag des *D-Day*. *VE-Day*, der Tag der bedingungslosen Kapitulation der Deutschen Wehrmacht, markierte auch den Tag der Befreiung der amerikanischen Kriegsgefangenen in deutschem Gewahrsam.

Ihnen zu Ehren waren seinerzeit keine Konfettiparaden abgehalten worden, sie wurden rasch vergessen – von ihrer Regierung, den Medien und der allgemeinen Öffentlichkeit. In Deutschland ist das Schicksal westalliierter Kriegsgefangener insgesamt – auch in der wissenschaftlichen Aufarbeitung – kaum beachtet worden. Die Unzahl an Zwangsarbeiterlagern, Konzentrationslagern und ihren Außenkommandos, die Verbrechen an den europäischen Juden, an Sinti und Roma, die unermeßlichen Opfer unter anderen Bevölkerungsgruppen wie nicht zuletzt das leidvolle Schicksal der sowjetischen Kriegsgefangenen in deutschem Gewahrsam haben die Wahrnehmung dieses Massenschicksals überlagert, obschon viele Zeitgenossen sich auch heute noch an Kontakte zu westlichen Kriegsgefangenen erinnern. Allenfalls spektakuläre Fluchtgeschichten blieben im öffentlichen Bewußtsein haften. Als Bundeskanzler Helmut Kohl und US-Präsident Ronald Reagan 1985 in Bitburg die deutsch-amerikanische Aussöhnung symbolisch zu festigen versuchten, kamen die Kriegsgefangenen in den öffentlichen Gedenkritualen nicht vor. Ein Spezifikum der deutschen Rezeptionsgeschichte ist es, daß das Schicksal westlicher Kriegsgefangener in der DDR zu Zeiten des Kalten Krieges nachweislich aus dem offiziellen Geschichtsbild ausgeblendet wurde, da ihr Opferstatus den Intentionen einer gegen den »imperialistischen Klassenfeind« gerichteten Propaganda im Wege stand.

Es bleibt eine unumstößliche Tatsache, daß das nationalsozialistische Deutschland ganz Europa mit Aggression und Völkermord überzog und planvoll die systematische, fabrikmäßige Ermordung der Juden Europas betrieb. Der Krieg kostete mehr als fünfzig Millionen Menschenleben und hinterließ ein riesiges Trümmerfeld auf diesem Kontinent. Die Gegenüberstellung von Erfahrungen gefangener Soldaten dies- und jenseits des Atlantiks in diesem Buch ist kein Akt revisionistischer Geschichtsbetrachtung. Weder soll durch die vergleichende Perspektive etwa historische Schuld noch die Tatsache relativiert werden, daß im Falle deutscher und amerikanischer Soldaten die Armeen einer westlichen Demokratie und eines terroristischen Gewaltregimes gegeneinander kämpften, noch sollen unredliche Saldierungen von Gefangenen- und Opferzahlen aufgestellt werden.

Die vergleichende Perspektive illustriert vielmehr, was alle Menschen gemein haben, wenn sie von Umständen eingeholt werden, die sie weder beeinflussen noch wirklich verstehen können. Durch das Erzählen ihrer Geschichte erlangen diese Männer ihre Würde und Bedeutung als geschichtliche Subjekte wieder. Die Tatsache, daß ein Deutscher oder ein Amerikaner Soldat und Kriegsgefangener war und überlebte, um seine Geschichte zu erzählen, verdient unsere ungeteilte Aufmerksamkeit.

Der gemeine Mann, ob Deutscher oder Amerikaner, konnte sich seine Nationalität nicht aussuchen, und er hatte keine Wahl, als seine politische Führung bestimmte, daß er seinem Lande zu dienen habe. Obwohl Deutsche und Amerikaner heute enge Verbündete sind, bleiben die Filmbilder hinterlistiger und herzloser Nazis oder tolpatschiger Narren wie in *Hogan's Heroes* fest in der amerikanischen Popularkultur verwurzelt. Über die TV-Satellitenkanäle erhält dieses Bild als »*Military Comedy*« – »Ein Käfig voller Helden« – heute auch in Deutschland Einzug. Die oft schmerzlichen Erfahrungen der Großväter werden den Angehörigen der Zapping-

Generation beiderseits des Atlantiks als Slapstick dargereicht. Dagegen stehen die durch die amerikanische Geschichtswissenschaft seit den 70er Jahren in zahlreichen Studien, zum Teil über die Kriegsgefangenenlager in einzelnen Bundesstaaten, erworbenen differenzierten Erkenntnisse zur Geschichte deutscher Kriegsgefangener. Doch selbst eine so umfassende und detaillierte Studie wie die von Arnold Krammer (1979) kam nicht ohne pejorative Akzentuierung im Buchtitel aus: »*Nazi-Prisoners of War in America*«. In Deutschland erschien dieses Buch unter dem zurückhaltenderen Titel »PW – gefangen in Amerika«.

Die amerikanische Perspektive divergiert in dieser Hinsicht von der deutschen: Die größtenteils durch Schuldabwehr und eine Überhöhung der eigenen Opferrolle im Kriege genährte Erinnerung an die Rheinwiesenlager, die Westalliierte errichtet hatten, überlagert hierzulande das Geschichtsbild deutscher Kriegsgefangenschaft in Amerika. Spektakuläre Thesen wie jene des kanadischen Journalisten James Bacques (»Der geplante Tod«, 1989), Amerikaner und Franzosen hätten planvoll eine Million deutsche Kriegsgefangene einfach verhungern lassen, erreichen hohe Auflagen und nähren Vorurteile. Zum tieferen Verständnis und zur gegenseitigen Verständigung tragen die durch namhafte Historiker längst widerlegten Behauptungen wenig bei.

Andererseits haben Schriftsteller wie Alfred Andersch und Hans Werner Richter mit frühen Werken der deutschen Nachkriegsliteratur unser Bewußtsein dafür geschärft, was vielen der 370 000 deutschen Soldaten »Freiheit hinter Stacheldraht« bedeutete, die in den USA erstmals nach Jahren der NS-Indoktrination mit den Prinzipien liberaler Demokratie konfrontiert wurden.

In den USA ist das Bild des Kriegsgefangenen von den Mythen der Kulturindustrie überformt worden, die durch den Korea- und den Vietnamkrieg neue Nahrung erhielten. Es wurde im öffentlichen Gedächtnis auf eine einfache Moral reduziert: die amerikanischen Jungs litten schrecklich in den Händen unzivilisierter Barbaren, die zumeist eine völlig fremde Kultur repräsentierten. Solche Beschreibungen ließen undifferenziert ausschließlich Bilder von reinen, unschuldigen, friedliebenden amerikanischen *Boys* in den Fängen böser Feinde zu, deren Werte in scharfem Kontrast zu allem stehen, was Amerika heilig ist. Wie auch die in diesem Buch versammelten Berichte zeigen, ist Kriegsgefangenenschaft wesentlich differenzierter zu betrachten.

Viele Mythen über amerikanische Kriegsgefangene in Korea und Vietnam können bis zu den populären Vorstellungen von Kriegsgefangenen des Zweiten Weltkrieges zurückverfolgt werden: Ohne Zweifel handelten amerikanische und alliierte Kriegsgefangene während des *Good War* immer heroisch. In zahllosen Romanen, Biographien, Autobiographien, populären Geschichtsbüchern und vor allem in Filmen finden sich genügend Belege ihres beispielhaften Verhaltens. Unabhängig von den äußeren Umständen führte der Kriegsgefangene einen unaufhörlichen Kampf gegen seine schwachsinnigen Bewacher, entkam – wenn möglich –, sabotierte und tötete – wenn nötig –, bewahrte sich aber immer seine Geradlinigkeit, seine Treue zu Gott und die Überlegenheit des *American way of life*.

Mythen bestimmen keineswegs nur, wie eine Gesellschaft kollektiv ihre Vergangenheit verarbeitet, sondern auch, wie ihre einzelnen Mitglieder sich gegenüber ihrer eigenen sich verändernden Wirklichkeit verhalten. Die Kriegsgefangenen der jüngsten Zeit sind mit den hier kurz skizzierten gängigen Mythen aufgewachsen, müssen sich aber auf eine Wirklichkeit einstellen, die sich von allen bisherigen Erfahrungen unterscheidet. Wie gesagt, hat der Mythos vom starken Individuum die amerikanische Popularkultur lange bestimmt. Anders als die meisten fiktionalen Helden jedoch muß der gemeine Mann – und ganz besonders der Kriegsgefangene – sich von der Vorstellung befreien, daß er der Nabel der Welt sei und sich alles um ihn drehe. Er muß lernen, daß kein Mensch autonom ist. Will er in seiner gefährlichen und feindlichen Umwelt überleben, muß er erkennen, daß er Teil eines größeren Ganzen ist und der Hilfe seiner Mitgefangenen bedarf. Das mag selbstverständlich erscheinen, doch es ist eine sehr schwierige Lektion für die meisten amerikanischen Männer, denen eingeimpft wurde, auf die Unterstützung anderer angewiesen zu sein, sei ein Zeichen von Schwäche.

Amerikas kulturelle Helden sind immer selbstgenügsam, überlebensgroße Individuen, die fest im Sattel sitzen, koste es, was es wolle. Man denke an den Marlboro Mann: allein, hoch zu Roß, zu allem bereit. Oder man vergegenwärtige sich John Waynes einhändigen Kampf in einem Zweifrontenkrieg gegen die Achsenmächte. Nichts entlarvt die Verklärungen durch Bilder individuellen Heldentums mehr als die Realität des modernen Krieges, in dem der Einzelne zu einem gesichtslosen Nichts wird, geschlagen durch Kräfte, die er oft niemals zu Gesicht bekommt und erst recht nicht kontrollieren kann.

Selbst in seiner natürlichen Umwelt ist der Mensch immer verwundbarer, als er annimmt, doch in einer Kultur, die den Kult des Individuums hochhält, klammert er sich verzweifelt an seine Illusion, er könne die Kräfte kontrollieren, die sein tägliches Leben bestimmen. Ein Kriegsgefangener mußte die schmerzvolle Erfahrung verschärfter Erniedrigung und Abhängigkeit machen. John Wayne mit all seinem auffälligen Gehabe und seinem unnachgiebigen Individualismus hätte der erste sein können, der unter diesen Umständen schwankte.

Hollywood-Filme können niemals den Schock und Schmerz, die Irritation oder gar die Scham einfangen, die Kriegsgefangenschaft gewöhnlich auslöst. Das wußten und wissen die Betroffenen. Ein tapferer junger Soldat, der in diesem Buch zu Wort kommt, war nach seiner Gefangennahme während der Ardennenoffensive so verwirrt, daß er seine Stiefel in der zweiten Nacht an einen amerikanischen Bewacher abtrat, nur um aus der Kälte in den Bunker flüchten zu können. Viele Männer verdrängten den Moment ihrer Gefangennahme derart, daß sie Jahre später kaum mehr die Ereignisse rekonstruieren konnten. Andere haben selbst ihren Familien über Jahre verschwiegen, Kriegsgefangene gewesen zu sein.

Kriegsgefangene haben vieles gemein: sie sind einsam, haben Langeweile und können ihr Schicksal nicht selbst bestimmen. Die meisten flüchten sich in Selbstreflexionen. Alle erlitten Demütigungen, alle mußten sie Geduld und ein bestimmtes Maß an Toleranz erlernen. Manche wurden sehr selbstbewußt, nachdem sie gelernt hatten, auch mit extremer Not umzugehen, andere litten unter »Posttraumatischen Belastungsstörungen«. Und fast alle stimmten darin überein, daß Krieg und Gefangenschaft die zentrale Erfahrung ihres Lebens war. Doch aufgrund sehr verschiedener Umstände ertrugen deutsche und amerikanische Gefangene auch viele unvergleichliche Erfahrungen.

Die meisten der 370 000 deutschen Kriegsgefangenen in den USA wurden vergleichsweise anständig behandelt. Dabei kam ihnen gewiß zugute, daß sie sich äußerlich nicht von der Mehrheit der Amerikaner unterschieden, mit denen sie ein gemeinsames Erbe teilten. Japanische Gefangene in den USA hatten ein schlechteres Los. Deutsche Kriegsgefangene bekamen genug zu essen, hatten einen warmen Platz zum Schlafen, und selbst Annehmlichkeiten wie Zahnbürsten, Seife und ausreichende Kleidung standen ihnen zur Verfügung. Viele nahmen Unterricht einschließlich Universitätskursen, andere spielten in Orchestern, besuchten Lagerbüchereien und trieben Sport. Wer außerhalb der Lager arbeitete, erhielt einen guten Einblick in das amerikanische Alltagsleben. Aber deutsche Kriegsgefangene waren auch ständig besorgt um ihre Angehörigen zu Hause, besonders wenn Nachrichten von militärischen Niederlagen oder verwüsteten Städten ihre *compounds* im Lager erreichten. Ängstlich fragten sie sich, in welches Land sie zurückkehren würden und wer noch am Leben sei, um sie zu empfangen. Lagerwachmannschaften konnten unfreundlich oder verletzend sein und sie bisweilen körperlich bedrohen. Einige deutsche Kriegsgefangene – »*PWs*« (Prisoner of War) – wurden in scharfe politische Auseinandersetzungen mit ihren Kameraden verwickelt. Als im Frühsommer 1943 die ersten größeren Kontingente aus Nordafrika in die USA gebracht wurden, leiteten vielfach loyale, nationalsozialistisch gesinnte Nazi-Offiziere die Lager, in einigen Fällen sogar mit voller und bewundernder Unterstützung seitens der amerikanischen Lagerleitungen. Die deutschen »Lagerführer« verlangten wie in der Wehrmacht totale Disziplin und bedingungslosen Gehorsam gegenüber dem »Führer«. Oftmals attackierten sie Mitgefangene brutal, die sie antinazistischer Aktivitäten oder gar der Zusammenarbeit mit den Amerikanern bezichtigten. In einigen Fällen töteten sie die mutmaßlichen »Verräter« sogar. Nach dem Krieg ließ die US-Justiz vierzehn deutsche Kriegsgefangene hinrichten, die des Mordes an Mitgefangenen überführt worden waren. Naturgemäß waren die meisten Gefangenen apolitisch, besonders als der Krieg dem Ende zuging, und schließlich versuchten die US-Behörden, die eifrigeren Nationalsozialisten in Sonderlagern zu isolieren. Für viele deutsche Kriegsgefangene in Amerika kam der größte Schock jedoch erst am Ende des Krieges. Natürlich erwarteten sie, nach Deutschland repatriiert zu werden, doch wurden 1945 nur 40 000 nach Hause geschickt und die meisten nach England und Frankreich gebracht, wo sie bis zu weiteren drei Jahren in Kriegsgefangenschaft bleiben mußten.

Das bedrückendste Problem für die Mehrzahl der amerikanischen Gefangenen in Deutschland war es, ausreichend zu essen, warme Kleidung, ein Minimum an medizinischer Versorgung und eine geeignete Unterbringung zu erhalten, besonders während des harten europäischen Winters von 1944/45, als viele an Lungenentzündung starben. Manche Kriegsgefangene wurden offenkundig mißhandelt. Dabei erging es amerikanischen und britischen Kriegsgefangenen wesentlich besser als ihren russischen Leidensgenossen oder zehntausenden Zwangsarbeitern und Insassen von Konzentrationslagern. Luftwaffenangehörige fanden offenbar die vergleichsweise gelindesten Umstände vor, sie wurden meist in speziellen, gut organisierten Lagern interniert, erhielten Rotkreuzpakete, konnten Leihbüchereien nutzen, Sport treiben und Theater spielen. Dies war möglich, weil sich die Deutschen um das Schicksal der eigenen Gefangenen in alliiertem Gewahrsam sorgten, hier die

Bindungskraft der Genfer Konvention eine gewisse Rolle spielte, und die westlichen Gefangenen zumeist doch in ihrer rassenideologischen Terminologie als »artverwandte« Kriegsgefangene betrachtet wurden.

Die Genfer Konvention von 1929 wies Offizieren eine bevorzugte Behandlung zu, Mannschaftssoldaten erging es schlechter. Viele wurden mißhandelt, und nur wenige erhielten Rotkreuzpakete, die darüber entscheiden konnten, ob jemand am Leben blieb oder sterben mußte. Sie hatten fast nie Zugang zu Büchern, es fehlte ihnen an Möglichkeiten, Sport oder Unterhaltung zu organisieren, obwohl Beschäftigung für die mentale Gesundheit notwendig war. Die Genfer Konvention bestimmte, daß Mannschaftssoldaten zu Arbeit gezwungen werden konnten. Die Arbeit bot ihnen zwar Gelegenheit, das Lager zu verlassen, reduzierte die Langeweile und erlaubte ihnen bisweilen, Nahrungsmittel zu beschaffen. Aber es drohte auch Gefahr durch Bombenangriffe oder aufgebrachte Bürger, die in ihnen verständlicherweise den Feind sahen, der buchstäblich Terror vom Himmel hatte regnen lassen. 1945 herrschten in Deutschland überall chaotische Zustände, aber die ausgezehrten Gefangenen waren besonders gefährdet, zumal sie oft zu langen Märschen gezwungen wurden, um den nahenden alliierten Truppen zu entkommen.

Es war nicht die Absicht der Verfasser, die Kriegsgefangenenpolitik des nationalsozialistischen Deutschlands mit jener der USA zu vergleichen. Individuelle und lebensgeschichtliche Aspekte sowie allgemein menschliche Probleme bestimmten die Gespräche mit heute noch lebenden ehemaligen Kriegsgefangenen. Alltagserfahrungen unter den extremen Bedingungen der Gefangennahme, erzwungener Arbeit, des Hungers und existentieller Not wurden ebenso festgehalten wie die Bemühungen zur Überwindung der vielfältigen Entbehrungen. Diese Erinnerungen vermitteln uns in ihrer Vielschichtigkeit ein umfassendes Bild eines Teils der Kriegsgefangenengeschichte des Zweiten Weltkriegs.

Die Perspektive des einfachen Soldaten hat zwar in jüngerer Zeit verstärkt Einzug in die Literatur über den Zweiten Weltkrieg gehalten, doch gibt es in der Militärgeschichte allgemein wie in der speziellen Geschichte der Kriegsgefangenschaft immer noch ein Defizit an erfahrungsgeschichtlicher Überlieferung. Dabei ist in Deutschland selten ein Gebiet der Zeitgeschichte so umfassend und gründlich erforscht worden. Die 22 Bände der »Wissenschaftlichen Kommission für Kriegsgefangenengeschichte«, die 1962 bis 1972 im Auftrag der Bundesregierung erstellt wurden, legen hiervon eindrucksvoll Zeugnis ab, selbst wenn die breite Rezeption durch die zögerliche Veröffentlichungspolitik der Bundesregierung aus außenpolitischer Rücksichtnahme in den 60er Jahren zunächst erschwert war. In der Folgezeit hatten in der Bundesrepublik Autoren besonderen Erfolg, die auf der Grundlage des solide erforschten Materials in sensationsjournalistischem Stil vorrangig Identifikationsmuster nach Heldenmut, Kameradschaft und Bewährung bedienten. Jüngstes Beispiel hierfür ist die eingangs erwähnte auflagenstarke Publikation von James Bacques.

Unser Interesse als Autoren war durch zum Teil sehr unterschiedliche Perspektiven geprägt. Zum einen sollten existentielle, anthropologische Grundfragen im Kontext der Lagererfahrung im zwanzigsten Jahrhundert erörtert und zum anderen historische Leidenserfahrung und Mythenbildung moderner Kulturindustrie einander gegenübergestellt werden. Zugleich wollten wir das Augenmerk auf die politischen Implikationen der Kriegsgefangenschaft und ihre Binnenstruktur lenken.

Die Herausforderung, sich mit der bedrückenden und teils mit Schuldgefühlen behafteten Erfahrung der Gefangenschaft auseinanderzusetzen, hat Bedeutung für alle Zeitgenossen. Das landläufige Ideal, normale und gesunde Menschen müßten ihr Leben stets unter Kontrolle haben, ist in Hollywoods zahllosen Kriegs- und Kriegsgefangenenfilmen kaum in Frage gestellt worden, in denen von John Wayne, William Holden, Frank Sinatra und Ronald Reagan verkörperte individuelle Heldengeschichten herausragen. Was es bedeutet, wenn diese Kontrolle einem völlig entwunden wird, zeigen die Berichte der Kriegsgefangenen. Sie gemahnen uns unpathetisch an die Tugenden einer zivilen und demokratischen Gesellschaft – Toleranz, Hilfsbereitschaft und Geduld im Umgang mit anderen – und an die Wertschätzung des Lebens überhaupt.

Etwa 5 000 deutsche Ex-Kriegsgefangene kehrten nach dem Zweiten Weltkrieg dauerhaft in die USA zurück, eine beträchtliche Anzahl Amerikaner hat die Stätten ihrer deutschen Gefangenschaft besucht, ohne sich allerdings dort für immer niederzulassen. Die meisten Männer, die in diesem Buch zu Wort kommen, stimmen darin überein, daß die Kriegsgefangenschaft die zentrale Erfahrung ihres Lebens gewesen ist, selbst jene, die behaupten, hierdurch keinen Schaden genommen zu haben. Beiderseits des Atlantiks erzählen ehemalige Kriegsgefangene heute positive Erlebnisse, die sie aus einer entbehrungsreichen und angstvollen Zeit behalten haben. Doch gewiß überwiegen bei den meisten Amerikanern Erinnerungen, die sie lieber vergessen möchten. Auch bei Deutschen, die eine Fülle positiver Erfahrungen aus den USA zu berichten hatten, ist bis heute immer wieder die erfahrene Demütigung spürbar. Trotz Verdrängung und Tabuierung dieser teils mit Schuldgefühlen behafteten Erfahrungen erklärten sich einige bereit, zu berichten.

Wir danken allen, die die weiterreichenden Forschungen der Autoren unterstützt haben, nicht zuletzt jenen ehemaligen amerikanischen und deutschen Kriegsgefangenen, die uns zeitaufwendige und nicht selten aufwühlende Interviews gewährten. Unser Dank gilt vor allem Professor Dr. Peter Steinbach, der die Kooperation wesentlich angeregt hat. Die Forschungen, die in diese Darstellung eingeflossen sind, wurden gefördert im Rahmen der Forschungsstelle Widerstandsgeschichte der Freien Universität Berlin und Gedenkstätte Deutscher Widerstand Berlin von der Stiftung Volkswagenwerk. Das Projekt hätte auch ohne die Unterstützung der Western Michigan State University sowie der Freien Universität Berlin kaum realisiert werden können. Nicht zuletzt gebührt den Übersetzern Friedrich und Hermann Baadke Dank für die intensive Zusammenarbeit an diesem Band.

Lewis H. Carlson und Norbert Haase

Gefangene Soldaten

Unabhängig von Dienstgrad, Ausbildung, Intensität ihrer Vaterlandsliebe oder von ihrer nationalen Herkunft bedeutete für nahezu jeden Soldaten der Moment der Gefangennahme einen Schock und ging mit völliger Desorientierung einher. Jeder wußte, daß er Name, Dienstgrad und Stammrollen-Nummer zu nennen hatte. Ansonsten war der für sein Land kämpfende Soldat kaum darauf vorbereitet, sich von einem Augenblick zum anderen unter der totalen Kontrolle des Feindes zu befinden. Während der Ardennenoffensive wurden mehr als 22 000 Amerikaner gefangengenommen. Die meist jungen, unerfahrenen Soldaten gehörten vorwiegend Bodentruppen an, die während des Gefechts nicht selten ohne feste Führung dastanden. Die mangelnde Disziplin und Ausbildung beeinträchtigte auch ihr Befinden bei der Gefangennahme und während der Internierung. Die übrigen 72 000 amerikanischen Kriegsgefangenen rekrutierten sich vornehmlich aus Air-Force-Personal. Diese Männer waren zwar mit Notpaketen ausgerüstet, aber kaum einer hatte wohl die feindselige Aufnahme bedacht, die ihm beim Kontakt mit dem Boden zuteil wurde, weil solche buchstäblich vom Himmel gefallenen Piloten für die deutsche Bevölkerung sprichwörtliche »Terrorflieger« darstellten.

Mehr als 370 000 deutsche Kriegsgefangene wurden in die USA verschifft. Der erste große Schub setzte sich im Frühjahr 1943 aus Angehörigen des Afrika-Korps zusammen. Nicht wenige dieser meist gut ausgebildeten und kampferfahrenen Soldaten waren glühende Anhänger Hitlers und ideologisch vom Nationalsozialismus völlig vereinnahmt. Sie glaubten an einen deutschen Sieg. Die Mehrzahl der »Westgefangenen«, jener nach der alliierten Invasion in der Normandie im Sommer 1944 gefangengenommen Mannschaftssoldaten, dagegen war entmutigt, ausgelaugt und desillusioniert. Im sechsten Kriegsjahr wurden die letzten Reserven an Material aufgeboten und eine beträchtliche Zahl von Jugendlichen ohne adäquate militärische Ausbildung an die Front geschickt. Die deutschen Verluste waren beträchtlich, der Nachschub, auch der von Lebensmitteln kam ins Stokken, und die Moral der Truppe schien auf dem Nullpunkt. Diese Männer waren »Geschlagene«, und den meisten Soldaten war klar, daß der Krieg für Deutschland verloren war.

Die nachfolgenden Passagen aus Interviews mit Ludwig Norz, Robert Engstrom, Karl Hackbarth und Phil Miller spiegeln exemplarische Erfahrungen jedes Kriegsgefangenen: Gefahr und Beanspruchung des Frontsoldaten, Angst und Überrumpelung durch die Gefangennahme, die ungewisse Fahrt in ein Gefangenenlager, die Wechselfälle des Alltags in der Gefangenschaft und die Sorgen um die Angehörigen daheim. Zugleich lassen sich deutliche Unterschiede festmachen: Den Amerikanern ging es wegen unzureichender Ernährung und Unterbringung in deutschem Gewahrsam meist viel schlechter als den Deutschen auf der anderen Seite des Atlantiks. Gerieten sie in die Hände der Gestapo oder der SS, waren sie oftmals schweren Mißhandlungen ausgesetzt. Schließlich konnten US-Kriegsgefangene durch versehentliche Angriffe der eigenen Leute verwundet werden, zumal sie in den letzten Kriegsmonaten wie so viele Häftlinge in Nazi-Deutschland in langen Märschen vor den nahenden Befreiern fliehen mußten.

Ganz anders erging es jenen Gefangenen, die nach dem Schiffstransport in die Vereinigten Staaten zunächst einmal dem unmittelbaren Kriegsgeschehen entzogen waren. Im großen und ganzen erhielten sie eine angemessene Verpflegung, wie sie auch US-Soldaten zustand. Es kam zwar auch hier gelegentlich zu physischer Mißhandlung und entsprechenden Strapazen, aber das waren Ausnahmen. Problematischer war, daß viele deutsche Kriegsgefangene von den USA aus nach Ende der Feindseligkeiten für weitere drei Jahre nach Frankreich und England zum Arbeitseinsatz gebracht wurden, während alle amerikanischen POWs nach der deutschen Kapitulation sofort in ihre Heimat zurückkehrten.

Ludwig Norz
Niemand hatte mehr Lust zu kämpfen

Ludwig Norz wurde 1926 in Rothenburg ob der Tauber geboren. Seine Hoffnung, Architekt zu werden, zerstob mit seiner Einberufung 1944. Norz wurde im März 1945 gefangengenommen und gehörte zu den letzten deutschen Gefangenen, die in die Vereinigten Staaten gebracht wurden. Ehrgeizig und intelligent, wie er war, bemühte er sich, aus der Zeit in Lagern in Arizona, Washington und Montana das Beste zu machen. Er wurde bitter enttäuscht, als er nach dem Ende des Krieges noch zwei weitere Jahre als Kriegsgefangener in England verbringen mußte.

Frontsoldaten wie Norz war es klar, daß ihr Überleben mehr vom Zufall abhing als davon, ob sie tapfere und gut ausgebildete Krieger waren. Zum Zeitpunkt seiner Gefangennahme herrschte im deutschen Heer Chaos, es erlitt schwerste Verluste, und der Kampfwille des einfachen Soldaten war gebrochen.

Unsere Division führte den ersten Angriff ins Saarland Mitte Dezember. Soviel ich weiß, besaß die Division die volle Stärke von 20 000 Mann. Nach zwei Wochen waren davon noch 150 Mann übrig. Ich gehörte zu dem Ersatz, mit dem das Regiment wieder aufgefüllt wurde. Damit erreichten wir zwar nicht die volle Stärke, aber ich glaube, wir hatten ungefähr 18 000 Mann. In den nächsten zwei Wochen erlitten wir Verluste von etwa 75 Prozent. Danach brach einfach alles auseinander. Wie schlimm es wirklich war, begriff ich erst, als der unmittelbare Kampf begann. Wir waren nur noch Kanonenfutter.

Ich wurde verwundet, als wir von französischen Untergrundkämpfern beschossen wurden. Zwei Unteroffiziere und ein Feldwebel nahmen ungefähr dreißig von uns Neuen zu einem Sonderunternehmen mit, obwohl keiner von uns länger als sechs Wochen aktiven Dienst getan hatte. Wir sollten eine Brücke über die Marne dekken und sie offenhalten, bis die letzten deutschen Einheiten sie überquert hätten. Wir kamen an einem Donnerstag oder Freitag dort an und sollten zwei oder drei Tage bleiben, bis die Pioniere kämen, die die Brücke sprengen sollten. Inzwischen drangen die Amerikaner auf beiden Seiten von uns vor, und die französische Résistance fing an, uns zu beschießen. Wir waren von allen Verbindungen abgeschnitten und wußten, daß wir in der Falle saßen. Dann kamen die Pioniere, um die Brücke zu sprengen, und dabei geschah etwas Seltsames. Die Pioniere brannten die Zündschnüre an, und ich erinnere mich noch, wie sie zurückliefen und sagten: »In zwei Minuten und fünfundvierzig Sekunden geht die Brücke hoch.« Wir blickten auf die Uhren und warteten. Nach ungefähr anderthalb Minuten sahen wir drei Leute über die Brücke kommen. Einer schien behindert zu sein, aber wir waren zu weit ab, um das deutlich sehen zu können. Wir dachten, es seien Franzosen, und wollten sie warnen. Wir konnten nicht mehr auf die Brücke, aber wir gaben ein paar Warnschüsse ab. Doch sie gingen einfach weiter. Sie befanden sich mitten auf der Brücke, als diese hochgehen sollte, aber es passierte nichts. Als die drei Männer näherkamen, sahen wir, daß es deutsche Soldaten waren, darunter ein Verwundeter. Sie erzählten uns eine ganz ungewöhnliche Geschichte. Sie waren von der französischen Résistance gefangengenommen worden, was gewöhnlich bedeutete, daß sie hingerichtet wurden zur Vergeltung für das, was die SS mit ihren Gefangenen machte. Sowohl die SS als auch die Résistancekämpfer gingen äußerst brutal vor und machten keine Gefangenen. Die reguläre deutsche Armee behandelte ihre Gefangenen anders. Ein französischer Arzt bei den Untergrundkämpfern hatte den Verwundeten versorgt, was schon eigenartig war, wenn sie ohnehin erschossen werden sollten. Dann weckte sie der französische Arzt mitten in der Nacht und bedeutete ihnen, still zu sein. Er führte sie hinaus, und sie dachten, nun würden sie erschossen, aber er fuhr sie in seinem Wagen weg. Sie glaubten immer noch, sie würden erschossen, aber dann sagte er: »Ich habe euch hergebracht, weil die anderen euch erschießen wollten. Ich weiß, ihr gehört nicht zur SS, und ich will nicht, daß dieses Erschießen von Gefangenen weitergeht. Auf der anderen Seite der Brücke stehen noch deutsche Truppen. Viel Glück.«

Unsere Pioniere untersuchten danach die Zündschnüre. Sie hatten ohne ersichtlichen Grund einfach aufgehört zu brennen. Sie zündeten die Schnüre erneut an, und die Brücke flog in die Luft. Wenn ich an die Geschichte denke, bekomme ich jetzt noch eine Gänsehaut.

Ungefähr eine halbe Stunde nach diesen Ereignissen wurde ich verwundet. Wir hatten einen französischen Milchwagen beschlagnahmt, und unser Feldwebel schickte die beiden Unteroffiziere und einen Soldaten mit einem Maschinengewehr auf diesem Wagen los, zurück zu unserer Stammeinheit. Als sie in das nächste Dorf fuhren, hörten wir heftiges Schießen. Wir gingen dem nach und stellten fest, daß alle drei tot waren und das Maschinengewehr verschwunden. Der Feldwebel schickte mich zu dem Wagen, um ein Fahrrad zu holen, das noch daran hing. Als ich damit zurückkam, wurde ich getroffen. Jemand schoß aus einer Kirche heraus auf mich. Ich wurde herumgerissen und brach zusammen. Zwei Kameraden schleppten mich weg und versteckten mich in einem Entwässerungsgraben, dann machten sich alle davon.

Da lag ich nun ganz allein. Ich wußte, was mir passieren würde, wenn die französischen Untergrundkämpfer mich fanden, und ich wußte, daß das nur eine Frage der Zeit war. Ich hatte einen Hüftschuß und konnte meine Beine nicht gebrauchen. Ich zog mich nur mit den Händen den Graben entlang. Es war wohl Adrenalin, das mir die Kraft dazu gab. Ich bewegte mich einfach in die Richtung, die die anderen genommen hatten. Ich war noch nicht weit gekommen, als ich Maschinengewehrfeuer hörte. Anscheinend kam mich jemand holen. Gleich darauf tauchte ein Motorrad mit Beiwagen auf. Der Beifahrer schoß auf das Dorf. Dann bückte er sich und zog mich in den Beiwagen. Anscheinend waren einige meiner jungen Kameraden – im Gegensatz zu den anderen – auf einen Trupp Waffen-SS gestoßen und hatten ihnen erzählt, daß ich da hinten lag. So kamen sie und retteten mich. Ich wurde in ein deutsches Feldlazarett gebracht und verbunden. Die Kugel hatte ein ganzes Stück aus meinem Hintern gerissen und Nerven und Gewebe zerstört, aber wunderbarerweise waren die Knochen unverletzt. Ich weiß nicht, wieso ich dieses Glück hatte, aber eins weiß ich: wenn man sonst nicht gläubig ist, nach einem solchen Erlebnis wird man es.

Ein paar Wochen später war ich wieder an der Front, aber inzwischen war alles in Auflösung. Wir wanderten mehr oder weniger führerlos herum. Wir befanden uns westlich des Rheins und wollten über den Fluß und nach Hause. Aber in der Armee galten die Regeln weiter. Man mußte sich immer noch melden. Wenn man sich unbefugt mehr als fünf Kilometer von seiner Einheit entfernte, konnte man vors Kriegsgericht kommen. Wenn man abends etwas zu essen brauchte, meldete man sich bei der nächsten militärischen Einrichtung als versprengt. Dann wurde man neu eingeteilt.

Am 19. März machten sich ein paar von uns nach Kaiserslautern auf und meldeten sich beim Stadtkommandanten. Am nächsten Morgen wollte er uns einer Kampfgruppe zuteilen, aber unsere Kampfmoral war dahin. Niemand hatte mehr Lust zu kämpfen. Wir wußten seit langem, daß der Krieg verloren war. Ich erinnere mich an einen Major, der uns erklärte, wir dürften niemals aufgeben. Er war ein typischer preußischer Offizier, und er erklärte uns, wir hätten bis zum letzten Mann zu kämpfen. Ich sehe noch, wie wir alle in rebellischer Stimmung um ihn herumstanden. Wir sahen uns an und rückten immer näher an ihn heran. Niemand sprach. Er sah uns an, brach ab und ging weg. Am nächsten Tag, als wir nach unserer Gefangennahme noch herumstanden, kommt dieser Major mit hoch erhobenen Händen anmarschiert. Trotz des Ernstes unserer Lage mußten wir lachen.

Ich wurde am 20. März 1945 gefangengenommen. Die amerikanische Armee hatte uns am Rhein abgeschnitten, und wir konnten nicht mehr über den Fluß. Wir waren eingeschlossen und warteten mehr oder weniger auf die Gefangennahme. Es gab keinen organisierten Widerstand mehr. Die Amerikaner trieben uns einfach wie eine Herde Rinder zusammen und zäunten uns auf einem großen Feld ein. Wir hatten noch unser Frontkämpferpaket, das der amerikanischen K-Ration ähnelte. Es enthielt Zigaretten, Schokolade und Kekse. Das sollten wir täglich bekommen. Wir erhielten eins zu Weihnachten, aber dann sagten uns unsere Offiziere, mehr gäbe es nicht. Nach unserer Gefangennahme brachten uns die Amerikaner diese Rationen in ganzen Lastwagenladungen, und wir bekamen täglich drei davon. In den ersten Tagen der Gefangenschaft aßen wir also unsere eigenen Rationen und fuhren recht gut dabei.

Ich weiß nicht, wie viele Gefangene auf dem Feld waren – ich schätze wohl 25 000, denn es kamen immer noch mehr. Es war kalt, und es regnete. Die Moral war schlecht, schon seit langer Zeit. Sie wurde auch nicht besser, als wir in den ersten Tagen auf diesem großen Feld im Schlamm schlafen mußten. Wir hatten keine wetterfeste Kleidung. Aber wenigstens besserte sich das Wetter tagsüber, so daß wir uns trocknen konnten.

Nach ein paar Tagen wurden wir in ein Lager in Frankreich bei Stenay gebracht. Dort lebten wir ein paar Wochen lang unter ähnlichen Bedingungen wie bei Kaiserslautern, und dort wurde ich auch zuerst verhört. Auf dem freien Feld müssen wohl zwanzig Tische nebeneinander gestanden haben, und an jedem saß ein Vernehmer. Wenn man bedenkt, daß es dort 20 000 oder 30 000 Gefangene gab, so war das einfach eine Massenabfertigung. Ein Hauptmann befragte mich, wenn man das so nennen will. Er fragte mich nur nach dem Namen, dem Dienstgrad und der Nummer der Erkennungsmarke und woher ich stamme. Als ich sagte, aus Tübingen, meinte er: »Tübingen? Ich kenne Tübingen, dort habe ich vier Jahre studiert.« Ich merkte, daß es ihm dort gefallen hatte. Er fragte, wie Tübingen durch den Krieg gekommen sei. Ich sagte ihm, recht gut, doch eine seiner beliebten Studentenkneipen sei beschädigt. Die Vernehmer suchten nach Mitgliedern der SS und der Nazipartei. Da ich beiden nicht angehörte, machte ich mir keine Sorgen. Was sollte ich ihnen schließlich sagen. Der Krieg war zu der Zeit beendet.

Danach wurde ich nach Cherbourg gebracht. Dort waren die Verhältnisse etwas besser. Wir wohnten in Zelten, bekamen regelmäßig Essen. Es gab sogar eine Gesundheitsfürsorge. Wie ich hörte, waren es 55 000 Gefangene in diesem Lager. Gerüchte besagten, daß noch ein letzter Transport mit einer Anzahl deutscher Gefangener nach den Staaten gehen sollte. Ich war einer von ungefähr 2 500, die auf dieses letzte Gefangenentransportschiff kamen.

Wir legten am 7. Mai 1945 im Hafen von New York an. Am nächsten Tag endete der Krieg in Europa, die Ausschiffung fand also inmitten der riesigen Siegesfeier statt. Dann fuhren wir fünfeinhalb Tage mit dem Zug und landeten in Florence, Arizona, dicht bei Phoenix. Wir blieben vier Wochen in Florence, anscheinend zur Quarantäne. Ein paar Mann brachen aus, wurden aber schnell wieder eingefangen. Der Wachmann, der sie zurückbrachte, meinte: »Ihr Trottel, ihr fallt doch in der Wüste sofort auf.« Wenn sie ein Auto gestohlen hätten, sagte er, hätten sie es vielleicht schaffen können, aber sie gingen zu Fuß.

Als einfacher Soldat mußte Norz arbeiten, oft viele Stunden am Tag. Manchmal versuchten die Wachen, ihnen die Arbeit zu erleichtern, aber Wachen wie Lagerkommandanten konnten sehr unterschiedlich sein. Bevor Norz in verschiedene Arbeitslager verlegt wurde, hatte er Zeit, positive Beziehungen aufzubauen und über die Möglichkeiten seiner Weiterbildung nachzudenken.

Als wir in Arizona in Quarantäne lagen, hatten wir nichts zu tun. Wir hatten keine Arbeit und sonst auch nichts. Wir liefen nur am Zaun entlang und tauschten Erfahrungen aus. Es war schwierig, sich Beschäftigung zu verschaffen. Ich dachte bei mir, alle haben einen Beruf, eine Ausbildung und Lebenserfahrung. Ich war jung, und mir fehlte das alles, also beschloß ich: »Nutze diese Zeit.« So fragte ich meine Mitgefangenen aus, sooft sich mir eine Gelegenheit dazu bot, und ich lernte eine ganze Menge. Alle waren gesprächig, weil wir soviel Zeit hatten. Einer war älter als die meisten anderen. Er war sehr zurückhaltend und offensichtlich von höherem Stande. Er hieß Dr. Meier, und er nahm mich sozusagen unter seine Fittiche. Er war Richter gewesen, aber bei der Partei in Ungnade gefallen und deshalb als einfacher Soldat eingezogen worden. Er war ein faszinierender Mensch, und ich lernte sehr viel von ihm. Zu meinem Unglück wurde er nach ungefähr drei Wochen zur Umschulung nach Fort Eustis, Virginia, geschickt. Danach kehrte er heim, um an der neuen Verwaltung mitzuwirken, und wurde später wieder Richter.

Wir sprachen von der Zukunft, und er bestärkte mich in vielen Überlegungen, die ich schon angestellt hatte. Er hatte eine kleine Tochter, und er wünschte sich, daß sie in die Vereinigten Staaten gehen könnte. Ich hatte die gleiche Absicht. Mein Vater hatte den ganzen Ersten Weltkrieg mitgemacht und nach dem Krieg alles verloren. Jetzt wiederholte sich das alles. Ich wollte fort von alledem. Ich wollte etwas Besseres für meine Familie. Ich wollte mehr Sicherheit. Ich wollte auch in einer offeneren Gesellschaft leben.

Ich glaube, der Drang, sein Leben zu verbessern, gehört zur Tradition der deutschen Kultur. Er ist Teil des Nationalcharakters. Einerseits besaßen wir ein gutes Schulsystem. Von jedem wurde erwartet, daß er ein nützliches Glied der Gesellschaft war und wenigstens einen Beruf besaß. Wenn die Eltern es sich leisten konnten, gingen die Kinder auf eine höhere Schule. Andererseits gab es ein Klassensystem. Es war schwierig, die Schranken zu durchbrechen. Man hatte sich auch diszipliniert zu verhalten. Wo das herkommt, weiß ich nicht. So war es nun einmal. Vor Jahren wurde den Deutschen sogar die Sauberkeit gesetzlich verordnet, bis sie zu einer nationalen Gewohnheit wurde. Dieser Ehrgeiz und das Streben nach Verbesserung entwickelten sich wohl auf dieselbe Weise.

Unglücklicherweise war ich nie in einem Lager, in dem man Kurse besuchen konnte. Ich hörte davon, kam jedoch nach dem ersten Quarantänelager immer in Arbeitslager. Gelegentlich konnte ich mir einen Film ansehen, das war auch alles. Als ich später als Kriegsgefangener in England war und mich in der Öffentlichkeit bewegen durfte, begann ich ernsthaft, Englisch zu lernen.

Wenn ich außerhalb des Lagers arbeitete, sah ich, wie die Menschen lebten. Die Lagererfahrung war eine Sache, mich interessierte aber die Weite des Landes und die Offenheit des amerikanischen Lebens. Zu jener Zeit war das Klassensystem in Deutschland noch viel strenger. Ich hatte einen dreizehn Jahre älteren Bruder. In der Schule war er der Beste in seiner Klasse. Er wollte weiter aufs Gymnasium und auf die Hochschule gehen, dafür hätte er nach Tübingen gehen und sein Abitur machen müssen. Es ist eine lange Geschichte, sie läuft darauf hinaus, daß er in Tübingen nicht zugelassen wurde, weil unser Vater nur Bäcker war. Das wurde ganz offen ausgesprochen. Es war eine Klassenfrage. Ironischerweise gaben die Nazis meinem Bruder die Chance, Ingenieur zu werden, als sie Begabungen für den Wiederaufbau Deutschlands und die Kriegsvorbereitung suchten. Die Regierung hatte zufällig seine Schulzeugnisse entdeckt und ermutigte ihn, Maschinenbau zu studieren. Sie bezahlte sogar sein Studium. Auf diese Weise kam er zu seiner Hochschulbildung und seinem Ingenieurtitel, aber aus dem falschen Grund.

Ich wurde auf die enge, traditionelle deutsche Weise erzogen. Aber die Welt ist anders und größer als Deutschland. Jetzt halte ich den Nationalismus für das Schlimmste, was die Menschheit erfunden hat. Er trennt uns von denen, die anders sind als wir. Er zwingt uns, nur mit denen Gemeinschaft zu halten, die angeblich gerade so sind wie wir. Man öffnet sich nicht und lernt nicht von anderen. Unglücklicherweise haben wir in den letzten 2000 Jahren nichts dazugelernt. Man braucht sich nur anzusehen, was jetzt in Europa vor sich geht. Wir dachten, das könnte nicht noch einmal passieren. Wie viele Kriege sind auf der Welt im Gange? Über 100. Wir haben nichts gelernt.

Robert Engstrom
Wir versuchten einfach zu überleben

Bob Engstrom war amerikanischer Unteroffizier und Spähtruppführer im 32. Kavallerieregiment, als er am 17. Dezember 1944, dem zweiten Tag der Schlacht in den Ardennen, gefangengenommen wurde. Temperamentvoll, zäh, widerstandsfähig und anscheinend ohne jede Furcht, überlebte er ein Zusammentreffen mit Joachim Peiper, dem SS-Standartenführer, dem später die Ermordung von sechsundachtzig amerikanischen Kriegsgefangenen bei Malmédy zur Last gelegt wurde, und einige schreckliche Erlebnisse in deutschen Kriegsgefangenenlagern. Gegen Ende seiner Gefangenschaft begann Engstrom alle seine Erinnerungen aufzuschreiben, und er erinnerte sich an vieles. Jetzt ist er Kunstgewerbedozent im Ruhestand und beschäftigt sich sehr erfolgreich mit dem Entwerfen und der Herstellung von Modeschmuck. Aber die Erinnerung an seine schmerzlichen Erfahrungen während seiner Gefangenschaft wühlt ihn noch heute mächtig auf.

Engstrom war einer der wenigen Soldaten, die nicht nur gern, sondern auch gut kämpften und auch töteten. Als Frontsoldat lernte er die Grausamkeiten kennen, die beide Seiten in der Hitze des Gefechts begingen, und ebenso die Verwirrung und den Schock, die auf die Gefangennahme folgten.

Ich kam mit einer Ersatzeinheit nach England – *Repo Depots* nannte man uns. Natürlich ging mir damals noch nicht auf, daß dies bedeutete, ich würde an die Stelle eines Verwundeten oder Gefallenen treten.

Nur wenige Tage nach dem Beginn der Invasion landete ich an der *Omaha Beach*. Wie so viele der Soldaten, die am 6. Juni gelandet waren, wurden wir abgesetzt, wo das Wasser noch zu tief zum Waten war, und einige von uns konnten nicht schwimmen. Ich ließ einfach mein Gewehr und mein Sturmgepäck fallen und schaffte es bis zum Ufer. Die Frontlinie war nur anderthalb Kilometer entfernt, und die Deutschen beschossen noch den Strand.

In dem Landegebiet blieb ich ungefähr zwei Monate lang. Schließlich fiel ein Unteroffizier des 32. Kavallerieregiments, und ich übernahm seinen Posten. Unsere Hauptaufgabe bestand nicht darin, zu kämpfen, sondern Kontakt mit dem Gegner herzustellen. Ich hatte einen Fahrer und einen Jeep, und wir bildeten die Spitze. Wenn die Deutschen sich in die nächste Stadt oder das nächste Tal zurückzogen, hatten wir die Straße entlangzufahren und Kontakt zu suchen. Kontakt zum Gegner stellt man natürlich dadurch her, daß man von ihm beschossen wird. Sobald wir diesen Kontakt hatten, zogen wir uns zurück. Das taten wir zwei Wochen lang, und dann wurden wir vom 18. Kavallerieregiment abgelöst und gingen für zwei Wochen in Ruhestellung.

Am 16. Dezember wurden wir alarmiert und sollten so schnell wie möglich zur Front vorgehen. Ich dachte, es wäre wieder ein falscher Alarm, aber wir fuhren los. Als wir über einen Berg kamen, strömten uns Fahrzeuge und LKWs aus der Richtung entgegen, in der die Front sein sollte. Wir konnten uns nicht erklären, was vor sich ging. Schließlich hielt ich an und fragte einen Lastwagenfahrer, wo er hin wolle und wo seine Einheit sei. Er antwortete, er habe keine Einheit mehr. Ich fragte ihn, was er damit meinte, und er sagte: »Sie sind weg, alle weg. Ich bin als einziger übrig.« Unser Leutnant befahl uns, mehrere Kilometer bis zu dem Dorf Honsfeld zurückzugehen, wo sich ein kleiner Verbandsplatz befand, und dort bis zum Morgen irgendwo Stellung zu beziehen. Dann wollte er weiter entscheiden. In der Nacht nahm er meinen Jeep und verschwand. Ich habe ihn nicht wiedergesehen.

Honsfeld lag im nördlichen Teil der Ardennen am westlichen Ende der Enge von Losheim, wo die Deutschen am ersten Tag durchbrachen. Aber damals hatten wir keine Ahnung davon. Wir schliefen die Nacht in einem kleinen Bauernhaus. Bei Tagesanbruch hörte ich einen Feuerstoß aus einer Maschinenpistole. Gleichzeitig zog einer der Wachposten an meinem Fuß und erklärte mir, draußen seien ein paar Deutsche, die schössen. Ich sagte, er sei verrückt, wir seien mindestens sechzehn Kilometer hinter der Front. Einer unserer Leute meinte, ihm sei es egal, wie viele Deutsche da draußen stünden, er habe heute Geburtstag und werde erstmal frühstükken. Also ging er in die Küche und machte sich etwas zu essen. Wir anderen gingen hinaus und hörten Gewehrfeuer, aber nicht viel. Es war jetzt heller, und ich sah, daß von rückwärts ungefähr 200 Soldaten auf uns zu kamen. Ich sagte zu meinem Kameraden Lew: »He, wir bekommen Verstärkung.« In dem Moment riß er sein Gewehr hoch und schoß. Einer der herankommenden Soldaten brach zusammen. Ich schrie ihn an: »Mensch, du schießt auf unsere eigenen Leute!« – »Nein«, antwortete er, »das sind Deutsche.« Ich hielt es nicht für möglich, aber während der Nacht waren deutsche Fallschirmjäger hinter uns abgesprungen und griffen uns jetzt von hinten an. Das bedeutete, daß das ganze Dorf eingeschlossen war und wir keinen Ausweg mehr hatten.

Ich verteilte meine Gruppe im Obergeschoß des Hauses, so daß wir die Straßen von der Stadt her überblicken konnten. An der Rückfront schossen Lew und Tony auf die Deutschen, die durch eine Hecke kamen. Sobald ein Deutscher hindurchkroch, erledigten sie ihn. Lew war ein tüchtiger Schütze, der auf alles schoß, was er sah. Ich ging zur Vorderfront des Hauses, wo ich den Koch postiert hatte, und fand ihn unter einem Fenster hingekauert. Ich fragte ihn, was denn los sei. Er sagte: »Da stehen zwei deutsche Soldaten ganz dicht vor uns auf der Straße. Was soll ich machen?« Ich befahl ihm: »Erschieß die Schweine«, und er tat es. Dann sackte er zusammen und kotzte den ganzen Fußboden voll. Später fiel er, wie die meisten von uns. Ich glaube, Lew, Tony und ich waren die einzigen, die überlebten. Zwei Polen aus South Bend und ein Schwede aus Michigan.

Wir waren den Deutschen in keiner Weise gewachsen. Wir hatten einen leichten Panzer mit einem 3,7 cm Geschütz und Schrapnellmunition gegen Heckenschützen. Wie wenn man mit einem Luftgewehr auf die deutschen Panzer schoß. Die kamen die Straße entlang, und ihre 8,8 cm Geschütze waren genau auf uns gerichtet. Die Rückseite des Hauses schossen sie sofort zusammen. Wir hatten die Bewohner, Mann, Frau, ihren zehnjährigen Jungen und Hund, in den Keller geschickt. Als wir merkten, daß es zu Ende ging, nahmen wir unsere Brieftaschen und verbrannten unsere Adressen. Unsere Gewehre versteckten wir unter den Dielen. Dann gingen wir hinaus und ergaben uns. Das war am 17. Dezember 1944, dem zweiten Tag der Ardennenschlacht.

Die Deutschen durchsuchten uns und gingen dann in den Keller, wo sie die Familie fanden. Sie stellten sie an die Wand und erschossen sie. Sie nahmen wohl an, die Bewohner hätten mit uns kollaboriert, weil wir in ihrem

Haus waren. Aber das stimmte nicht. Wir waren mitten in der Nacht gekommen und hatten das Haus besetzt. Eine Tochter überlebte, weil sie nicht zu Hause war. Als sie zurückkam, wußte sie nicht, was mit ihrer Familie geschehen war. Ich bin wahrscheinlich der einzige, der das weiß. Als ich nach dem Krieg das Dorf und genau dieses Haus wieder aufsuchte, bemühte ich mich, sie zu finden, aber es gelang mir nicht.

Die Wirklichkeit des Krieges wurde mir voll bewußt, als ich in Gefangenschaft geriet. Sie führten uns aus dem Ort heraus auf ein freies Feld. Auf einem unserer Jeeps saß ein Deutscher, der mir bekannt vorkam. Ein Arm war ihm zerschossen, und man hatte ihn verbunden. Es war ein nett aussehender Junge von achtzehn oder neunzehn Jahren. Er sah mich an, und wir schienen uns wiederzuerkennen. Wir hatten uns zuerst über Kimme und Korn gesehen. Er sagte: »Weißt du, wir haben beide Glück. Wir brauchen nicht mehr zu kämpfen.« Ich habe ihn nie vergessen. Ich weiß, ich war es, der ihn getroffen hatte.

Ich erinnere mich auch, daß ein anderer Deutscher an mich herantrat und mich in fehlerfreiem Englisch fragte: »Warum kommst du herüber, um gegen mich zu kämpfen? Ich habe dir doch niemals etwas getan.« Ich antwortete: »Ich spreche nicht deutsch.« Da sagte er: »Aber ich spreche englisch und du verstehst mich nicht.« Er sprach ebensogut englisch wie ich, aber ich dachte, er müßte in Kehllauten sprechen. Ich wußte keine Antwort auf seine Frage, und ich habe seitdem oft darüber nachgedacht. Ich wußte nicht, weshalb ich da drüben in dieser Scheiße steckte und weshalb auch er darin steckte. Man hatte uns beigebracht, die Deutschen seien Ungeheuer und Kindermörder, und als ich feststellte, daß das nicht in jedem Fall stimmte, mußte ich mich fragen, weshalb ich eigentlich dort war.

Die Gespräche mit den beiden Deutschen riefen mir etwas Schreckliches in Erinnerung, was Lew und ich ein paar Tage zuvor getan hatten. Wir befanden uns auf einem unserer üblichen Spähtruppunternehmen hinter den deutschen Linien, als wir zwei Deutsche gefangennahmen. Normalerweise beobachteten wir bei Tage und bewegten uns bei Nacht, und nun waren wir zufällig auf diesen beiden Soldaten gestoßen. Ich sagte zu Lew: »Mit den beiden haben wir keine Chance, zu unseren Linien zurückzukommen.« Lew stimmte mir zu. Er ging mit ihnen in einen nahen Stall, und dann hörte ich zwei Schüsse. Er kam zurück und meinte, nun sei alles in Ordnung. Wir machten uns auf den Weg, doch plötzlich sagte Lew: »Weißt du, ich habe vergessen, ihre Taschen zu durchsuchen. Vielleicht finden wir da etwas, was wir brauchen.« Also gingen wir beide zurück. Als wir uns dem Stall näherten, hörten wir ein Krachen und Schmatzen. Es waren Schweine in dem Stall, und die fraßen die beiden deutschen Soldaten auf. Der Bauer und seine Familie waren geflüchtet, und die Schweine waren nicht mehr gefüttert worden. Von unseren beiden Gefangenen war nicht mehr viel übrig, nur noch die Helme und die Ausrüstung. *Engstrom bricht in Tränen aus.*

Nun war ich also Gefangener und hatte das alles im Hinterkopf, als ein deutscher Offizier die Straße entlangkam, gefolgt von zwei Mann mit Maschinenpistolen. Sein Gesicht war dunkelrot vor Wut. Eine Granate von einem unserer 10,5 cm Geschütze war mitten in einer Gruppe deutscher Infanteristen gelandet und hatte sie zerfetzt. Nun wollte er wissen, wo diese 10,5 cm standen. Er sah auf die Uhr und sagte: »Vier Minuten.« Dann zog er den Finger am Hals entlang, von einem Ohr zum anderen. Wir wußten genau, was er damit meinte. Als nur noch eine Minute übrig war, befahl er uns, sich hinzusetzen. Er stand immer noch mit rotem Gesicht da und knirschte mit den Zähnen. Tony saß neben mir und gab mir durch Zeichen zu verstehen, daß er eine Handgranate in der Tasche hatte. Ich nahm die Handgranate und dachte, nun, wenn wir draufgehen, dann geht er auch drauf. Ich nehme den Kerl mit. Aber dann dachte ich, nein, das ist nicht der richtige Weg. Ich werde in einem Loch begraben, und niemand erfährt etwas davon. Meine Mutter erhält eine Vermißtenmeldung und hat keine Ahnung, wo ich abgeblieben bin. So beschloß ich, daß ich nicht auf diese Weise sterben wollte. Ich legte die Handgranate in den Schnee, ging auf den Offizier zu, sah ihm fest in die Augen und sagte in langsamem Englisch, so daß er mich verstehen konnte: »Wir sind keine kämpfenden Soldaten. Wir haben Ihre Leute nicht erschossen. Keiner von uns weiß, wo die Geschütze stehen. Wir sind Köche. Wir haben keine Ahnung, wo die Geschütze sind. Wenn Sie mir nicht glauben, ein Stück weiter auf der Straße finden Sie unser Fahrzeug mit Kuchen und Zigaretten.« Ein paar Tage vorher hatte unser Koch Schokoladenkuchen gebacken, und ich hoffte, sie seien noch im Wagen. Inzwischen hatten die beiden Soldaten ihre Maschinenpistolen schußbereit im Anschlag. Er schickte einen von ihnen zu dem Wagen, und der kam mit Kuchen und Zigaretten zurück. Daraufhin ließ er einen Mann als Wache bei uns und ging fort.

Ich weiß nicht, ob er uns nur bluffte oder nicht, aber ich glaube, daß ich den Mut hatte, ihm gegenüberzutreten, mag dazu beigetragen haben, daß er seinen Entschluß änderte und uns nicht erschießen ließ. Ich weiß nicht, wie sich meine Worte anhörten, aber ich weiß, daß ich mit Nachdruck sprach. Ich wollte einfach nicht da sitzen bleiben und sterben. In solchen Augenblicken geschieht etwas mit einem. Wenn man sterben soll oder noch nicht, dann geschieht etwas, was man selbst nicht versteht. Es war eine so knappe Sache für mich, daß ich glauben mußte, jemand hielt die Hand über mich. Aus welchem Grunde, weiß ich nicht. Oft habe ich seitdem meine Frau und meine Töchter angesehen und mich gefragt, ob sie vielleicht der Grund sind.

Wie sich herausstellte, war der Offizier, der uns bedrohte, der SS-Standartenführer Joachim Peiper, der für die Erschießung der sechsundachtzig amerikanischen Kriegsgefangenen bei Malmédy verantwortlich war, nicht weit von der Stelle entfernt, an der wir gefangengenommen wurden. Vermutlich war Peiper auch verantwortlich für die Ermordung von Hunderten von Belgiern, Männern, Frauen und Kindern. Damals wußte ich nicht, wer er war, aber sein Gesicht ist mir unauslöschlich im Gedächtnis geblieben. Ich konnte es nie vergessen. Nach dem Krieg las ich ein Buch über die Ardennenschlacht, und darin war sein Foto und starrte mich an. Er wurde als Kriegsverbrecher verurteilt und saß zehn Jahre im Gefängnis. Später kaufte er ein kleines Haus am Rande von Paris, und dort wurde er eines Nachts ermordet.

Meine zweite Nacht in Gefangenschaft war wirklich kalt, und mehrere von uns gaben den deutschen Wachen ihre Überschuhe dafür, daß sie uns in einem Bunker bleiben ließen, in dem es warm war. Das war eine Entscheidung, die ich später bereute. Ich trug auch eine Lammwollweste unter meiner Uniformjacke. Wir marschierten an einer Reihe von Tiger-Panzern vorbei, die in die andere Richtung fuhren. Die deutschen Soldaten blickten auf uns herunter, und einer bemerkte meine Weste. Er zog seine Pistole und schrie: »Raus, raus!« Ich wußte, was er wollte. Aber ich dachte, Mann, die brauche ich noch. Er schrie wieder: »Schnell, schnell!«. Ich sagte: »Okay, okay«, aber statt den Reißverschluß aufzuziehen, riß ich ihn einfach heraus, warf ihm die Weste vor die Füße und ging weiter. Ich wußte nicht, ob er mich dafür erschießen würde, aber in dem Moment war mir das egal. *Er beginnt wieder zu weinen.*

Beim Weitermarsch sahen wir überall die Trümmer, die frühere Kämpfe hinterlassen hatten. Wir waren wirklich hungrig, und ich erblickte jenseits des Straßengrabens eine alte Verpflegungsbüchse mit einem Stück Käse darin. Zum Teufel, dachte ich, brach aus der Reihe, sprang über den Graben und griff mir den Käse. Als ich mich umdrehte, blickte ich in die Mündungen von ungefähr sieben Maschinenpistolen. Ich hielt das nicht für so wichtig. Ich trat in die Reihe zurück, biß ein Stück von dem Käse ab, und dann sagte einer meiner Kameraden: »He, gib mir auch was ab.« Das war dann das letzte, was ich von dem Käse sah, der mir fast das Leben gekostet hatte. Später hob ich ein Kohlblatt auf, über das mindestens hundert Mann hinwegmarschiert waren. Ich aß es mit Genuß, den Dreck eingeschlossen. Ich fand auch eine madige Rübe, aber die mußte ich mit zehn anderen Männern teilen. Das einzige, was uns die Deutschen an diesen ersten Tagen gaben, war etwas ungewürzte Gerstensuppe.

Märsche ohne Verpflegung und Schlaf, der Anblick von Erschießungen und ein brutales Verhör schwächten Engstroms Widerstandskraft noch mehr. Das Leben besserte sich etwas in den ständigen Gefangenenlagern, aber diese Lager waren schlecht organisiert, die Verpflegung reichte nicht aus, und die lebenswichtigen Rotkreuzpakete gab es selten oder gar nicht. Es wurde noch schlimmer dadurch, daß dieser Winter der kälteste seit fünfzig Jahren war und Engstrom und seine Mitgefangenen nicht genügend Kleidung und Decken besaßen.

Wir marschierten bis kurz vor Bonn, und dort wurden ungefähr 100 von uns vor einem Bauernhof zusammengetrieben. Jemand gab uns ein Formular, das wir ausfüllen sollten, damit die Deutschen uns dem Roten Kreuz als Kriegsgefangene melden könnten. Ich dachte, na, das hört sich gut an. Dann führten sie uns einzeln in das Bauernhaus. Gleich hinter der Tür stand ein riesiger deutscher Soldat, ein wahrer Gargantua. Er packte mich sofort vorn am Hemd und schlug mir voll ins Gesicht. Oh, das tat weh. Meine Nase blutete. Er nahm mich und warf mich die Treppe hinunter, wo mir ein anderer Deutscher noch ein paar Hiebe versetzte, in den Bauch und ins Gesicht. Nun waren auch ein paar Zähne lose, und das Blut lief mir aus dem Mund. Jeder von uns erfuhr die gleiche Behandlung. Vermutlich sollte uns das weich machen.

Danach wurde ich in ein Zimmer geschoben, in dem ein deutscher Offizier hinter einem Tisch saß. Er sprach ein ausgezeichnetes Englisch. Er fragte mich, wo ich gekämpft hatte, wo und wie ich gefangengenommen wurde und zu welcher Einheit ich gehörte. Ich nannte ihm meinen Namen, Dienstgrad und die Nummer meiner Erkennungsmarke. Er fragte mich erneut, und ich gab dieselbe Antwort. Er sagte: »Sie sind ein guter Soldat. Das ist alles, was ich wissen wollte.« *Engstrom fängt wieder an zu weinen.* Dann erklärte er mir, daß er alles über uns wußte. Er sagte mir, daß ich am 17. Dezember gefangengenommen worden war und zum 32. Kavallerieregiment gehörte. Er wußte sogar, welche Verluste wir erlitten hatten und wie viele von uns in Gefangenschaft gerieten.

Bei Bonn blieben wir nur einen Tag. Ich erhielt einen Drittellaib Brot und eine halbe Büchse Käse als Marschverpflegung. Wir marschierten ungefähr fünf Kilometer zum Güterbahnhof und wurden in einen Zug verladen.

Sieben Tage blieben wir in einem Viehwaggon eingeschlossen, und die Marschverpflegung war unsere einzige Nahrung. Von meiner Gefangennahme an hatte ich elf Tage lang fast nichts zu essen und fand sehr wenig Schlaf, und ich sah, wie um mich herum die Leute krank wurden. Einer bekam Lungenentzündung und starb zwei Tage später. Die Wachen ließen uns nicht einmal zum Austreten aus diesen eiskalten Güterwagen heraus, nur am Weihnachtstag durften wir ihn kurz verlassen. Den Heiligen Abend verbrachten wir auf einem Abstellgleis, und wenn wir aus dem kleinen, mit Stacheldraht vergitterten Fenster schauten, sahen wir, wie die Deutschen glücklich mit Essen, Trinken und Kerzen zu ihren Weihnachtsfeiern gingen. Eine Dame kam mit Bier zu uns. Wir konnten einen kleinen Eimer aus unserem Fenster heraushalten, und sie füllte ihn mit Bier. Aber nur einmal, und ich bekam nichts davon ab.

Als wir schließlich am 27. Dezember an unserem Bestimmungsort ankamen, waren wir in schlechtem Zustand. Die Wachen brachen Eis von den Schlössern an der Waggontür, ließen uns heraus und führten uns zum Stalag XIII D am Rande von Nürnberg. An dem Tag erhielten wir jeder ein Stück Brot, ein kleines Stück Wurst und eine leichte Decke. Wir waren alle halb erfroren, besonders die Füße. Inzwischen war es uns schon fast egal, ob wir lebten oder starben. Uns wurde befohlen, alles Geld abzuliefern. Meine Brieftasche hatte ein Geheimfach, und darin steckte eine Zweidollarnote als mein Talisman. Die wollte ich behalten. Wir mußten antreten und uns nackt ausziehen. Ich erinnere mich, daß Schnee lag und es kalt war. Da standen wir nun, mit den Brieftaschen in den Händen. Zwei Gestapotypen in Zivil fingen an, uns zu untersuchen. Ich hörte einen Schuß und sah einen Mann umfallen. Als sie zu mir kamen, dachte ich, jetzt ist alles aus, meine zwei Dollar sind verloren und ich bin es wahrscheinlich auch. Aber als sie meine Brieftasche öffneten, fanden sie das Geheimfach nicht.

Am nächsten Morgen wurden wir rasiert. Sie benutzten Pferdescheren und schoren uns am ganzen Körper. Das sollte uns von den Läusen befreien. Dann führten sie uns zum Duschen. Ein paar deutsche Fallschirmjäger waren gerade beim Duschen. Sie betrachteten uns, wie wir da so nackt standen, und einige von ihnen lachten. Einer ging zu seinen Sachen, holte sein Fallschirmjäger-Schnappmesser, hielt es dem Mann neben mir an den Bauch und löste die Feder aus. Die Klinge drang gut zwei Zentimeter ein. Sie alle hielten das für einen gelungenen Scherz.

Im Stalag XIII D blieben wir ungefähr zwei Monate. Dann wurden wir ins Stalag XIII C bei Hammelburg verlegt. Das war das Lager, zu dem General George Patton einen Vorstoß befahl, um seinen Schwiegersohn, Oberst John Waters, zu befreien. Wir waren in einem Teil des Lagers und die Offiziere in einem anderen. Wir sahen Pattons Panzer den Berg heraufkommen und hörten das Schießen. Die Wachen verschwanden, und wir fühlten uns richtig gut. Einer von uns schnitt sogar ein Loch in den Zaun, und einige von uns gingen hinaus und auf die Suche nach Eßbarem. Aber dann hörte das Schießen auf. Es wurde ganz ruhig. In der Nacht passierte gar nichts. Am nächsten Morgen sahen wir einige deutsche 80-Tonnen-Tiger-Panzer auf der Straße am Fuße des Berges herankommen. Als sie den Bergkamm erreichten, eröffneten sie das Feuer. Pattons Panzer standen alle auf einer Hügelkette aufgereiht, aber wir konnten sie nicht sehen. Später erfuhren wir, daß sie manövrierunfähig waren, weil sie kein Benzin mehr hatten. Sie hatten eine Anzahl von Offizieren aus dem Lager befreit, und die saßen gerade auf den Panzern. Die Deutschen schossen einen nach dem anderen ab. Es müssen ungefähr zwanzig Panzer gewesen sein, und sie wurden alle in Stücke geschossen.

Die Zustände in Hammelburg waren primitiv, jedenfalls für die Mannschaften. Wir schliefen auf dem Boden eines Pferdestalls. Wir lagen so eng, daß man sich nur umdrehen konnte, wenn sich alle umdrehten. Der Raum reichte einfach nicht aus. Wir lagen gepackt wie die Ölsardinen. Die Latrine war ein einfaches Loch im Boden mit einem Eimer darauf zum Sitzen. Das Loch wurde in Abständen geleert, indem man es mit einem Stahlhelm ausschöpfte und den Inhalt auf einen Pferdewagen lud, mit dem er als Dung auf die umliegenden Felder gebracht wurde. Wir nannten ihn den Honigwagen.

Das Essen war knapp. Wir bekamen täglich einen Teller Suppe und einen Siebentellaib Brot. Wir suchten verzweifelt nach irgend etwas zu essen. Eines Tages fuhren ein paar britische Kriegsgefangene und ihre Wachen mit einem Pferdekarren zu unserem Teil des Lagers, um aus einem Schuppen hinter unserem Gebäude Kohl zu holen. Wir beobachteten das, und uns lief das Wasser im Munde zusammen. Ungefähr bei der dritten Fuhre stolperte einer der Briten absichtlich und ließ seinen Korb mit Kohlköpfen so fallen, daß sie alle auf uns zu rollten. Ungefähr sechs Kohlköpfe rollten unter dem Seil durch, hinter dem wir standen. Ich bekam keinen ab, aber wir fanden es alle großartig. Ich wartete ein paar Minuten und dachte, ich müßte doch auch einen Kohlkopf erwischen. Ich hatte wirklich großen Hunger. Einer der Wachposten ging in den Lagerraum, und der andere stand gerade da und schaute in die Gegend. Der Wagen war nur knapp fünf Meter von mir entfernt, und plötzlich spürte ich das unwiderstehliche Verlangen, mir einen Kohlkopf zu greifen. Ich schoß unter dem Seil durch und rannte auf den Kohl zu. Als ich ihn gerade erreicht hatte, drehte sich der Wachposten um und sah mich. Ich nahm einen Kohlkopf unter den Arm und rannte mit aller Kraft zu meinem Platz zurück. Ich konnte den Wachposten nicht sehen, aber ich hörte einen dumpfen Schlag. Er hatte sein Gewehr umgedreht und mit dem Kolben nach mir geschlagen, mich aber verfehlt und einen anderen getroffen, der dort gerade stand. Es gab ein übles Geräusch. Ich sauste durch die Umstehenden hindurch und zur anderen Seite des Gebäudes. Später erfuhr ich, daß der andere Wachposten herauskam, um zu sehen, was los war. Anscheinend zielte er auf meinen Rücken, aber als er gerade abdrücken wollte, verschwand ich um die Ecke der Baracke und lief hinein. Inzwischen brach ein Aufruhr los. Die Wachen gerieten in Angst und wollten den Wagen wegfahren, aber sie waren auf einmal von Gefangenen umgeben. Sie mußten die Pferde in vollen Galopp bringen, um da herauszukommen. Ich saß drinnen und aß meinen Kohlkopf. Etwa eine Stunde später kam der Lagerkommandant mit mehreren Offizieren und verkündete: »Ein solches Verhalten können wir nicht durchgehen lassen. Sie werden so etwas nie wieder tun. Wenn es noch einmal den geringsten Verstoß gibt, werden wir mehrere von Ihnen erschießen.«

In einem Gefangenenlager setzt sich der Wille zum Überleben über viele Anstandsregeln hinweg, sogar über die Goldene Regel. Verhalte dich anderen gegenüber so, wie du wünschst, daß sie sich dir gegenüber verhalten sollen? Quatsch! Wenn ich an der Reihe war, in den Essenstopf zu langen, dann würde ich keinen anderen ranlassen. Das gehörte mir, und niemand hatte es anzurühren. In den Lagern, in denen ich war, gab es keine richtige

Organisation. Wir trieben wie Blätter im Wind. Wir besaßen niemals etwas, womit wir die Wachen hätten bestechen können, wie es die Leute von der Luftwaffe taten. Wir hatten kein Geld und bekamen so gut wie keine Rotkreuzpakete. Es gab meines Wissens auch kaum eine Führung, denn die Offiziere waren ja irgendwo anders. Ich erinnere mich nicht einmal an Feldwebel. Es war einfach niemand da, der die Leitung hätte übernehmen können. Wenn das Brot ausgegeben wurde, bildeten wir von selbst eine Gruppe von sieben Mann. Es war ganz wichtig, daß jeder seinen gerechten Anteil an dem täglichen Laib Brot erhielt, und ich erbot mich, ihn in sieben Teile zu schneiden. Am Ende war das alles, was wir zu essen hatten. Damit es gerecht zuging, wechselten wir jeden Tag die Reihenfolge, in der jeder sein Stück wählen durfte, und ich nahm immer das letzte. Einige versuchten, ihr Stück in drei kleine Portionen zu zerschneiden und drei Mahlzeiten daraus zu machen. Andere aßen es auf einmal auf, um wenigstens zeitweise satt zu sein. Keine Methode funktionierte so richtig. Aber das war das einzige, was wir an Organisation fertigbrachten.

Engstrom bewahrte sein letztes Stück Brot auf und das primitive Messer, mit dem er es schnitt, und er zeigt beides unter Tränen vor.

Engstrom und seine Mitgefangenen wurden mit dem Zug von Hammelburg nach Nürnberg geschafft, um den rasch vorrückenden alliierten Truppen auszuweichen. Aber von dort mußten sie zum Stalag VII A nordöstlich von München ungefähr 160 km weit marschieren.

Ungefähr 1 500 Lagerinsassen traten am 1. April 1945 in Nürnberg einen Marsch an, der fünfzehn Tage dauern sollte. Viele waren ziemlich schwach, und wir versuchten uns gegenseitig zu helfen. Aber einen gab es, dem halfen wir nicht. Er hatte mit den Deutschen kollaboriert. Wir wußten es zum Teil deshalb, weil er zugenommen hatte, während wir anderen alle abnahmen. Abends verschwand er immer und kam dann irgendwann in die Baracke zurück. Jeder haßte ihn, aber wir schnitten ihn einfach. Niemand redete mit ihm oder wollte irgend etwas mit ihm zu tun haben. Die Wachen erklärten uns während des Marsches, wenn jemand nicht durchhalte, werde er erledigt, genau so, wie wir es später von den Japanern bei dem Todesmarsch von Bataan hörten. Also mußte dieser fette Kerl mitmarschieren, und es dauerte nicht lange, da keuchte und schnaufte er und sagte zu uns, er könne nicht mehr laufen. Wir antworteten, daß wir ihm auch nicht helfen konnten. So fiel er am Straßenrand um, und wir hörten einen Schuß. Das war alles. Die Deutschen hatten keine Skrupel, ihn zu erschießen, obwohl er ihnen geholfen hatte.

Wir kamen an einem Feld vorbei, auf dem nur dreißig Meter von der Straße entfernt Zuckerrüben aufgestapelt lagen. Die zogen mich mächtig an, und einige andere anscheinend auch. Hinter mir brach einer aus und rannte darauf zu. Ein paar andere liefen hinterher, und es gab einen Aufruhr. Der Wachposten, der neben mir marschierte, hob sein Gewehr, zielte und schoß. Der erste Mann fiel um, und damit war es vorbei.

Zwei andere von uns rissen gleich am Anfang des Marsches aus. Die Deutschen machten einfach ihre Hunde los, und die fraßen sie auf. Rissen sie einfach in Stücke. Damit wollten sie uns zeigen, daß es ihnen ernst war. Aber nicht alle Wachen waren so. Einige wußten, daß der Krieg zu Ende ging, und es war ihnen egal, ob wir ausrissen oder nicht. Ich erinnere mich, daß ein Lastwagen vorbeikam und unser Posten ihn anhielt. Er und mehrere von uns stiegen auf. Er gab mir sogar sein Gewehr, damit er hinten hinaufklettern konnte. Er öffnete das Schloß, um mir zu zeigen, daß er die Munition weggeworfen hatte, und sagte immer wieder: »Alles ist kaputt, alles ist kaputt.«

Eines Abends hielten wir bei einem Bauernhof an, und ich fragte den Bauern, ob ein paar von uns in seiner Scheune schlafen könnten. Am anderen Morgen kam er heraus, weckte uns und lud uns in sein Haus ein. Er forderte uns auf, die Schuhe auszuziehen, was wir auch taten. Seine Frau briet uns Eier zum Brot. Ich war ganz überrascht. Beim Essen sah ich, wie ein kleines Mädchen zum Fenster hereinguckte. Dann lief sie fort, und im nächsten Augenblick kam ein Wachposten ins Haus. Wir wollten antreten, aber er sagte: »Nein, nein.« Er setzte sich zu uns und aß ebenfalls Brot mit Ei.

Ein paar Tage später hielten wir wieder an einem Bauernhof und stellten fest, daß die Deutschen gar nicht so schlecht waren. Hier erklärte uns die Frau, daß ihr Pferd gerade gestorben sei und wir das Fleisch haben könnten, wenn wir es richtig abziehen und ihr das Fell überlassen würden. Ich hatte etwas Erfahrung mit dem Schlachten und schnitt mir ein Lendenstück ab und aß es roh. Wir kochten überhaupt nichts von dem Pferd, und nach fünfundzwanzig Minuten war nichts von ihm übrig als die blanken Knochen. Die Eingeweide und alles waren verschwunden. Man lebte von einem Tag zum andern, wie man gerade konnte.

Von Tag zu Tag zog sich unser Gefangenentrupp weiter auseinander und war immer weniger zu kontrollieren. Einmal gingen wir zu zweit in eine Bäckerei. Wir waren halbverhungert und rochen das Brot im Backofen. Wir baten den Bäcker um irgendwas, nur ein Stück Brot. »Nein, nein, nein«, sagte er. Er erklärte uns, er bekäme kein Mehl mehr zum Backen, wenn er nicht die Brotmarken abgeben könnte. Als er sich umdrehte, um fertiges Brot aus dem Ofen zu nehmen, griff mein Kamerad ein Brot und rannte weg. Ich tat dasselbe, und so hatten wir unser Brot.

Schließlich kamen wir im Stalag VII A in der kleinen Stadt Moosburg an. Wir hörten BBC mit einem kleinen Radioapparat, den einer gebaut hatte, und wußten, daß Patton nicht mehr weit war. Dann hörte wir Schüsse aus den Wachtürmen an den Toren. Ich erinnere mich, wie einer auf das Barackendach kletterte, um zu sehen, was los war. Er wurde getroffen und rollte herunter. Man stelle sich das vor, am letzten Tag vor der Befreiung zu sterben.

Es gab auch russische Gefangene im Stalag VII A, aber man hatte uns gewarnt, wir würden erschossen, wenn wir versuchten, in ihren Teil des Lagers zu gelangen. Der Draht zwischen uns hatte ein paar Löcher, und nachts gingen wir manchmal hinüber. Wir tauschten Lebensmittel gegen kleine Andenken, die sie gebastelt hatten. Ich habe noch ein paar ihrer Zigarettenspitzen. Sie waren gute Burschen, aber sie waren hart. Als wir befreit wurden, ließen wir die deutschen Wachmänner – soweit sie nicht geflohen waren – unseren Honigwagen ziehen. Während unserer Gefangenschaft mußten wir manchmal das Zeug hinausfahren und auf die Felder kippen. Nun dachten wir, es wäre wohl ein Spaß, wenn die deutschen Soldaten damit herumziehen müßten. Wir klatschten alle Beifall, als sie den Karren zogen und schoben. Die Russen meinten dann, sie sollten auch etwas Spaß haben. Sie ließen wie wir ungefähr zehn Wachmänner antreten, aber dann nahmen sie den ersten und schnitten ihm die Kehle durch, von einem Ohr zum anderen. Das machten sie dann mit jedem dieser Deutschen. Das war wohl ihre Vorstellung von Spaß. Einige der Russen gingen auch zu einem nahen Bauernhof, töteten alles Vieh und die Bäuerin und brannten alles nieder.

Ein paar von uns entschlossen sich, einfach mal aus dem Lager herauszugehen. Ich nahm ein Bajonett mit, und wir gingen zu einem anderen Bauernhof. Ich erblickte einen Hühnerstall hinter dem Haus und eine deutsche Frau auf der Veranda. Als sie sah, daß wir auf die Hühner zugingen, lief sie uns entgegen, drohte uns mit der Faust und schrie: »Nein, nein, nein!« Ich sagte ihr, sie solle aus dem Weg gehen. Wir brauchten die Hühner. Jeder von uns nahm ein Huhn, dann gingen wir zur Straße zurück. Sie lief uns nach und tobte vor Wut. Aber wir hatten etwas zu essen und ließen es uns von niemand wegnehmen. Ich zog das Bajonett und sagte zu meinem Kameraden: »Sie sollte lieber verschwinden, denn wenn sie noch näher kommt, kriegt sie dies hier ab.« Anscheinend verstand sie das, denn sie blieb stehen. Inzwischen waren wir wütend geworden. Im Vorgarten stand ein Baumstumpf, und dort schlachteten wir die beiden Hühner und nahmen sie aus, gerade vor ihren Augen. Dann trugen wir sie in die Baracke und kochten sie. Wir brauchten die Nahrung. Es tut mir auch heute nicht leid, daß wir das taten. Wir versuchten einfach zu überleben.

Nach unserer Befreiung erfuhren wir, daß in den Kellern vieler Häuser in München Rotkreuzpakete lagerten. Die Pakete kamen aus der Schweiz, und jemand muß sie abgefangen haben, bevor sie die Lager erreichten. Ich glaube, ich bekam nur zwei Rotkreuzpakete, und die mußten geteilt werden. Einmal bekam ich ein Viertel davon, und dabei waren auch Zigaretten. Die konnte ich gegen Lebensmittel und Vitamin-C-Tabletten eintauschen. Auf dem langen Marsch von Nürnberg nach München brachten mir fünf Zigaretten ungefähr sechs Kartoffeln und ein Stück fetten rohen Schinken ein. Diese Nahrung und die Vitamine brachten mich durch. Manche gaben alles für Zigaretten, auch ihre Lebensmittel, und einige starben deswegen.

Eine letzte ironische Tragödie ereignete sich, als wir nach unserer Befreiung darauf warteten, ausgeflogen zu werden. Hunderte von Transportflugzeugen C-47 standen auf einem ehemaligen Feldflugplatz für Jäger aufgereiht. Es hatte geregnet, und die Startbahn war ziemlich aufgeweicht. Sie war auch recht kurz, und an ihrem Ende stand eine Eisenbahnbrücke. Ungefähr fünfzig von uns drängten sich mit aller Habe, die wir nach der Befreiung angesammelt hatten, in ein Flugzeug. Es war so eng, daß wir keine Sitze hatten. Das Flugzeug vor uns drehte die Motoren voll auf und rollte an. Ungefähr nach drei Vierteln der Startbahn muß der Pilot wohl erkannt haben, daß seine Geschwindigkeit nicht zum Abheben reichte. Ich bin nicht sicher, was er tat, aber das Flugzeug drehte plötzlich nach links ab und raste in eine Reihe wartender C-47, die in Flammen aufgingen. Vielleicht vier Mann sprangen heraus, aber mehr schafften es nicht. Als unser Pilot sah, was passiert war, befahl er uns, alles herauszuwerfen, was wir hatten – jede Tasche, alle Andenken und alle Ausrüstung. Wir öffneten die Seitentüren und warfen alles heraus. Als wir abhoben, vibrierten die Tragflächen unter dem Gewicht des Flugzeugs. Als wir über die Eisenbahnbrücke brausten, konnten wir hinter uns all die brennenden Flugzeuge sehen. Diese ganze Ladung ehemaliger Kriegsgefangener war im letzten Moment vor ihrem Heimflug gestorben.

Karl Hans Hackbarth
In Fort Custer hatten wir ein gutes Leben …

Karl Hackbarth lernte seine zukünftige Frau kennen, als er Kriegsgefangener bei Detroit war. Obwohl Fraternisierung zwischen Gefangenen und Zivilisten streng verboten war, freundeten sich Karl und Stella Kohut an; sie wurden schließlich so enge Freunde, daß das FBI ihr Verhältnis untersuchte. Nachdem Hackbarth zwei weitere Jahre als Kriegsgefangener in Großbritannien verbracht hatte, konnten sie 1949 in Berlin heiraten. Bald danach kehrten sie in die Vereinigten Staaten zurück, wo Hackbarth dreiunddreißig Jahre lang im State Hospital in Ann Arbor, Michigan, arbeitete, nicht weit von dem Ort, an dem sie sich zuerst kennenlernten. Im Jahre 1991 wurde er Vorsitzender der People to People International, einer Organisation für den Bildungs- und Kulturaustausch, die sich der Vertiefung internationaler Verständigung und Freundschaft widmet.

Karl Hackbarth wurde 1922 in Cuxhaven geboren und folgte seinem Vater in die Filmindustrie. Während der Olympiade 1936 arbeitete er als Botenjunge für Leni Riefenstahl und später für Joseph Goebbels.

In meinen Augen war Leni Riefenstahl eine phantastische Frau. Sie war eine vollendete Künstlerin, wußte genau, was sie wollte, und war sehr diktatorisch. Bei der Olympiade mußte man alles beim ersten Mal richtig pakken, denn es gab keine Möglichkeit einer Wiederholung. Ich brachte den Film, den sie aufgenommen hatte, zum

Entwicklungszentrum, wartete auf die fertigen Kopien und versandte sie ins Ausland. Unsere Umschlagszeit betrug fünf Stunden. Für den Vertrieb in Amerika brachten wir die Filme zum Flughafen Tempelhof, luden sie in den *Pan-Am-Clipper*, und am nächsten Tag konnten sie in New York vertrieben werden.

Ich sehe sie heute noch vor mir. Sie war eine schöne, nordisch aussehende Frau und wurde von Hitler und Goebbels sehr bewundert. Ich sah Goebbels oft, und er machte auch einen großen Eindruck auf mich. Wir drehten einen Propagandafilm für ihn mit dem Titel »Das Buch«, mit dem die Deutschen dazu gebracht werden sollten, bestimmte alte Bücher wegzuwerfen und nur noch die von den Nazis gebilligten zu lesen. Er war ein sehr gewandter Redner und benutzte nie irgendwelche Aufzeichnungen, und oft sprach er mit einzelnen von uns. Er war immer im Bilde und wußte genau, wie ein Film zu drehen war. Er hatte ein phantastisches Namensgedächtnis und immer ein freundliches Wort für jeden. Er schüttelte uns die Hand und duzte alle die jungen Leute. Wenn man erst fünfzehn oder sechzehn ist, macht das einen großen Eindruck. Wir wußten von seinen Beziehungen zu Frauen. »Macht die Türe zu, Joseph kommt«, sagten die Berliner. Viele angehende Filmschauspielerinnen verdankten ihm ihre Karriere.

Hackbarth war nicht Mitglied in der Hitlerjugend. Sein Vater war Sozialdemokrat.

Im Februar 1939 riet mir mein Chef, ich solle mich sofort freiwillig zum Arbeitsdienst melden, was ich auch tat. Ich kam nach Frankfurt an der Oder, wo wir Sümpfe trockenlegten. Dort wurde ich mit den Sorben bekannt, die slawischen Ursprungs waren und in den Sümpfen des Spreewalds lebten. Sie trugen besondere Uniformen und wurden nicht zum Militärdienst herangezogen, weil sie Lebensmittel für die preußische Garnison in Potsdam lieferten. Sie wohnten auf kleinen Inseln im Spreewald und benutzten Kähne als Transportmittel. In Notzeiten konnten sie sich in die Sümpfe zurückziehen, wohin ihnen niemand folgen konnte.

Am 1. Januar 1940 wurde ich zu einem Infanterieregiment eingezogen, das im Olympischen Dorf bei Berlin stationiert war. Dank meiner Größe kam ich zur ersten Kompanie des ersten Bataillons. Wir sollten typische Arier mit blauen Augen und blondem Haar sein, aber wenn ich an mein Regiment zurückdenke, so hatten wir auch kleine Kerle mit schwarzem Haar und braunen Augen.

Am 22. Januar 1944 landeten die Amerikaner nördlich von Neapel und bildeten ihren Brückenkopf bei Anzio. Mitte Februar gehörte ich zu einer Kampfgruppe von etwa 6 000 Mann, die den amerikanischen Brückenkopf spalten sollte. Wir griffen am 16. Februar um 6.30 Uhr morgens an. Zwei Schwere Kreuzer und vier Zerstörer beschossen uns von der Bucht her, und Flugzeuge bombardierten uns aus der Luft und griffen uns mit Maschinengewehren an. Wir brachen tatsächlich durch, aber unter schrecklichen Verlusten. Meine Kompanie begann den Angriff mit 167 Mann, und um 9.30 Uhr waren nur noch acht von uns übrig. Natürlich rissen wir aus. Was sollten wir denn sonst machen?

Ende Februar war alles zum Stillstand gekommen. Es passierte kaum etwas. Wir waren ständig dem eiskalten Regen ausgesetzt und konnten unsere Schützenlöcher nicht nutzen, weil zuviel Wasser in ihnen stand. Am 2. März wurde ich von Granatsplittern im Bein und im Bauch getroffen und lag vier oder fünf Wochen im Lazarett. Als ich zurückkehrte, existierte unsere Einheit nicht mehr. Wir waren völlig aufgerieben. Wir bildeten dann kleine Kampfgruppen von 50 bis 60 Mann.

Ich werde nie vergessen, wie amerikanische Beobachtungsflugzeuge uns überflogen und Zigarettenstangen abwarfen, um uns aus unseren Bunkern zu locken. Wir rauchten damals schon Teeblätter. An einem Regentag warf ein Flugzeug fünf Stangen rote Pall Mall ab. Wir wagten uns nicht zu rühren, aber ein Idiot lief hinaus, um die Zigaretten zu holen, bevor sie durchweichten. Die Amerikaner brauchten etwa zwei Minuten, um sich auf uns einzuschießen, und sie legten mit Granatwerfern los. Die fünf Stangen Zigaretten kosteten uns achtzehn Mann.

Der Sicherheitsdienst ließ vom Strafbataillon Minen hinter unserer Stellung legen. Dieses Bataillon bestand aus Leuten, die aus irgendeinem Grund bestraft worden waren. Einige waren Linke oder Kriegsdienstverweigerer. Andere waren Kriminelle oder hatten andere Probleme. Wurde zum Beispiel ein Offizier von hinten erschossen und es wurde nicht ermittelt, wer es getan hatte, griff man sich etwa zehn Soldaten der Einheit und steckte sie ins Strafbataillon. Sie hatten keine Waffen.

Wir waren noch ungefähr vierzig Mann in unserer Kampfgruppe, und ich war der älteste. Die meisten waren noch unter zwanzig. Am 25. Mai sollten wir die Nachhut für ein Panzerregiment bilden. Wir bemerkten durch Zufall, daß das Strafbataillon hinter uns T-Minen legte. Unsere Einheit wurde offensichtlich als verlorener Haufen betrachtet, und die Führung hatte uns nicht einmal von den Minen verständigt. Ich dachte bei mir: »Zum Teufel mit dem ganzen Krieg.« Wir hielten eine demokratische Diskussion darüber ab, was wir tun sollten, wenn die Amerikaner kamen. Wir beschlossen, die Waffen auseinanderzunehmen und zu vergraben und uns dann zu ergeben. Wir stimmten tatsächlich darüber ab. Wir saßen in der Falle. Hinter uns hatte das Strafbataillon Minen gelegt, so daß wir uns nicht zurückziehen konnten, und vor uns waren die Amerikaner. Plötzlich rollten einige Sherman-Panzer auf uns zu. Wir lagen in einer Stellung am Mussolinikanal, aber sie belegten uns mit Maschinengewehrfeuer. Wir verloren bald fünfzehn unserer Leute. Ein junger Bursche drehte durch, sprang auf und feuerte aus seiner Maschinenpistole. Sie durchsiebten ihn. Plötzlich hörte das Schießen auf. Ich war der einzige, der Englisch konnte. Ich war nicht scharf darauf, die Stellung zu verlassen und mich zu ergeben, aber ich tat es. Ich legte meinen Helm und meine Patronentaschen ab und rief: »Nicht schießen, nicht schießen, wir ergeben uns.« Ein Amerikaner schrie zurück: »Heinie, gib auf!« oder etwas Ähnliches. Also kletterte ich mit erhobenen Händen heraus. Ein grauhaariger amerikanischer Hauptfeldwebel kam auf mich zu und sagte in tadellosem Deutsch: »Mein lieber Freund, der Krieg ist vorbei.« Ich antwortete: »Sie stammen aus Hamburg.« Das gab er zu, und ich sagte ihm, ich käme aus Cuxhaven. Dort vor dem Mussolinikanal fielen wir beide uns um den Hals. Ich glaube, dieser Augenblick rettete uns allen das Leben. Er versicherte mir, es würde uns nichts geschehen, und daraufhin kamen alle anderen Männer meiner Truppe heraus, ergaben sich und folgten ihm vom Kanal weg.

Er führte uns ungefähr 1 000 Meter zurück und erklärte, er würde dort bei uns warten, bis die Militärpolizei kam und uns übernahm. Er versicherte uns auch, daß wir unsere persönlichen Habseligkeiten behalten würden. Inzwischen war die Sonne aufgegangen, und wir sahen, daß die Amerikaner die deutschen Stellungen durchbrochen hatten. Ich habe noch heute vor Augen, daß die deutschen Offiziere und Soldaten wie verrückt aus der Front zurückliefen und wie Hasen abgeschossen wurden. Ich sah mich um und stellte fest, daß einige gefallene deutsche Soldaten noch dort lagen, obwohl die Leichen offensichtlich schon einige Tage alt waren. Die amerikanischen und kanadischen Gefallenen waren fortgeschafft worden. Die Wachen nahmen uns dann alles ab. Ich hatte ein Foto meines Vaters in Uniform neben meiner Mutter, und das nahmen sie als Souvenir. Sie ließen uns absolut nichts. Dann wurden wir auf Lastwagen nach Süden gebracht, nach Neapel. Unterwegs warfen die Italiener mit Steinen und Benzinflaschen nach uns. Zum Glück hatten wir einen Feldwebel, der über ihre Köpfe schoß. Unser erstes Gefangenenlager lag dicht an der Adria. Es war ein Durchgangslager, in dem wir auch verhört wurden.

Als erstes trennten sie die Österreicher von den Deutschen. Sie erklärten uns, die Österreicher seien nicht mehr mit den Deutschen verbündet. Schon vor unserer Gefangennahme hatten wir ein paar Österreicher verdroschen, weil sie davonlaufen wollten. Sie bestanden darauf, daß wir sie in den Krieg gezwungen hätten, aber wir wiesen sie darauf hin, daß Hitler ja ein Österreicher sei. In dieser ersten Nacht im Durchgangslager kam eine deutsche Stimme über den Lautsprecher: »Wer überleben will, der komme zum Lagertor. Wir werden euch helfen.« In der nächsten Nacht wurde die Botschaft wiederholt mit dem Hinweis, das sei die letzte Chance. Die Österreicher gingen als erste. Die meisten von uns waren noch stramme Nationalisten und glaubten, daß Deutschland den Krieg noch gewinnen würde. Die SS-Typen hatten die Führung und erklärten jeden, der zur anderen Seite gehen wollte, für einen Verräter. Ich weiß, daß einige verdächtige Gefangene zu den Latrinen geschleppt, getötet und in die Toiletten geworfen wurden. Sie verschwanden einfach. Solche Geschichten hatten natürlich ihre Wirkung auf uns andere.

Zum Verhör wurden wir in einen kleinen Kreis um den einzigen Baum im ganzen Lager geführt. Wir erhielten acht Stunden nichts zu trinken, doch wurde uns gesagt, nach dem Verhör würden wir etwas bekommen. Ich wurde als erster vernommen. Ich nahm Haltung an und nannte meinen Namen, Dienstgrad und die Nummer meiner Erkennungsmarke. Der Major, der mich verhörte, sprach fließend deutsch. Er legte ein Päckchen Zigaretten auf den Tisch und bot mir eine an, aber ich sagte, ich rauche nicht. Dann meinte er, er sei aus New York und ich solle mir keine Sorgen machen, denn er wüßte schon alles, was ich ihm verraten sollte. Also erwiderte ich: »Wenn Sie schon alles wissen, muß ich ja nicht mit Ihnen reden.« Das war die falsche Antwort. Er schrie: »Wir müssen feststellen, was für ein Deutscher Sie sind, und wir klassifizieren Sie als einen Nazi, den wir in die Salzbergwerke schicken.« Ich dachte, verdammt, jetzt habe ich das Falsche gesagt. Wenigstens hätte ich die Zigaretten nehmen sollen. Deshalb fragte ich: »Kann ich jetzt rauchen?« Er antwortete: »Nicht meine Zigaretten.« Ich nahm also meine Tabakdose heraus und wollte mir eine drehen, aber er nahm sie mir weg und schickte mich hinaus. Es war furchtbar heiß, und ich erhielt den Befehl, dort mit bloßem Kopf in der sengenden Sonne strammzustehen, ohne mich zu rühren. Sobald ich mich bewegte, gab mir der MP-Posten einen Stoß mit dem Lauf seiner Maschinenpistole. Inzwischen kamen die anderen heraus und gingen sofort hinüber und tranken Wasser. Nach zwei Stunden holten sie mich schließlich wieder herein, und der Major fragte, ob ich meine Aussage ändern wolle. Ich meinte, da ich nichts gesagt hätte, gäbe es auch nichts zu ändern.

Er erklärte, er werde mich in ein Sonderbataillon für unverbesserliche Nazis stecken, und schickte mich wieder ins Hauptlager. Jeden Tag wurden wir dazu eingesetzt, mit einer Art Kleiderbürste den Sand von der Hauptstraße zu fegen. Das war unsere Bestrafung. Schließlich fragte uns jemand, ob einer von uns englisch spräche. Ich hob die Hand, und so wurde ich Dolmetscher für den Oberstleutnant, dem unsere Gruppe unterstand. So hatte die Fähigkeit, englisch zu sprechen, mir wieder einmal geholfen.

Etwa zu der Zeit, als die Alliierten in der Normandie landeten, wurden wir auf ein *Liberty*-Schiff verladen und schlossen uns einem Konvoi an, der aus zwei Gefangenentransportern, einem Lazarettschiff und ungefähr 35 leeren Frachtern bestand. Wir wußten, daß wir für den Transport in die Vereinigten Staaten vorgesehen waren, aber wir wußten nichts von der Kriegslage, außer daß wir alle halbe Stunde Flieger- oder U-Boot-Alarm hatten. Wir hatten alle unsere Schwimmwesten angelegt. Da standen wir in Reih und Glied, die eine Hälfte blickte zum Himmel und die andere sah ins Wasser hinunter. Ich dachte bei mir, wäre das nicht schrecklich, wenn ich den Krieg so lange überstanden hätte, nur um jetzt von einem eigenen U-Boot versenkt zu werden.

Wir landeten in Norfolk, erhielten neue blaue Uniformen, einen weichen blauen Hut, Unterwäsche und ein Paar Schuhe. Ich machte mir keine besonderen Sorgen. Ich war noch ein junger Mann und war immer unabhängig gewesen, deshalb war der einzige Mensch, um den ich mir Sorgen machte, meine Mutter. Wir verließen Norfolk mit dem Zug. Wir konnten es kaum glauben, daß wir in Pullman-Wagen sitzen durften. An beiden Enden jedes Wagens saßen jeweils zwei Posten. Wenn man zur Toilette wollte, mußte man die Hand heben, und ein Posten führte einen dorthin. Wir überlegten, was wohl geschehen würde, wenn sich zehn von uns auf sie stürzten, denn sie hätten nicht gewußt, auf wen sie schießen sollten.

Der Zug fuhr durch bis Fort Custer bei Battle Creek, Michigan. Dort marschierten wir ins Lager, und man ermunterte uns, deutsche Lieder zu singen. Wir wurden in Zelten untergebracht, weil die Baracken voll waren. Als wir in den Essenraum kamen, setzte man uns Eier vor, Weißbrot, Marmelade, Butter und Erdnußbutter, von der wir noch nie etwas gehört hatten. Wir aßen wie die Wölfe. Einige der jüngeren Deutschen kamen zu mir und fragten: »Karl, was hältst du davon?« Ich erklärte ihnen: »Eßt, so viel ihr könnt, denn wir wissen nie, was wir morgen kriegen. Denkt daran, sie haben uns gesagt, sie schikken uns in die Salzbergwerke.«

In der nächsten Nacht lagen ein paar von uns in dem Zelt, als jemand auf die Idee kam, wir sollten doch mal die großen Dosen mit der Aufschrift »*Peanut Butter*« im Essenraum untersuchen. Er wollte wissen, was das bedeutete, und meinte, wir sollten es mal kosten. Also schlichen wir uns hinein und nahmen ein paar Dosen mit. Auf der Erdnußbutter schwamm Öl, aber wir wußten nicht, daß man es verrühren mußte, also tranken wir es. Na, der Posten wunderte sich, weshalb wir in der Nacht so oft auf die Latrine mußten.

Fort Custer war phantastisch. In einigen anderen Lagern, besonders in Mississippi und Texas, hatten es die Gefangenen sehr schlecht, sie mußten Baumwolle pflükken und andere schwierige und sogar gefährliche Arbeiten verrichten. Oft bekamen sie nicht genug zu essen, und das Wetter und das Ungeziefer waren schrecklich. Sie wurden nicht besser behandelt als die Schwarzen, die neben ihnen arbeiteten. Zwei Gefangene kamen zu uns, die nur noch Haut und Knochen waren. Sie hatten in Mississippi Baumwolle pflücken und Sümpfe trockenlegen müssen. Sie mußten jeden Tag lange arbeiten und erhielten nur wenig Essen und Trinken. Sie sahen wie Skelette aus. Wir konnten ihnen viel Essen geben. Natürlich verloren auch viele amerikanische Gefangene in Deutschland fünfzig Pfund an Gewicht oder noch mehr. Deshalb habe ich diese schlechte Behandlung nie als furchtbar einseitig angesehen. Beide Seiten machten sich schuldig. Nur weil wir den Krieg verloren, hörte die Öffentlichkeit viel mehr über die schlechte Behandlung alliierter Gefangener durch die Deutschen.

Nach der Genfer Konvention von 1929 konnten gefangene Unteroffiziere und Mannschaften zur Arbeit herangezogen werden, aber gelegentlich streikten sie, und wie allen Gefangenen machten es ihnen Spaß, ihre Wachen zum Narren zu halten.

Ungefähr 600 Mann von uns wurden nach Shelby, Michigan, zur Arbeit in den Obstplantagen geschickt. Das Kommando hatte Hauptmann Palmer, aber er sprach kein Deutsch; niemand von den Amerikanern sprach Deutsch. Abends fuhren Nachbarn zu unserem Lager und versuchten, sich mit uns über den Zaun hinweg zu unterhalten. Wir sangen deutsche Lieder, und manchmal warfen uns Leute Zigarettenstangen über den Zaun. In der ersten Woche ging alles gut, aber einige Farmer behandelten uns schlecht. Sie verlangten von uns, mehr Kirschen zu pflücken, als wir beim besten Willen konnten, und beschwerten sich dann bei Hauptmann Palmer, der uns seinerseits bei Edwin Reynolds, dem Kommandanten von Fort Custer, meldete. Es gefiel uns auch nicht, daß wir bei der Arbeit nur warmes Wasser zu trinken bekamen. Es gab noch einige Verstöße gegen die Genfer Konvention, die wir natürlich auswendig wußten. Ein Farmer versuchte uns Gemüsemais zu essen zu geben, aber wir hielten Mais für Schweinefutter. Als er uns die Ruhepausen am Vormittag und Nachmittag verweigerte, ließen wir uns das nicht gefallen. Hauptmann Palmer drohte, uns die Bier- und Obstration zu kürzen. Er erklärte uns, wir seien eine Schande für das deutsche Heer, und wollte uns mit bewaffneten Wachsoldaten einschüchtern. Ich erwiderte, offene Waffen im Lager verstießen gegen die Genfer Konvention. Daraufhin pflückten wir noch weniger Kirschen. Es war passiver Widerstand. Weil ich der Dolmetscher war, wählte mich Hauptmann Palmer zur Bestrafung aus. Er steckte mich in ein Arrestzelt und verurteilte mich zu einer Woche bei Wasser und Brot – und zwar dem schrecklichen amerikanischen Weißbrot, das man zu einem Nichts zusammenkneten konnte. Der Lagerarzt untersuchte und wog mich und meinte, ich könnte noch eine zweite Woche aushalten. Unser Chefkoch war Hans Croll, ein Mitgefangener. Er sagte, ich sollte mir keine Sorgen machen. Am ersten Abend aß ich mein Brot, war aber immer noch hungrig. Gegen zwei Uhr morgens kratzte Fritz, unser Lagerhund, an meiner Zeltwand. Der Posten schlief halb. An Fritz' Halsband hing ein Beutel mit zwei Schweinekoteletts und etwas Leberwurst. Ich aß alles auf, wußte nur nicht, was ich mit den Knochen machen sollte. Schließlich vergrub ich sie in einem Loch unter den Bettpfosten. Das wiederholte sich jede Nacht. Am dritten Tag wog mich der Lagerarzt und stellte zu seiner Verblüffung fest, daß ich ein halbes Pfund zugenommen hatte. Nach anderthalb Wochen hatte ich anderthalb Pfund zugenommen. Er sagte zu mir: »Das ist keine Bestrafung. Ich werde Hauptmann Palmer raten, Sie zu entlassen.« Sie bekamen es erst heraus, als das Lager abgebrochen wurde und sie alle die Knochen entdeckten, aber da war es schon Oktober, und ich saß auf einem Lastwagen auf dem Weg zurück nach Fort Custer.

In Fort Custer hatten wir ein gutes Leben, wenn es auch ein paar unerfreuliche Zwischenfälle gab. Im Lagerlazarett lagen auch amerikanische Verwundete, und einer von ihnen schlug einen Kriegsgefangenen mit seiner Krücke, und ein anderer fuhr mit seinem Rollstuhl in eine Gruppe hinein. Es war eine Reaktion, die ich verstehen konnte. Wir sahen gesund aus, und diese jungen Amerikaner waren zerschossen.

Das Schlimmste, was in Fort Custer passierte, war ein schrecklicher Unfall. Ein Trupp Gefangener kehrte auf einem Lastwagen von der Farmarbeit zurück, als dieser mit einem Zug zusammenstieß. Sechzehn von ihnen kamen ums Leben. Wir erfuhren erst nach einigen Tagen davon. Offenbar war es neblig oder regnerisch, und es war ein unbeschrankter Bahnübergang. Entweder versagte der Motor des Lastwagens, oder der Fahrer sah den Zug nicht kommen. Alle waren sofort tot. In jeder Baracke wurde ein Gedenkgottesdienst abgehalten. Die Toten liegen zusammen mit zehn anderen deutschen Gefangenen in Fort Custer in einer Ecke des amerikanischen Heldenfriedhofs begraben. Jedes Jahr im November am Volkstrauertag wird ihrer in Gottesdiensten gedacht, die von Deutschen wie von Amerikanern besucht werden.

Es war den Gefangenen nicht gestattet, mit Amerikanern zu fraternisieren, aber natürlich taten es viele von ihnen.

Im März 1945 wurden 200 von uns zur Luftwaffenbasis Romulus verlegt, die heute der *Metro Airport* von Detroit ist. Ich war Sprecher und Dolmetscher des Lagers. Wir wurden als Offiziersburschen, Köche oder Hilfskräfte eingesetzt, und es war ein guter Dienst. Oberst Roll war Lagerkommandant. Er sah wie ein Preuße aus und benahm sich auch so. Er trug das Haar kurzgeschnitten und fuhr einen roten Packard. Wenn er in den Lagerbereich einfuhr, verschwand jeder Soldat, sobald er ihn sah. Wenn er nicht schnell genug verschwand, stieg Oberst Roll aus seinem Packard aus, inspizierte ihn und fand unweigerlich etwas auszusetzen. Ich war vier Monate lang sein Bursche. Wir hatten mehrere lange Gespräche, und ich bekam wirkliche Hochachtung vor ihm. Er war ein hundertprozentiger Amerikaner und ein echter Berufssoldat. Er erklärte uns: »Ihr seid meine Gefangenen und meine Feinde. Ich wollte euch hier nicht haben, aber ihr seid mir zugeteilt worden, und deshalb werde ich alles tun, um es hier für euch angenehm zu machen. Ich erwarte nur, daß ihr meine Befehle befolgt. Wer das nicht tut, wird bestraft.« Er lebte nach diesen Vorsätzen. Er war ein wunderbarer Mann. Ich lernte auch seine Frau kennen; bei einigen ihrer Parties fungierte ich als Bartender.

In Romulus hatten wir auch Kontakt mit einer deutschen lutherischen Kirche in Detroit. Emil Schmitt war ihr Pfarrer, und er kam zu unseren Gottesdiensten ins Lager. Einmal brachte er sechs große Kisten mit, die angeblich Bibeln und Gesangbücher enthielten. Er sagte, wir sollten die oberste Lage Bücher abräumen. Darunter befanden sich Lebensmittel aller Art und Zigaretten. Dabei waren auch einige individuelle Pakete von Mitgliedern seiner Gemeinde. Sie hatten sogar ihre Namen dazugesetzt. Ich beschloß, ihnen Dankesbriefe zu schreiben, und diese Briefe gab ich einer Amerikanerin namens Stella Kohut, die im Lager arbeitete, zur Beförderung und bat sie, den Gemeindemitgliedern zu sagen: »Die Lieferung ist angekommen.«

Karls Ehefrau Stella fährt an dieser Stelle mit dem Bericht fort.

Ich arbeitete als Zivilangestellte beim Militär in der Einkaufsabteilung der Luftwaffenbasis Romulus. Meine Mutter hatte mir schon von den gutaussehenden deutschen Soldaten erzählt. Das hatte Eindruck auf mich gemacht, und wir hatten viel Spaß. Ich lernte Karl dadurch kennen, daß er mir Billard mit drei Kugeln beibrachte. Natürlich gab es eine Anordnung, die persönliche Kontakte verbot, aber wir redeten trotzdem miteinander. Offenbar schöpfte jemand Verdacht und benachrichtigte das FBI. Die Leute vom FBI tauchten genau an dem Tag auf, als ich diese Liste der Familien in Detroit, alle mit deutschen Namen, und ihren Telefonnummern bei mir hatte. Ich sauste auf die Toilette und versuchte, die Liste hinunterzuspülen, aber sie ging nicht durch. Jemand schrie: »Kommen Sie sofort heraus, oder wir brechen die Tür auf.« Sie dachten, sie hätten eine Nazispionin erwischt, die die Sicherheit Amerikas gefährdete. Das FBI behielt mich drei Tage in Haft. Es war aufregend, aber ich machte mir keine Sorgen, weil ich unschuldig war.

Als Karl nach England verlegt wurde, blieb ich mit ihm brieflich in Verbindung. Im August 1948 wurde ich als Sekretärin zum Oberkommando der amerikanischen Besatzungstruppen nach Berlin versetzt, und Karl kam im März des nächsten Jahres nach Hause. Wir heirateten am 18. Juni 1949 in einem alten Haus in Berlin. Es war die erste Eheschließung zwischen einer Amerikanerin und einem früheren deutschen Kriegsgefangenen. Wir hatten sogar ein Fünf-Mann-Orchester, das wir mit einer Stange Zigaretten bezahlten.

Beide Seiten versuchten, Propaganda unter ihren Gefangenen zu betreiben; die Alliierten versuchten auch die Umerziehung ausgewählter Kriegsgefangener; Karl setzt seinen Bericht fort.

Nach dem Ende des Krieges zeigte man uns Propagandamaterial aller Art über das, was in den Konzentrationslagern geschehen war. Es gab Ausstellungen, Zeitschriften, Zeitungen und Filme über die Verbrechen. Die meisten von uns konnten einfach nicht glauben, daß so etwas passiert war. Es gab auch Wochenschauen über die zerbombten deutschen Städte. Wir fragten uns, ob wir unsere Eltern jemals wiederfinden würden. Als wir also erfuhren, daß wir bald nach Hause entlassen werden sollten, waren wir gar nicht so erfreut. Von Deutschland schien nichts übriggeblieben zu sein.

Ich hatte externe Kurse an der *Ohio State University* über Demokratie und andere Themen belegt. Der Bildungsoffizier hatte mir erklärt, ich müsse mich vom Nazismus lösen und die Demokratie kennenlernen. Er meinte, die USA seien die Wiege der Demokratie. Also lernte ich alles über 1776 und all die anderen wunderbaren Geschehnisse der Vergangenheit. Aber als ich nach dem Krieg nach England verlegt wurde, kam ich wieder in ein Umerziehungsprogramm, in dem ich eine andere Art von Demokratie zu lernen hatte. Als ich März 1949 in Berlin ankam, wurde ich von den Sozialdemokraten begrüßt. Sie meinten, ich solle alles vergessen, was ich in den USA und in England über Demokratie gelernt hatte, denn ihre Demokratie sei die einzig wahre soziale Demokratie.

Im April 1946 wurden wir in gewisser Weise kategorisiert. Einige von uns hatten ein »G« in den Papieren, und wir dachten, das bedeute, wir kämen nach Deutschland (Germany). Wir ahnten nicht, daß »G« auch Großbritannien bedeuten konnte. So verbrachte ich noch zwei Jahre als Kriegsgefangener in England. In den USA hatten wir so viel zu essen, wie wir wollten, aber keine Freiheit; in England war es umgekehrt. Ich kam in ein Lager, in dem fast alle Gefangenen dem Afrikakorps angehört hatten. Sie trugen immer noch ihre Eisernen Kreuze und Ritterkreuze an ihren Uniformen. Sie grüßten uns sogar mit Heil Hitler. Sie klassifizierten uns danach, wo wir gefangengenommen worden waren. War es Italien, dann waren wir nicht viel wert. Kamen wir von der Normandie, dann waren wir weniger als nichts wert. Wir fragten uns, ob wir wieder in einem Nazi-Erziehungslager gelandet wären. Aber zu dieser Zeit waren die meisten von uns schon davon überzeugt, daß die alte Politik keine Zukunft hatte. So ignorierten wir diese SS-Typen einfach, zumal uns klar wurde, daß sie keine Macht mehr besaßen.

Phillip B. Miller

Ich wurde so gut behandelt, wie ich es eben erwarten konnte

Phil Miller brachte 405 Tage in einem deutschen Gefangenenlager zu, ohne je seinen Sinn für Humor zu verlieren. Wenige Tage nach dem Angriff auf Pearl Harbor wurde er zur Armee eingezogen, wurde aber bald Flugschüler bei der Luftwaffe. Unglücklicherweise versagte er bei der Flugzeugführerausbildung, weil er mehr auf die Wolkenformationen als auf seine Instrumente achtete, und wegen, wie er es nennt, verschiedenen anderen originellen Flugtechniken. Sein Fluglehrer meinte, dieses Versagen habe vermutlich ihm und allen, die mit ihm hätten fliegen sollen, das Leben gerettet. Miller fand dieses Versagen so verwerflich, daß er seiner Frau vorschlug, sie solle sich von ihm scheiden lassen, aber sie lehnte das ab. Miller wurde Bombenschütze in einer B-24 und wurde am 1. April 1944 über Ludwigshafen abgeschossen.

Ich lernte meinen späteren Stubenkameraden im Gefangenenlager kennen, als ich noch in der Ausbildung zum Bombenschützen für die B-24 war. Er hieß Atlas Molnar, und ich verbrachte dreizehn und einen halben Monat im gleichen Zimmer mit ihm in Deutschland. Ich versagte bei der Flugzeugführerausbildung, aber ich konnte es kaum schlechter machen als Molnar. Er zerstörte mehr amerikanische Flugzeuge als die meisten deutschen Piloten. Meine erste Erfahrung machte ich mit ihm auf einem Übungsflug, bei dem er beschloß, mit der Steuerung der

B-24 zu experimentieren, ohne daß er wußte, was er tat. Er schaltete die beiden Motoren des einen Flügels ab, um zu sehen, ob er nur mit den beiden anderen weiterfliegen konnte. Das ging nicht, aber nun konnte er die beiden ersten nicht wieder in Gang bekommen. Ich beobachtete ruhig aus dem Seitenfenster, wie er langsam kreisend immer tiefer ging und ein paar Kühe auf einer Weide ansteuerte. Ich dachte, wie geschickt er die Kühe mit nur zwei Motoren erschrecken wollte. Dann galoppierten die Kühe auseinander, und wir schlugen auf und pflügten eine zwei Meter breite und ein paar hundert Meter lange Furche in die Wiese. Als wir aufschlugen, hielt ich mich an einem Maschinengewehrsockel fest, während Schmutz und Staub alle meine Körperöffnungen füllten. Mein Fallschirm hing sicher an einem Haken. Ich hatte ihn dort angehängt, um mir die Unbequemlichkeit zu ersparen, ihn zu tragen.

Wie durch ein Wunder fing das Flugzeug nicht Feuer, und wir machten uns davon, so schnell wir konnten. Andere B-24 kreisten über uns und funkten unseren Absturz zur Flugleitung. Bald hörten wir Sirenen in der Ferne. Alle Krankenwagen, Feuerwehren und Notfahrzeuge des Flugplatzes kamen in vollem Tempo an. Vor Zäunen oder Toren hielten sie nicht an, sondern fuhren einfach hindurch. Niemand war verletzt, aber das Flugzeug war ein Totalverlust. Ich fuhr mit ein paar Feuerwehrleuten in einem Heereslastwagen zurück. Sie hielten an einer Tankstelle, und ich ging auf die Toilette, um mich etwas zu säubern. Das dauerte eine Weile. Inzwischen hatten sich ein paar Jungen vom Lande dort versammelt, und die Feuerwehrleute hatten ihnen anscheinend eine tolle Geschichte erzählt. Als ich herauskam, bildeten sie einen ehrfürchtigen Halbkreis. Sie merkten nicht, wie unglaublich dumm die ganze Sache war. Der

Oberst auf dem Flugplatz verstand das sehr wohl. Er hatte schon das Flugzeug und seine Instrumente untersuchen lassen und die Besatzung vernommen. Er wußte also genau, was geschehen war, und verurteilte Molnar dazu, immer Ko-Pilot zu bleiben. Molnar war schon mit einer B-26 abgestürzt und zu den B-24 versetzt worden, weil die leichter zu fliegen sein sollten.

Ein Copilot hat nicht viel zu tun, außer die Instrumente zu beobachten und gelegentlich den Piloten abzulösen. Er hat jedoch den Hebel zu bedienen, durch den beim Start das Fahrwerk eingezogen wird. Da dies den Luftwiderstand verringert, soll es möglichst schnell geschehen. Als Molnar ein paar Monate später in Dakar in einer mit zwölf Mann voll besetzten Maschine startete, zog er das Fahrwerk bei ungefähr 160 km/h ein. Unglücklicherweise hatte das Flugzeug noch nicht abgehoben, machte Bruch und brannte aus, wobei zwei Mann ums Leben kamen. Das nächste Mal traf ich ihn dann im Stalag Luft I, wo er dreizehn und einen halben Monat in der Koje unter mir schlief. Er war nach einem weiteren Absturz mit einer B-24 in Gefangenschaft geraten. Die Deutschen zählten ihre Luftsiege nach der Motorenzahl der abgeschossenen Flugzeuge. Wir erklärten Atlas, auf dieser Basis gehöre er zu den Assen der deutschen Jagdflieger. Wir meinten auch, wenn die Deutschen schlau wären, würden sie ihn entlassen und zur amerikanischen Luftwaffe zurückschicken, denn in Stalag I könne er ja nichts anrichten.

Miller betont, daß die Dinge beim Militär nicht immer so glatt oder so gut gingen, wie sie nach der Ausbildung geglaubt hätten. Natürlich hätte ihn keine Ausbildung auf das vorbereiten können, was ihn erwartete.

Vieles lief nicht so, wie es sollte. Es hieß, die Ausbildung eines Bombenschützen koste die Regierung 100 000 Dollar, aber neunundneunzig Prozent von uns sorgfältig ausgebildeten Bombenschützen konnten das Gelernte im Einsatz niemals anwenden. Alles, was ich in meiner kurzen Kampffliegerlaufbahn zu tun hatte, bestand darin, die Maschinen vor mir zu beobachten und den Schalter zu betätigen, der unsere Bomben auslöste, sobald sie das taten. Wir konnten nicht einmal erkennen, welches die Führungsmaschine war. Das Auslösen der Bomben erforderte überhaupt keine Ausbildung, und ich hätte es auch gleich nach meiner Einberufung machen können.

Genaue Bombenwürfe waren eine feine Sache für einzelne Flugzeuge oder kleine Verbände, die auf Punktziele angesetzt waren, aber in Europa handelte es sich zumeist um Flächenbombardements. Wenn 1 000 Flugzeuge einen Angriff fliegen, sind die Piloten vollauf damit beschäftigt, ihren Platz in der Formation zu halten. Würden sie ihren eigenen Zielgeräten folgen, gäbe es ein völliges Durcheinander, und der Gegner hätte sein Flakfeuer vergessen und sich damit begnügen können, die Bomber zu zählen, die sich gegenseitig rammten. Zielbestimmung erfolgte also nur durch das Führungsflugzeug und vielleicht ein oder zwei Reservemaschinen, falls das Führungsflugzeug abgeschossen wurde. Alle anderen paßten nur auf das Führungsflugzeug auf und warfen ihre Bomben, sobald es ihnen das vormachte. Nach den ersten Bombentreffern gab es ohnehin soviel Rauch, daß man kein Ziel mehr erkennen konnte.

Wir kamen nach England als Ersatz für die 703. Staffel der 445. Bombergruppe. In der zweiten Hälfte des März des Jahres 1944 flogen wir unsere ersten vier Einsätze. Bei einem dieser Einsätze stürzte die Maschine vor uns ab mit einem meiner guten Freunde aus der Ausbildungszeit an Bord. Dann explodierte eine Flakgranate direkt vor uns, und ein Splitter schlug im Turm ein. Später mußte das Bodenpersonal die ganze Bugkanzel reparieren und neues Plexiglas einsetzen. Ich hatte den Verdacht, daß mein Leben nicht mehr so ganz ruhig und sicher war. Ich schrieb meinen Eltern, wenn sie eine Nachricht über mich erhielten, sollten sie bedenken, daß mich etwas aufgehalten hätte, ich aber später heimkommen würde.

Am 1. April 1944 flogen wir einen Einsatz gegen Ludwigshafen, um eine chemische Fabrik zu bombardieren. Wir sagten immer, das Flakfeuer war so dicht, daß man darauf laufen konnte, und an dem Tag war es auch so. Wir warfen Bombenteppiche, also antworteten die Bodentruppen mit Flakteppichen. Sie rechneten sich aus, wo wir unsere Bomben abwerfen wollten, und schossen dort Sperrfeuer, und wir mußten alle hindurch. Sie konnten den Sperrfeuerbereich viel schneller ändern als die Bomberformation ihren Kurs. Es war schon faszinierend, die Maschinen vor einem in diese dichte Wand von Rauch und explodierenden Granaten eintauchen zu sehen, doch der Gedanke, daß man in ganz kurzer Zeit dasselbe erleben würde, ernüchterte. Ich sah einige schwarze Rauchstreifen, die sich bis zum Boden hinunterzogen und den Weg der glücklosen brennenden Maschinen bezeichneten. Wer das Pech hatte, über feindlichem Gebiet abspringen zu müssen, sah sich dann auch noch schlecht gelaunten und feindseligen Zivilisten gegenüber, wenn er unten ankam. Eine Bomberbesatzung war so unklug, ihre Maschine »Murder, Inc.« zu taufen und dann, was noch dümmer war, die Worte auch noch auf den Rücken ihrer Kombinationen malen zu lassen. Sie trieben die Dummheit auf die Spitze, indem sie sich abschießen und gefangennehmen ließen.

Was mit unserem Flugzeug über Ludwigshafen geschah, hatte jeder anders in Erinnerung als ich. Von meinem Platz in der Bugkanzel konnte ich nur geradeaus nach vorn sehen, aber ich sah, daß der eine Motor stand und ein zweiter stotterte. Wir verloren ungefähr 80 km/h an Geschwindigkeit und fielen rasch hinter dem Verband zurück. Da fühlte man sich dann sehr einsam. Wir waren auf Heimatkurs gegangen, und plötzlich sahen wir uns von zwei wunderschönen Jägern P-51 eskortiert. Sie blieben bei uns, so lange sie konnten, aber wir wußten, daß ihr Benzin knapp wurde und sie uns bald verlassen mußten. Wir verloren ständig an Höhe. Bei 1 500 m läutete unser Pilot, William Lafferty, die Notglocke und zeigte damit an, daß er abspringen wollte. Wenn er ging, mußten wir anderen notwendigerweise folgen. Der Navigator, Harold Garman, und ich öffneten die Bugradklappe. Ich gab ihm Zeichen, er solle springen, und er winkte mir, er wolle mir den Vortritt lassen. Keiner von uns war begeistert von dem Gedanken, in die leere Luft zu springen. Als ich sprang, war plötzlich alles ganz still um mich. Ich zog die Reißleine, aber nichts passierte. Ich zog den Fallschirmstoff mit den Händen heraus, aber er hakte in der Mitte fest und bauschte sich an beiden Seiten des verklemmten Tornisters. Die Leinen waren verdreht, und ich wälzte mich herum und zog an den Leinen, um möglichst viel Luft in den Fallschirm zu bekommen. Ich sah so eifrig nach oben, daß ich überhaupt nicht nach unten blickte. Ich schlug mit einem harten Ruck auf, der mich betäubte und mir den Atem nahm. Ich wollte atmen und konnte nicht. Schließlich gab ich die Anstrengung auf, und da ging es besser. Ich lag mitten auf einem gepflügten Feld und wußte einen Moment nicht, wie ich da hingeraten war. Dann klärten sich meine Gedanken, und ich lief zum Rand des Feldes und versteckte meinen

Fallschirm unter ein paar Büschen. Ich sah auf und erblickte zwei deutsche Soldaten mit Gewehren, die in einem kleinen Auto auf mich zukamen. Ich wartete, bis sie heran waren, dann hob ich die Hände, um ihnen zu zeigen, daß sie meinetwegen nicht zu schießen brauchten. Sie winkten mich in das Auto und fuhren mich in die nahegelegene kleine französische Stadt. Rufe Reed, der Copilot, und Herman Schmidt, der Funker, waren schon da. Die Deutschen nahmen mir mein Fluchtpäckchen ab, das 300 Dollar in bar, Wasserreinigungstabletten, einen Kompaß, Karten, Schokolade und einige andere Hilfsmittel enthielt. Sie schnitten auch die Schnur meiner elektrisch beheizten Kombination ab, weil sie das wohl für eine Waffe hielten. Dann führten sie uns nach draußen und durch eine wachsende Menge von Franzosen, die uns ganz offen ihre Sympathie zeigten. Die Frauen weinten und riefen uns auf Französisch etwas zu, was offensichtlich als Aufmunterung gemeint war. Wir waren nicht gut aufgelegt, brachten aber ein schwaches Lächeln zustande. Wir wurden in ein anderes Haus gebracht und dort von drei deutschen Soldaten bewacht, die jedesmal aufsprangen und die Hacken zusammenschlugen, wenn einer ihrer Offiziere hereinkam. Sie boten uns kalten Kaffee und Schwarzbrot an, aber wir lehnten ab. Brot wurde später unser wichtigstes Nahrungsmittel, und ich lehnte es nie wieder ab.

Da gefangene Flieger der Luftwaffe unterstanden, wurden sie angeblich besser behandelt als andere Kriegsgefangene, aber während der Verhöre war das nicht immer der Fall.

Beim Dunkelwerden kam ein Soldat mit einer Maschinenpistole herein und befahl mir, die Hände zu erheben und vor ihm hinauszugehen. Ich hielt das für meinen letzten Gang und erwartete, von hinten erschossen zu werden, aber ich war so niedergeschlagen, daß mir das nichts mehr ausmachte. Er brachte mich jedoch nur zu einem Heereslastwagen. Rufe und Smitty kamen heraus, und ihre Gesichter zeigen dieselbe Erwartung. Wir wurden zu einem Wachgebäude gefahren, und dort kam jeder in einen Raum von gut drei Metern im Quadrat mit vergitterten Fenstern und einem Guckloch in der Tür. Das Deckenlicht brannte die ganze Nacht, und auf der Bank lagen eine Strohmatratze und eine dunkelgraue Decke. Der Posten brachte wieder kalten Kaffee, eine Scheibe Brot und ein Stück schimmligen Käse. Später habe ich erfahren, daß der Schimmel auf Käse ganz harmlos ist, aber an diesem Abend hatte ich keinen Appetit darauf. Ich verfütterte ihn an eine Maus, die sich mit mir anfreunden wollte.

Am nächsten Morgen blickte ich durch das vergitterte Fenster und sah eine Nazifahne am Fahnenmast wehen. Ein Radio im Korridor war auf einen BBC-Sender eingestellt, und in dem sang Frank Sinatra gerade »Pistol Packin' Mama«. An dem Guckloch in der Tür tauchte immer mal ein Auge auf. Ich überlegte, daß ich ja einen Strohhalm aus der Matratze ziehen und ihn dem nächsten Beobachter ins Auge stechen könnte. Aber das wäre wohl nicht sehr klug gewesen bei Leuten, die einen vollständig in ihrer Gewalt hatten. Im Korridor war eine Latrine, und wenn man sich erleichtern wollte, paßte man auf, bis das Auge erschien, und gab dann seinen Wunsch durch Pantomime zu erkennen. Dann begleitete einen der Posten dorthin, das Gewehr schußbereit. Wenn Rufe gehen mußte, sah er immer durch mein Guckloch herein. Später fragte er mich, ob ich ihn gesehen hätte. Ich sagte, ich hätte seine Pupille nicht erkannt. Er meinte:

»Ich habe jedesmal reingeschaut, wenn ich vorbeikam, und du sahst richtig grimmig aus.«

Zunächst wurden wir zum Dulag Luft gebracht, einem Durchgangs- und Vernehmungslager der Luftwaffe. Auf dem Bahnhof wurden wir in einen Raum gesperrt, der zur Gepäckaufbewahrung diente. Eine Gruppe deutscher Soldaten kam herbei, um uns zu betrachten. Ich tat so, als hielte ich eine Maschinenpistole im Anschlag, und mähte sie nieder, komplett mit allen Toneffekten. Darauf sammelte sich eine größere Menge, und ich wiederholte die Vorstellung. Rufe und Smitty hatten kein Verlangen danach, im Mittelpunkt der Aufmerksamkeit zu stehen, und meinten, ich solle mit dem verdammten Blödsinn aufhören.

Als wir nach Frankfurt kamen, fuhren wir kilometerweit an ausgebrannten Straßenbahnen und zerstörten Gebäuden vorbei. Es war uns klar, daß man uns in dieser Stadt keine Freundschaft entgegenbrachte. Wir mußten ungefähr zwei Stunden auf dem Bahnhof warten. Unsere drei Wachmänner bildeten ein Dreieck und nahmen uns in die Mitte. Sie standen der Menge mit ihren Maschinenpistolen im Anschlag gegenüber. Sie hatten keinen Grund, uns zu mögen, aber sie waren sehr pflichtbewußt. Sie hatten den Befehl, uns im Dulag Luft abzuliefern, und diesen Befehl führten sie aus. Als wir Frankfurt verließen, waren sie ebenso erleichtert wie wir. Wir wurden auf einen deutschen Truppentransportzug verladen. Unsere Wachen vertrieben einige murrende Soldaten aus einem Abteil und steckten uns hinein, da sie uns so leichter bewachen konnten. Am nächsten Nachmittag kamen wir im Dulag Luft bei Wetzlar an und wurden in Einzelhaft genommen. Als wir noch in England waren, hatten uns unsere Vorgesetzten erklärt, wenn wir in Gefangenschaft gerieten, würde das Verhör mit einfachen, harmlosen Fragen beginnen, die wir nicht beantworten sollten. Sie erzählten uns auch von der Methode »guter Kerl – schlechter Kerl«. Der erste Vernehmer würde uns mit Hinrichtung drohen, wenn wir ihm nicht alle Informationen lieferten, die er brauchte. Dann würde uns der nette Kerl sagen, er könne uns vor der Hinrichtung retten, wenn wir zur Zusammenarbeit bereit wären. Danach würden wir vermutlich mit einer schönen Frau alleingelassen werden, die uns freundlich behandeln und auch persönliche Gunstbeweise anbieten würde, natürlich im Austausch für ein paar Fakten. Jeder hatte gemeint, er werde sie dazu ermutigen und sie in Anspruch nehmen und ihr hinterher nichts als Lügen auftischen.

Trotz dieser Vorwarnung überzeugte mich mein erster Vernehmer fast völlig davon, daß er mich hinrichten lassen würde. Er bekam einen Tobsuchtsanfall. Er bezeichnete mich als Spion und Saboteur und erklärte, ich verdiene hingerichtet zu werden. Ich beschloß, vor dem Hinrichtungskommando zu reden wie ein Wasserfall, aber erst, wenn die Gewehre auf mich gerichtet seien. Der zweite Vernehmer war so freundlich, wie man vorhergesagt hatte. Er erzählte mir von sich selbst, wie er in Tennessee als Handelsvertreter gearbeitet hätte und so weiter. Er sagte, es sei wahr, daß ich verdächtigt würde, ein Saboteur mit falschem Dienstrang und falscher Erkennungsmarke zu sein, und daß sie zusätzliche Informationen brauchten, um meine wahre Identität feststellen zu können. Ich antwortete, wenn ich mir einen falschen Dienstrang hätte zulegen wollen, dann hätte ich mir einen höheren als Leutnant ausgesucht. Er ignorierte meine Antwort und fragte, wo ich in den USA wohne, nach dem Namen meiner Mutter und nach den Schulen, die ich besucht habe. Ich erklärte ihm, daß diese Dinge nicht das geringste mit dem Krieg zu tun hätten. Er gab das zu, meinte aber, sie würden meine Identifizierung beschleunigen, und das könnte mich retten. Dann schickte er mich in die Einzelhaft zurück, in der ich darüber nachdenken sollte.

Während dieser Zeit verbrachte ich etwa zehn Stunden am Tage damit, durch Telepathie eine Nachricht nach Hause zu senden. Ich versuchte es auf allen Kanälen, aber es funktionierte nicht. Meine Angehörigen erfuhren erst viel später, daß ich vermißt wurde. Eines Tages öffnete sich die Tür meiner Zelle, und ein junges Mädchen stand dort neben dem Wachposten. Ich nahm an, daß nun die Behandlung nach der dritten Methode beginnen würde. Aber sie stand nur da draußen, starrte mich an und kam nicht herein. Sie muß wohl eine Freundin des Postens gewesen sein, die nur mal wissen wollte, wie ein Terrorflieger aussah.

Nach drei oder vier weiteren Verhören sagte mir der freundliche Vernehmer, unsere Gespräche seien nun beendet, aber er hätte mir noch einiges mitzuteilen. Dann las er mir die Namen unserer Flugzeugbesatzung vor. Es war die ursprüngliche Besatzung, zu der ich in den USA eingeteilt worden war, und es war ein Mann dabei, der sich hatte versetzen lassen. Es waren auch zwei Mann dabei, die am Morgen des 1. April so klug gewesen waren, im Bett zu bleiben. Aber dann erzählte er mir einiges, was ich nicht wußte. Er informierte mich, daß Major Jimmy Stewart zum Oberst befördert worden war und nicht mehr die 703. Staffel befehligte. Sein Nachfolger war Hauptmann Casey. Meine Überraschung muß offenkundig gewesen sein, denn er schickte mich zurück in eine große Kaserne, in der ich auch Rufe und Smitty wiedertraf. Wenn die Deutschen keine Mikrofone in der Kaserne versteckt hatten, dann waren sie nicht so schlau, wie wir dachten. Wir alle, die wir in Einzelhaft gewesen waren, fanden nun unsere Freunde wieder, und wir schwatzten wie die Elstern, auch über alles, was wir unseren Vernehmern verheimlicht hatten.

Miller besucht zwar heute noch Therapiekurse für Kriegsteilnehmer in einem Krankenhaus, aber er behauptet, seine Behandlung als Kriegsgefangener sei nicht so schlecht gewesen, wenn man bedenkt, daß sich die Bedingungen für die Deutschen auch verschlechtert hatten.

Deutschland wurde von einem Irren beherrscht, der Millionen Menschen umbringen ließ. Deutschland führte auch einen totalen Krieg an zwei Fronten und verlor ihn an beiden. Alle Produktionsstätten und Transportmittel des Landes dienten dem totalen Kriegseinsatz, und diese Produktionsstätten und Transportsysteme und die Zivilbevölkerung wurden Tag und Nacht von der alliierten Luftwaffe bombardiert. Hunderttausende von Zivilisten wurden bei diesen Bombenangriffen getötet, und die anderen hatten gerade noch genug zum Überleben. Unter diesen Bedingungen war es nicht möglich, einen gefangenen alliierten Flieger vorbildlich zu behandeln; ich meine, ich wurde so gut behandelt, wie ich es eben erwarten konnte. Die deutschen Kriegsgefangenen in den USA mögen besser gelebt haben, aber die amerikanischen Zivilisten lebten ja auch besser.

Ich verbrachte die meiste Zeit meiner Gefangenschaft im Stalag Luft I in Barth an der Ostseeküste. Ich erhielt die deutsche Erkennungsmarke Nummer 4216 und vermute, das entsprach der Zählung der Gefangenen, die in dieses Lager kamen. Smitty wurde in ein anderes Lager gebracht, aber Rufe und ich kamen in einen Raum mit vierzehn anderen Männern und acht Doppelstockkojen.

Atlas Molnar lag in der Koje unter mir. Jede Koje hatte einen Holzboden, auf dem sich eine mit Holzwolle gefüllte Matratze befand. Wir erhielten Lebensmittelpakete vom Roten Kreuz, die in Pappe mit Metallbändern herum verpackt waren. Wir spannten die Metallbändern zwischen den Seiten unserer Kojen aus und bedeckten sie mit Pappe, und das war viel besser als die Holzböden. Die Bretter verwendeten wir für manches andere, etwa Stühle und Bänke. Sie waren so bequem, daß wir uns vornahmen, dieselbe Art zu bauen, wenn wir nach Hause kämen. Natürlich wurde nichts daraus.

Das Essen war entsprechend dem Wetter und den Bombenangriffen auf das deutsche Verkehrsnetz unterschiedlich. Anfangs bekamen wir drei Mahlzeiten am Tag, aber das verringerte sich bald auf zwei, mit zwei Broten pro Raum. Während der Ardennenschlacht sank die Ration auf ein Brot am Mittag und eine Mahlzeit im Essenraum am Abend. Es gab ungefähr 1 200 Gefangene in unserem Teil des Nordlagers, und wenn wir Frühstück bekamen, bestand es aus sechs Sack Gerste, die über Nacht eingeweicht und morgens gekocht wurde. Dabei wurden unweigerlich ein paar Maden und Insekten mitgekocht, aber wir stellten bald fest, daß die uns nicht schadeten. Die mittägliche Brotration wurde in sechzehn Teile geteilt und auf einem Tisch ausgelegt. Auf jedes Stück kam eine Spielkarte. Dann zogen die Männer die entsprechenden Spielkarten aus einem anderen Blatt, und danach bekam jeder sein Stück. In dem Brot war auch Sägemehl verbacken, und manchmal fanden sich auch Holzspäne darin. Es war absolut köstlich, und viele von uns meinten, solch ein Brot hätten sie noch nie gegessen. Das Abendessen bestand aus Kartoffeln und einer Art von Soße. Manchmal wurden auch im Krieg getötete Tiere hineingeschnitten. Gelegentlich bekamen wir Pudding aus Brot und Schokolade mit ein paar Backpflaumen und Rosinen. Das war immer ein Leckerbissen. Die Backpflaumen und Rosinen wurden in Fässern eingeweicht, und der Saft wurde aufgehoben und in kleine Bottiche getan zum Gären. Anscheinend gab es immer ausreichend gegorenen Saft für das Küchenpersonal und die höheren Offiziere.

Die beste Verpflegung kam aus unseren zehnpfündigen Rotkreuzpaketen. Jeder von uns sollte wöchentlich ein Paket erhalten. Jedes Paket enthielt auch fünf Päckchen Zigaretten und einige Vitamin-C-Tabletten. Ich rauchte nicht, also tauschte ich meine Zigaretten gegen Brot ein. Viele warfen ihre Ascorbinsäuretabletten weg, aber ich sammelte sie, und sie trugen dazu bei, mich im Winter gesund zu erhalten, in dem immer die Gefahr einer Lungenentzündung bestand.

Zigaretten waren das gängige Tauschmittel, und die Warenpreise wurde am Mitteilungsbrett angeschlagen. Natürlich bestimmte das Angebot, ob der Preis herunter oder hinauf ging. Ein Brot schwankte zwischen sechzehn und sechzig Zigaretten. Schokoladenriegel kosteten 200 bis 500, weil sie so selten waren. Wenn Pakete aus der Heimat kamen, wurden alle möglichen neuen Artikel aufgelistet, und der Handel florierte.

Viele besaßen Kartenspiele, und Bridge war sehr beliebt. Immer waren Partien im Gange, und die Streitgespräche und Debatten gingen bis tief in die Nacht. Kein Ehekrach war heftiger als diese Gespräche im Dunkeln über Bridgepartien.

Es gab noch andere endlose Diskussionen, die nie aufhörten. Eine hatte das Flugmanöver zum Thema, das eine Fliege vollführte, wenn sie an der Decke landete. Sie zog sich den ganzen Sommer hin. Eine Fliege flog offensichtlich mit den Füßen nach unten, mußte sie aber beim

Landen oben haben. Man konnte die Frage nicht durch Beobachtung lösen. Die Fliegen kreisten unter der Decke, und wenn sie dann an ihr landeten, geschah das so plötzlich, daß man ihre Technik nicht erkennen konnte. Wir beobachteten die Fliegen monatelang und bekamen nichts heraus.

Jeder Raum hatte ein Schachspiel. Wir stellten die Figuren aus Holz her oder tauschten sie gegen Zigaretten von den Wachen ein. Ein solches Spiel brachte ich sogar mit nach Hause. Nachdem wir das Spiel gelernt und ein paarmal gegen jeden gespielt hatten, spielte jeder auf seiner Ebene. Das galt auch für Bridge: Man wollte gegen die spielen, die man für genauso gut hielt wie sich selbst.

Wir hatten auch eine tägliche Lagerzeitung. Zu den Herausgebern gehörte Lowell Bennett, ein gefangener Kriegsberichterstatter. Manche der Nachrichten kamen von neu eintreffenden Gefangenen, aber es gab auch ein Radio. Sonntags enthielt sie sogar eine Comic-Serie über Klim Kriegie, der immer ausbrechen wollte, aber nie Glück hatte.

Es gab ständig Ausbruchsversuche in unserem Lager, doch keiner führte zum Erfolg. Ein paar Jungen kamen hinaus, wurden aber schnell wieder eingefangen. Jeder dachte daran, einen Tunnel zu graben. Unter einer Baracke war an der Seite zum Zaun hin soviel Erde weggegraben worden, daß sie sich zur Seite lehnte. In jeder Nacht krochen die Wachen unter den Gebäuden herum und suchten nach neuen Tunnels. Eines Nachts gossen einige Wasser auf einen dieser Tunneljäger. Er zog seine Pistole und schoß von unten durch den Boden. Am nächsten Tag bestürmten die Männer den Oberst, er solle dagegen protestieren, daß der Wachmann ihre Rechte gemäß der Genfer Konvention verletzt habe.

Die YMCA schickte uns Pflanzensamen, und die Deutschen erlaubten uns, ihn entlang den Warndrähten auszusäen. Ich säte einige Mohrrüben aus. Zwei Mann hatten sich aus Ofengriffen eine Drahtschere gebaut und taten so, als arbeiteten sie im Garten, in Wirklichkeit schnitten sie damit die unteren Drähte des Zauns durch. Die Wachen auf den Türmen beobachteten sie, und als die beiden unter dem Zaun durchkrochen, schickten sie einfach ein paar andere Wachen hin, die sie wieder hereinholten. Kurz darauf kam ein deutscher Offizier mit ein paar Mann, und sie trampelten über meine Mohrrüben. Ich protestierte, aber er meinte, ich solle mir die Worte sparen.

Dann gab es einen Major, der die ganze Zeit an Fluchtplänen arbeitete. Er hatte bemerkt, daß ein alter Abfallwagen im Lager stehenblieb, bis er mit Asche und Abfällen voll war. Dann kam ein Mann mit einem alten Pferd und ein paar Wachen, fuhr ihn hinaus, kippte die Ladung ab und brachte den Wagen zurück. Der Major nahm eine seiner Decken, nähte Konservendosen und Abfall daran fest und bedeckte sie mit Asche. Als der Abfallwagen fast voll war, ließ er sich von seinen Freunden in die Decke wickeln und auf den Wagen legen. Er blieb ein paar Tage auf dem Wagen, und jeden Morgen brachten ihm seine Kameraden ein bißchen Brot und Wasser. Die Wachen auf dem Turm beobachteten natürlich, wie seine Freunde sich mit dem Abfallwagen unterhielten. Also ließen sie den Wagen noch ein paar Tage länger in der Sonne stehen. Beim Herausfahren wurde die Ladung sehr gründlich untersucht. Die ganze Mühe brachte dem Major außer zehn Tagen Einzelhaft nichts ein.

Wachen zu ärgern war auf beiden Seiten des Atlantiks ein beliebter Zeitvertreib, doch mußte ein Gefangener genau wissen, wie weit er es mit jemand treiben konnte, der ein Gewehr auf ihn gerichtet hielt.

Der Eingang zum Lager bestand aus zwei Toren mit einem umzäunten Raum dazwischen, und ein Tor wurde immer geschlossen, bevor das andere geöffnet wurde. Alle paar Tage kamen neue Gefangene an, und das ganze Lager versammelte sich am Eingang, um ihre Ankunft zu beobachten. Das bedeutete immer ein langes Warten, und die einzige Unterhaltung bestand darin, den Wachen zuzusehen, wie sie hin und her marschierten, um Leute herein- oder hinauszulassen. Einen Wachmann trieben wir fast bis zum Wahnsinn. Er marschierte sehr steif, also zählten die Gefangenen mit: »Hopp, zwei, drei, vier.« Und wenn er das Tor erreicht hatte, schrien alle: »Halt!« Eine Weile hörte er sich das mit an, doch dann wurde er sichtlich ärgerlicher. Er versuchte seine Schritte zu beschleunigen, aber wir zählten auch schneller. Er wurde langsamer, wir auch. Er blieb stehen und drehte sich zu der Menge um, und alle schwiegen. Er marschierte wieder los, und das Zählen begann auch wieder. Schließlich fuhr er herum, legte sein Gewehr auf die Menge an und schrie etwas auf deutsch. Die hinten Stehenden riefen: »Laßt euch von dem Schweinehund nicht bluffen.« Die vorn Stehenden sagten gar nichts, aber einige von ihnen versuchten sich nach hinten durchzudrängeln, wo all die tapferen Leute standen. Als der Posten wieder losmarschierte, blieben die vorderen Reihen stumm, doch die Mutigen im Hintergrund begannen wieder mitzuzählen. Als der Posten wieder sein Gewehr anlegte, mußten die hinteren Reihen fest zusammenstehen, damit die Feiglinge da vorn nicht nach hinten durchbrechen konnten. Die Wachen auf den Türmen hatten das alles beobachtet und riefen die Wachstube an, damit der arme Kerl abgelöst wurde, bevor die Hölle losbrach. Sein Ersatzmann hatte Sinn für Humor und lachte nur und zählte mit den Gefangenen mit. Unser gepeinigtes Opfer sahen wir nie wieder.

Manchmal ging natürlich der Sieg in diesem Wettkampf der Einfälle auch an die Wachen und ihre Hunde.

Es gab keine Freiheit, keine Mädchen, nur unzureichendes Essen, schlechte Kleidung, schlechte Unterkunft, keine Bezahlung, Schmutz, Einsamkeit und endlose Monotonie. Trotzdem konnten wir noch lachen; es gab sogar mehr Gelächter in diesem trübsinnigen Lagerleben, selbst mitten im Winter, als in unseren Ausbildungslagern in den USA, wo wir viel Sonnenschein hatten und mehr zu essen, als wir konnten. Wir lachten nicht aus Frohsinn, sondern weil wir nicht den Verstand verlieren wollten. Und wir lachten besonders, wenn einer unserer Kameraden etwas Dummes tat.

Eines Nachts versuchten Tony Tavernit und Jack Armitoski, etwas mehr frische Luft in unseren Raum zu lassen. Jeden Abend schlossen die Wachen die Fensterladen, aber nur mit Haken und Öse, so daß es nicht schwer war, einen Gegenstand zwischen die Laden zu schieben und den Haken hochzuheben. Jack und Tony arbeiteten in dieser Nacht daran, als Jack eine Stiefelspitze an der Unterkante des Ladens bemerkte. Er sagte nichts von seiner Entdeckung, aber legte sich schnell mit Kleidung in seine Koje. Tony fiel Jacks plötzliches Verschwinden nicht auf, und er arbeitete weiter. Schließlich bekam er den Haken los, aber als er den Laden öffnete, blickte er in die Pistolenmündung eines Postens. Der Posten schrie: »Raus mit dir. Raus!« Tony war völlig überrascht und fragte: »Wer, ich?« Der Posten wiederholte: »Raus!«

Tony wollte sich zurückziehen, aber der Posten langte hinein, packte ihn am Hemd und zog ihn durch Fenster. Es war unter Null, Tony hatte keinen Mantel, und der Schnee knirschte unter ihren Füßen, als sie abmarschierten. Alle mochten Tony, aber er war nicht der Gescheiteste, und solche Sachen schienen immer ausgerechnet ihm zu passieren. Wir wußten, daß Einzelhaft die übliche Strafe für ein solches Vergehen war, also hatten wir keinen Grund zu protestieren. Wir gingen wieder zu Bett, und einer sagte: »Ich wußte, es würde wieder Tony erwischen.« Darauf mußten alle lachen, und als Jack uns erzählte, er habe den Stiefel gesehen und Tony nichts gesagt, mußten wir noch mehr lachen. Wenn das Lachen verebbte, rief einer: »Raus mit dir!« und ein anderer fragte: »Wer, ich?« und alle fingen wieder an zu lachen.

Die Wachen verwendeten auch Polizeihunde, um sicherzustellen, daß wir nachts in unseren Baracken blieben. Die Hunde liefen herum und sprangen gegen jeden Fensterladen, der teilweise geöffnet war. Sie knurrten und bellten, und die Arbeit schien ihnen Spaß zu machen. Oft sprangen sie ohne Warnung, und man spürte sie erst, wenn ihr ganzes Gewicht am Laden landete. Aber im Winter, wenn Schnee oder Eis lagen, hörte man das Kratzen ihrer Füße, wenn sie Anlauf zum Sprung nahmen.

Eines Nachts versuchten wir einen großen Polizeihund zu überlisten. Wir öffneten den Laden nur ein wenig und warteten darauf, daß er dagegen sprang. Dann warteten wir eine Weile ab und öffneten ihn wieder, und der Hund reagierte prompt. Der Posten stand irgendwo draußen, wo er windgeschützt war, und ließ den Hund die ganze Arbeit machen. Pete Belitsos nahm einen Stock mit einer Konservendose an der Spitze und sagte: »Ich mache jetzt den Laden auf, und wenn der Hund springt, kriegt er die Konservendose in den Rachen.« Hinter Pete standen ungefähr fünf Mann als unbeteiligte Beobachter. Als er die Krallen auf dem Eis kratzen hörte, öffnete Pete den Laden, aber dann ließ ihn seine Entschlossenheit im Stich. Der Hund segelte durchs Fenster herein, und alle stürzten sich Hals über Kopf in ihre Betten. Ein solches Knurren und Toben hatte man noch nicht erlebt. Es hörte sich an, als sei ein Rudel Wölfe im Raum losgelassen. Ich war sehr froh, daß ich wohlgeborgen in meiner oberen Koje lag. Jeder dachte, mehreren Leuten müßte ein Bein abgebissen worden sein. Als wir alle in den Betten lagen, sprang der Hund wieder zum Fenster hinaus. Wir fragten alle: »Wen hat er gebissen?« Zu unserer Überraschung stellte sich heraus, daß niemand auch nur geritzt worden war. Der Hund hatte uns alle mit seinem Bluff zum Narren gehalten.

In Romanen und besonders in Filmen sind es immer die Schwachen, die in Notlagen zusammenbrechen. In Wirklichkeit jedoch, darin stimmen alle Kriegsgefangenen überein, war es schwer vorherzusagen, wer mit der Gefangenschaft nicht fertigwerden würde.

Ein paar Leute in unserem Raum drehten durch. Frank K. erlitt einen völligen Nervenzusammenbruch. Er erzählte uns, als seine Maschine abgeschossen wurde, habe er versäumt, die Bombenklappen zu öffnen, und er meinte, dadurch seien zwei Mann eingeschlossen worden. In Wirklichkeit ließen sich diese Klappen auf verschiedene Weise öffnen. Es gab einen Hebel direkt im Bombenschacht dafür, man konnte sie aber auch aufsprengen, indem man einfach auf sie sprang. Wir sagten ihm das, aber er bestand darauf, daß er den Tod der beiden Männer verschuldet habe. Er grübelte viel. Einmal versuchte er den ganzen Tag, einen Brief an seine Eltern zu schreiben. Am Abend hatte er ganze sechs Worte geschrieben: »Mir gehts gut. Euer Sohn Frank.« Er zeigte ihn uns und meinte: »Das ist wohl kein besonders guter Brief.« Es wurde immer schlimmer mit ihm. Er erzählte uns, schon als Junge in New York habe er viel Unrechtes getan, so sei er zum East River hinuntergegangen und habe masturbiert. Glen Zentz versuchte ihn aufzurichten und sagte: »Ach was, Frank, das ist doch gar nichts. Schau dir Rufe hier an. Das ist sein Lieblingssport. Wann hast du's zuletzt gemacht, Rufe?« Rufe antwortete: »Letzte Nacht.«

Frank ließ sich nicht trösten und sagte mehrfach zu uns, wir sollten ihm doch geben, was er verdient habe. Dann fing er an, die ganze Nacht wach zu bleiben. Man konnte ständig eine Zigarette in seiner Hand glühen sehen. Das beunruhigte uns, denn die Holzwollmatratzen waren leicht brennbar. Wir versuchten ihn davon abzubringen, aber er konnte es anscheinend nicht lassen. Er weigerte sich, zu den festgesetzten Zeiten zum Essenraum zu gehen, ging dann aber hin, wenn der geschlossen war, und hämmerte gegen die Tür. Schließlich versuchte er am hellen Tage in voller Sicht der Wachtürme über den Stacheldrahtzaun zu klettern. Die Deutschen hatten uns deutlich gemacht, daß sie auf so etwas mit einem Feuerstoß antworten würden, aber sie sahen offensichtlich, daß er geistig verwirrt war, und schossen nicht. Sie kamen nur herbei und brachten ihn fort. Vielleicht haben sie ihn nach Hause geschickt.

Roy M. war in sich gekehrt und ruhig. Eines Tages schnitt er sich die Kehle und die Pulsadern mit einer Rasierklinge auf und verlor so viel Blut, daß man ein Haus hätte damit anstreichen können. Es gab im Lager einen ausgezeichneten britischen Arzt, der ihn wieder zusammennähte. Dann kam er ins Lager zurück. In unseren Raum kam er nur noch einmal, um sich bei uns zu entschuldigen. Niemand fand, daß er eine Entschuldigung nötig hatte, aber Glen Zentz meinte, vielleicht müßten wir uns bei ihm entschuldigen, weil »wir ihn zum Wahnsinn getrieben haben müssen«.

Einen Major haben wir aus unserem Raum vertrieben. Er war vorläufig in unseren Raum eingewiesen worden, als er im Lager ankam. Es war schon dunkel, als er bei uns eintrat, und er konnte sich nur kurz umsehen. Er kam geradewegs in unser Lager ohne den Umweg über Dulag Luft, und das bedeutete, daß er noch wenige Tage zuvor in England Steak mit Eiern gegessen hatte. Am nächsten Morgen stand er als erster auf. Der Schock war zuviel für seine Natur. Wir hatten immer bemerkt, daß alle Räume stanken außer unserem. Die nachts geschlossenen und verriegelten Fensterladen bewirkten, daß die Ventilation weit geringer als notwendig war. An jenem Morgen sahen wir den Ausdruck völligen Unverständnisses und Ekels auf dem Gesicht des Majors. Er verließ sofort den Raum und kam nicht wieder; er hatte seinen Rang benutzt, um einen Platz in einem weniger stark belegten Raum zu bekommen.

Erleichterung, Furcht und Chaos mischten sich in den letzten Tagen der Gefangenschaft für Miller und für die meisten amerikanischen Kriegsgefangenen.

Im April 1945 hörten wir das russische Artilleriefeuer immer näher kommen. Wir beobachteten auch unsere Achte Luftflotte beim Überflug auf ihrem Weg nach Berlin. Das war ein großartiger Anblick. Man hörte sie lange, bevor sie in Sicht kam. Dann flogen sie in einer gigantischen Masse über uns hinweg. Wir sprangen umher, wedelten mit den Armen und schrien aus vollem Halse. Ich glaube, das waren unsere aufregendsten Tage. Welchen Haß und welchen Schrecken die Flugzeuge hervorgerufen hätten, wenn es nicht unsere eigenen gewesen wären, kann ich mir gut vorstellen.

Das Ende war nahe. Eines Tages standen wir auf und sahen keine Wachen mehr auf den Türmen. Die Offiziere hatten sich abgesetzt und den Mannschaften befohlen, auf ihren Posten zu bleiben. Die blieben gerade so lange, bis das Lager ruhig und dunkel war, und dann verschwanden sie auch. Jetzt hatten wir das Kommando. Wir drehten das Wasser und das Licht an, rissen die Zäune nieder, und die Lautsprecher wurden auf BBC eingestellt. Ich erinnere mich noch, daß »*Don't Fence Me In*« der Schlager des Tages war.

Die Deutschen hatten Lagerhäuser mit Schuhen, Kleidung und Rotkreuzpaketen. In den paar Tagen, die wir noch im Lager waren, bedienten wir uns einfach selber. Ich entdeckte einen Raum voller Schuhe und fand zwei, die paßten und meine Zehen vor der kalten Luft schützten. Rufe nahm sich drei Pelzmützen und ein Paar Skistöcke.

Gegen acht Uhr abends am 1. Mai hörten wir ein mächtiges Gebrüll im Südlager. Es hörte sich an wie die Zuschauer bei einem Football-Spiel. Die Spitzen der Roten Armee hatten uns erreicht. Am nächsten Tag waren sie in voller Stärke da. Die Deutschen hatten sie als »die Mongolenhorden Dschingis-Khans« beschrieben, und so ungefähr sahen sie auch aus. Sie hatten den ganzen Winter hindurch im Freien gekämpft und gelebt und waren eine zähe Truppe. Sie waren durch Deutschland gezogen wie einst Shermans Armee durch Georgia. Sie trieben etwa 150 Kühe in unser Lager und machten sie uns zum Geschenk. Das war das erste frische Fleisch, das wir seit unserer Ankunft in Deutschland bekamen, und alle diese Kühe verschwanden an einem Tag.

Nach ein paar Tagen richtete es die Achte Luftflotte so ein, daß sie das gesamte Lager an einem Tag ausflog. Wir marschierten in langer Kolonne hinaus. Aus den Lautsprechern dröhnte »*You Gotta Accentuate the Positive*«. Die B-17 landeten in Abständen von einer Minute. Fünfzig Mann stiegen in zwanzig Sekunden in jede ein, und dann wurde gestartet. Wir landeten in Reims in Frankreich, und seitdem habe ich in keinem Flugzeug mehr gesessen.

In den Händen des Feindes

Die Zeit von der Gefangennahme, den ersten Verhören bis hin zur Unterbringung in einem Bestimmungslager markiert einen scharfen Bruch: Vom vermeintlich unabhängigen Kämpfer fürs Vaterland wurde der Soldat reduziert auf das hilflose Objekt der Gnade des militärischen Gegners. Hungrig und erschöpft, mit einem gewissen Schamgefühl über die Gefangennahme und möglicherweise voller Angst vor einer bevorstehenden Erschießung, sah er einer wahrhaft trüben Zukunft entgegen. Verhöre, bei denen es auch brutal zugehen konnte, schlossen sich an. Amerikaner mußten nicht selten erniedrigende Fußmärsche vor Erreichen eines Bestimmungslagers erdulden. Nach einer Odyssee durch verschiedene Durchgangslager wurde Deutschen in Verhören nicht selten mit der Auslieferung an die Sowjets gedroht, und sie hatten schließlich die Verschiffung an einen unbekannten Ort zu gewärtigen.

Nicht zu unterschätzen ist der Einfluß kultureller Mythen auf das anfängliche Schicksal der Kriegsgefangenen. Die amerikanische Popularkultur bediente – bereits zu Zeiten des Zweiten Weltkrieges – das Klischee des mutigen unbezwingbaren Helden, dessen edler Geist über alle Unbilden erhaben war. Vergleichbare Heldenmythen, völkisch-propagandistisch untersetzt, gebar ihrerseits die nationalsozialistische Kriegspropaganda, die zum Kriegsende hin Gefangene immer mehr zu Feiglingen und Verrätern stempelte. Verschiedene Erlasse der letzten Kriegsmonate zeugen von diesem Wahn. Doch das Bild vom unbesiegbaren Helden konnte mit der bedrückenden und verunsichernden Realität, Kriegsgefangener zu sein, kaum zur Deckung gebracht werden. Derartige propagandistisch geprägte Mythen verstärkten auch die Vorstellung der Soldaten der Gewahrsamsmacht vom gefangengenommenen Feind als Helden, der außer seinem Namen, dem Dienstgrad und der Stammrollen-Nummer nichts preisgab. In Wirklichkeit brachen Gefangene immer wieder zusammen und redeten. Dies gilt in besonderem Maße für Mannschaftssoldaten und solche, die schlecht ausgebildet oder gerade frisch in den Kampf geschickt worden waren, bzw. für die Zeit, da im Falle der Deutschen die Niederlage unabwendbar schien. Gleichwohl gaben die meisten Interviewpartner an – sofern es sich nicht um ausgesprochene Gegner des NS-Regimes handelte –, sie hätten nur ausgesagt, was die Genfer Konvention von 1929 vorschrieb.

Auf dem Weg in ihre Bestimmungslager hatten deutsche und amerikanische Kriegsgefangene sehr unterschiedliche Bedingungen zu ertragen. Amerikaner mußten entweder Fußmärsche absolvieren oder wurden in sogenannten »40 & 8«-Eisenbahnwaggons transportiert, die ihre Bezeichnung wegen der Kapazität für 40 Mann oder acht Pferde erhielten. Es sind Fälle bekannt, in denen Kriegsgefangene in diesen Waggons über Tage eingepfercht wurden, ohne Wasser und Essen oder die Möglichkeit, sich zu waschen oder auszutreten. Eine zusätzliche Gefahr war der Beschuß durch alliierte Flieger, die nicht wußten, wer in ihren Zielobjekten gefangen war.

Deutsche waren ähnlichen Gefahren ausgesetzt, denkt man an die Wahrscheinlichkeit, durch deutsche U-Boote auf hoher See bei der Überfahrt versenkt zu werden. Einmal in den Vereinigten Staaten angekommen, waren die meisten dann erstaunt, als sie dort in komfortablen Pullman-Wagen weitertransportiert wurden.

Werner Meier

Was ich wissen wollte, sagten sie mir auch

Werner Meier wurde in der Nähe von Hamburg geboren, doch wegen der wirtschaftlich schlechten Zeiten wanderten seine Eltern und er 1928 in die Vereinigten Staaten aus. Er wurde zum amerikanischen Heer eingezogen, stieg bis zum Leutnant auf und wurde für den Nachrichtendienst ausgebildet, hauptsächlich wegen seiner deutschen Sprachkenntnisse. Am Tag der Landung in der Normandie sprang er dort mit einer Luftlandetruppe ab und wurde später in der Ardennenschlacht verwundet. Seine Hauptaufgabe war die sofortige Vernehmung an der Front gefangener deutscher Soldaten.

Es war unsere Aufgabe, »das Frischfleisch zu verarbeiten«, das uns sofort zugeleitet wurde, das heißt, die gerade gefangengenommenen Soldaten zu verhören, solange sie noch unter Gefechtsschock standen. Wenn ein Mann gerade in einem Feuergefecht gefangen wurde, eine Gewehrmündung im Nacken spürt und nicht recht weiß, ob er nicht erschossen wird, und ich kann bestätigen, daß manche das nicht wußten, dann redet er auch. Ich sage es ungern, aber ob ein neuer Gefangener überlebte oder nicht, das hing vom Finger am Abzug eines Soldaten ab, der es als überflüssige Last betrachten konnte, ihn sicher nach hinten zu bringen, besonders wenn sich der Soldat in Feindesland befand. Wenn ein solcher Gefangener zu mir kam, war meine Aufgabe verhältnismäßig einfach.

Natürlich hatten wir einen Vorteil gegenüber unseren deutschen Kollegen. Wir verhörten Gefangene gegen Ende des Krieges, als bis auf die größten Fanatiker alle wußten, daß das Ende nahe war. Es war viel schwieriger, Unteroffiziere und Offiziere zu knacken. Manchmal schaffte man es, wenn man genug Zeit hatte, aber unsere Taktik bestand darin, uns die Mannschaften zuerst vorzunehmen. »Hans, Fritz, was weißt du?« Und Sie können mir glauben, manchmal redeten sie schon ungefragt. Meine Mitarbeiter wandten niemals Gewalt an, doch drohten wir manchmal den Gefangenen, wir würden sie den Russen ausliefern, wenn sie nicht aussagten, und das wirkte manchmal sogar bei den Offizieren.

Wir hatten die Verhörmethoden geübt. Wir sollten uns sehr förmlich verhalten. Zum Beispiel genießt bei den Deutschen Achtung, wer Handschuhe trägt. Also trugen wir einen Handschuh und hielten den anderen in der Hand. Wir sollten niemals etwas aufschreiben, weil das den Gefangenen einschüchtern könnte. Wir hatten einen anderen Mann hinter einem Vorhang für das Protokoll. Aber meistens besorgte ich das Schreiben selbst. Der Gefangene sollte mir ja vertrauen. Zum Beispiel hörte er mich deutsch sprechen und sagte: »Herr Leutnant, Sie kommen ja aus Norddeutschland. Wo kommen Sie denn her?« Sie wollten wissen, woher ich stammte. Wir boten ihnen Zigaretten an. Wir hatten Camels, Chesterfields und Lucky Strikes, die wir gewöhnlich rauchten. Aber wir hatten auch Raleighs und Viceroys, die wir nicht mochten und die hoben wir für die Gefangenen auf. Ein Gefangener besaß sogar die Frechheit zu fragen: »Herr Leutnant, keine Chesterfields?«

Wenn man einen Unteroffizier verhörte, fragte man ihn niemals etwas, was man nicht schon von einem einfachen Soldaten erfahren hatte. Dann sagte sich der Unteroffizier, ach was, der Kerl weiß ja schon alles, dann kann ich auch reden. Man versuchte eine Bestätigung zu erhalten für das, was man schon wußte. Wir stellten keine tiefschürfenden Fragen. Wir wollten die Gliederung wissen, die Art der Einheit, die Anzahl der Offiziere, die Art der schweren Bewaffnung und die Einsatzziele. Auf politische Fragen gingen wir nicht ein. Das überließen wir dem Verhör auf der nächsten Ebene.

Ich würde sagen, daß mindestens achtzig Prozent der gefangenen Deutschen im Mannschaftsdienstgrad aussagten. Was ich wissen wollte, erzählten sie mir auch. Inoffiziell würde ich schätzen, daß unsere Amerikaner im Mannschaftsdienstgrad, wenigstens während der Ardennenschlacht, als so viele von ihnen ungeübt und unerfahren waren, sich ungefähr genauso verhielten, wenn sie in Gefangenschaft gerieten.

Oskar Schmoling
Was sich ereignete, habe ich niemandem erzählt

Mit nur sechzehn Jahren war Oskar Schmoling einer der jüngsten deutschen Kriegsgefangenen in den Vereinigten Staaten, als er im Juli 1944 dort landete. Unmittelbar nach seiner Gefangennahme in der Normandie glaubte er, er würde hingerichtet, und diese Erfahrung ging ihm so nahe, daß er sie bisher niemandem gegenüber erwähnt hat.

Ich wurde am 27. Dezember 1927 in Rastenburg in Ostpreußen geboren, das jetzt zu Polen gehört. Im Dezember 1943 wurde ich sechzehn und zum Arbeitsdienst eingezogen. Im Kriege verrichtete der Arbeitsdienst alle möglichen Arbeiten vom Barackenbau bis zum Transport von Kriegsmaterial. Ich kam schließlich zu einer Flakeinheit und wurde für sechs Wochen zur Ausbildung nach Linz in Österreich geschickt. Dann wurde ich einer Flakabteilung in der Normandie als Arbeitskraft zugeteilt. Wir sollten die Mitglieder ersetzen, die achtzehn wurden und in die reguläre Wehrmacht eintraten. Wir kamen am 4. Juni, zwei Tage vor der Invasion, bei Cherbourg an. Unsere Offiziere wußten, daß sich etwas vorbereitete, deshalb mußten die älteren Jungen bleiben, weil wir noch nicht die Erfahrung hatten, um sie ersetzen zu können. Anfangs machten wir nur leichte Arbeiten im Gelände, aber nachdem die Amerikaner gelandet waren, sprengten wir unsere Flakgeschütze und flohen nach Cherbourg. Zu dem Zeitpunkt spielte es schon keine Rolle mehr, von welcher Einheit man kam, ob Artillerie, Infanterie oder Arbeitsdienst, wir alle dienten als Ersatz für die Gefallenen und Verwundeten. Wir Jüngsten wurden eingesetzt, um Verwundete nach hinten und Munition nach vorn zu schaffen.

Es ist schwer zu sagen, was man als Sechzehnjähriger empfindet. Ich wollte kein Held werden, aber ich wollte tapfer sein und das tun, was die anderen vor mir getan hatten. Manchmal fühlte ich mich wie ein Mann, aber es gab auch Augenblicke, in denen ich mich wie ein Kind fühlte. Einer meiner Brüder war schon in Italien gefallen. Ein anderer Bruder kämpfte in Rußland und einer in Frankreich. Mein Vater hatte den Ersten Weltkrieg mitgemacht, aber er wurde auch im Zweiten Weltkrieg eingezogen und diente in Polen und Rußland. Ich wollte stolz sein, aber ich spürte auch noch das Kind in mir. Ich wußte nicht, ob ich je einen aus meiner Familie wiedersehen würde, und ich dachte auch daran, daß ich fallen könnte. Aber dann sagte ich mir: »Es ist egal, was mit uns geschieht. Wir wollen sie packen.« Die Haltung wechselte oft. Wenn man satt war und gut geschlafen hatte, fühlte man sich zum Kämpfen aufgelegt. Aber wenn man müde, hungrig und durstig war, dachte man: »Wenn bloß erst alles vorbei wäre.«

Ich wurde am 23. Juni 1944 gefangengenommen. Es waren etwa 80 bis 100 Leute um uns herum. Wir hatten gerade Munition zur Front gebracht. Als ich zurückkam, griffen uns Flugzeuge mit Bomben und Maschinengewehren an. Alle liefen durcheinander. Dann beschoß uns die Artillerie. Wir wußten nicht genau, wo der Gegner stand. Schließlich feuerten Maschinengewehre und alle erdenklichen anderen Waffen auf unsere Stellung. Wir dachten, die Amerikaner seien vor uns, aber sie hatten uns schon umgangen und kamen von hinten auf uns zu. Sie drängten die deutschen Truppen, die sie vor sich hatten, auf unsere Position zurück. Unsere Soldaten kamen mit weißen Fahnen an und sagten uns, wir sollten unsere Waffen wegwerfen. Mein erster Gedanke war: »Der Krieg ist vorbei. Vielleicht ist ein Waffenstillstand ausgerufen.« Die Verwirrung war vollständig. Dann sagte uns jemand, wir sollten die Hände hochnehmen. Also warfen wir die Waffen weg und hielten die Hände hoch. Es geschah alles so schnell.

Was sich als nächstes ereignete, habe ich niemandem erzählt, nicht einmal meinen Eltern. Wir mußten mit erhobenen Händen fünf oder sechs Kilometer zu den rückwärtigen amerikanischen Stellungen marschieren. Irgendwie spürten wir, daß unsere Bewacher mehr Angst hatten als wir. Es war heiß, und wir hatten seit Wochen nicht mehr gebadet. Wir waren schmutzig, hungrig und müde. Sie führten uns in einen weiten Hof und durchsuchten uns nach Waffen. Einige von uns verloren dabei ihre Uhren. Ich erinnere mich, daß ein Amerikaner ganz stolz sieben oder acht Uhren am Arm trug. Es ging ein Gerücht um, daß die Deutschen einige Zivilisten getötet hätten. Ein amerikanischer Offizier kam an und suchte zehn Mann von uns aus, die zur Vergeltung erschossen werden sollten – und ich war einer davon. Er ließ uns antreten und uns mit dem Gesicht zu einer Steinmauer aufstellen. Er gab ein Kommando, und wir hörten, wie geladen wurde. Wir wußten, daß sie ihre Maschinengewehre richteten. Ich spürte schon, wie die heißen Kugeln in meinen Körper eindrangen. In dem Augenblick erinnerte ich mich an meinen Glauben und flüsterte ein einfaches Gebet: »Herr, ich kann mich nicht mehr bessern, das Ende ist gekommen. Ich bete darum, daß meine Mutter die Nachricht überstehen kann – und ich wünschte, sie würden abdrücken und ein Ende machen.«

Bis heute weiß ich nicht, ob sie uns nur einen Schrekken einjagen wollten oder ob jemand den Befehl widerrief. Ich weiß es einfach nicht. Aber ich weiß bestimmt, daß ich es nie vergessen kann. Ich habe mich geweigert, diese Geschichte jemals zu erzählen – bis heute.

Glenn C. Miller
Es war hilfreich, daß ich erst neunzehn war

Glenn Miller war ein neunzehnjähriger Rekrut, als er in den ersten Tagen der Ardennenschlacht gefangengenommen wurde. Er kam später ins Stalag IV B in Mühlberg und in die nahegelegenen Arbeitslager Torgau und Zeitz, in denen die Bedingungen oft sehr schlecht waren, doch hat man seine erfrorenen Füße sowie seine Infektionen der Ohren und des Halses ärztlich gut versorgt. Aus seinen Erfahrungen als Kriegsgefangener lernte Miller Selbstvertrauen und Geduld, und später betrachtete er seine früheren Gegner recht gelassen. Er schrieb auch seine Kriegserinnerungen nieder, die zum Teil in diese Rückbetrachtung eingegangen sind.

Als mein Arzt nach dem Krieg erfuhr, daß ich in Gefangenschaft gewesen war, lautete seine erste Frage: »Wie haben die Deutschen Sie behandelt?« Dies war anscheinend die erste Frage und die Hauptsorge aller Leute, die hörten, daß ich Kriegsgefangener gewesen war. Sie haben wohl angenommen, daß die Deutschen uns so behandelten, wie sie es mit den Juden und den politischen Gefangenen taten. In gewisser Weise gab es zwei Arten von Deutschen: die einen regierten das Land, verbrachen den Holocaust und glaubten an den Mythos von der Herrenrasse. Und dann gab es die normalen Deutschen, Menschen wie du und ich, die erst dem deutschen Glauben an Ordnung and dann seinen Ergebnissen zum Opfer fielen und selten die Führer ihrer Nation in Frage stellten. Zu ihnen gehörten die meisten Frontsoldaten, und die waren so zivilisiert, daß sie sich an die Genfer Konvention hielten und ihre Gefangenen entsprechend behandelten. Die erste Art beging ungeheure Verbrechen, und auch unter der zweiten Art fand man, wie bei allen Völkern, ein paar miese Typen.

Ich kam mit dem 106. Infanterieregiment an die Front und gerade rechtzeitig zur Ardennenschlacht. Als am 16. Dezember die Hölle losbrach, lag unsere Einheit in einem toten Winkel, und die Deutschen stießen einfach an uns vorbei. Aber am 20. Dezember beschlossen sie, das Hinterland aufzuräumen. Ihre Artillerie feuerte ein paar Salven auf unsere Stellung, und dann schickten sie einen Offizier mit einer weißen Parlamentärsflagge zu uns. Unsere Offiziere beschlossen zu kapitulieren. Wir hatten uns seit dem Beginn der Schlacht nicht bewegt, und die Deutschen waren schon fünfzehn Kilometer an uns vorbei.

Wir waren ungefähr tausend Mann, die sich bei der Stadt Schönberg ergaben. Ich hatte noch keinen Schuß abgefeuert, und so ging es den meisten von uns. Unserem Divisionskommandeur, Generalmajor Alan Jones, wurde die Schuld gegeben, aber wir waren eine Division, die eine Frontbreite von 43 km halten sollte, und das war lächerlich. Ich kann den General nicht verurteilen. Sein Sohn geriet in Gefangenschaft, er erlitt einen Herzanfall, und sein Ruf war ruiniert.

Im Krieg hängt soviel vom Glück ab. Eine 8,8 cm Granate schlug sechs Meter neben mir ein, aber sie war ein Blindgänger. Eine andere 8,8 flog einem meiner Kameraden zwischen den Beinen durch und landete in der Wand seines Schützenlochs, ohne zu explodieren. Er drehte einfach durch. Sie mußten ihn herausziehen. Alles war Zufall. Aber man kann mit solchen Dingen leichter umgehen, wenn man erst neunzehn ist. Damals dachte ich, es sei alles eine große, heroische Anstrengung. Ich war sehr niedergeschlagen, weil ich gefangengenommen wurde, ohne einmal mein Gewehr abgefeuert zu haben. Einmal hatte ich die Gelegenheit, auf eine deutsche Stellung zu schießen, aber ich hatte nur einen Karabiner, und der reichte nicht so weit. Ich bat meinen Kameraden, mir seine Büchse zu leihen, doch er erwiderte: »Nein, wenn du auf sie schießt, schießen sie zurück.« Es war deprimierend, an die Front zu kommen und dann plötzlich aus dem Krieg heraus zu sein, ohne etwas geleistet zu haben. Heute sehe ich es natürlich nicht mehr so, und deshalb bin ich auch nicht bereit, mit Fingern auf die zu zeigen, die mit uns kapitulierten.

Im Rückblick scheint es mir, daß die Kapitulation klug war, weil sie Menschen davor bewahrte, unnötig geopfert zu werden. Jedenfalls mußten wir in Kolonne zu viert antreten, wurden gezählt und marschierten dann die Straße in Richtung Deutschland entlang. Es war sehr kalt, und wir sahen mehrere gefrorene und teilweise mit Schnee bedeckte Leichen. Die erste Nacht verbrachten wir in einem alten Straßenbahnschuppen ohne Heizung und ohne Scheiben in den Fenstern. Der Boden war aus Beton, und etwa anderthalb Meter von der Stelle, an der ich lag, befand sich ein Abfluß. Morgens merkte ich, daß meine Decke ganz naß war. Der Abfluß war durch Fäkalien verstopft, und der Rückstau reichte bis zu meiner Decke. Ich fühlte mich hundeelend. Ich schüttelte die Decke aus, so gut ich konnte, aber als ich aufstand, spürte ich einen furchtbaren Schmerz hinten am rechten Fuß. Ich zog den Schuh aus und stellte fest, daß ich eine Blase an der Ferse hatte und mein Socken am Schorf festklebte. Ein paar Tage vorher hatte ich auf einem Erkundungsgang ein ungleiches Paar Gummistiefel gefunden und über meine ledernen Soldatenstiefel gezogen. Auf dem linken Fuß hatte ich einen rechten Gummistiefel Größe 12, aber der saß wenigstens lose. Auf dem rechten Fuß hatte ich einen Größe 10 über meinen Stiefel Größe 10½ gezerrt, und der hatte die Blase verursacht. Ich humpelte eine halbe Stunde lang, bis sich der Socken vom Schorf löste, und dann tat die Ferse nicht mehr weh bis zum nächsten Morgen, an dem ich dieselbe Prozedur noch einmal durchmachen mußte. Am Ende hatte ich Erfrierungen an beiden Füßen.

Am 24. Dezember wurden wir in Güterwagen verladen. Sie waren so überfüllt, daß wir nicht alle zugleich sitzen konnten, also lösten wir uns im Sitzen und Stehen ab. Beim Angriff eines Jagdflugzeugs P-47 wurden mehrere von uns getötet, allerdings wurde unser Wagen nicht getroffen. Wir konnten es riechen, wie die Maschinengewehrkugeln Kaliber 12,7 mm durch die hölzernen Waggonwände fetzten. Nach dem Abflug der Jäger öffneten die Deutschen die Türen, rannten herum und sahen nach den Verwundeten. Sie waren sehr besorgt. Ich erinnere mich, wie einer sich den Bauch mit beiden Händen hielt, zwischen denen das Blut herauslief. Als er sich umdrehte, sah ich ein großes Loch in seinem Rücken. Ein 12,7 mm Geschoß hatte ihn glatt durchschlagen. Ich glaube nicht, daß er überlebt hat. Wir zählten neun Tote und siebenundvierzig Verwundete. Deutsche aus der Nachbarschaft kamen mit Handwagen und fuhren die Verwundeten damit in eine nahe Stadt.

Weihnachten verbrachte ich in diesem Güterwagen. Es gab weder Heizung noch Wasser. Die Deutschen ließen uns zum Austreten nicht aus den Wagen, also erleichterte sich jeder in seinen Stahlhelm. Die Helme sind rund, wenn der Zug also anruckte, schwappten sie über, und man saß in seinem eigenen Dreck und Urin. Einige von uns versuchten Weihnachtslieder zu singen. Aber nach ein paar Worten erstarb der Gesang. Uns war einfach nicht danach zumute. Es war ein ziemlich elendes Weihnachten, aber selbst auf dem Tiefpunkt war ich nicht so weit, daß mir alles egal war. Ich meinte, ich würde es überstehen. Der Selbsterhaltungstrieb ist elementar und erfordert kein geistiges Training. Ich reagierte, so gut ich eben konnte. Es war auch hilfreich für mich, daß ich erst neunzehn war. Wissen Sie, einen Teenager bringt keine Kugel um.

Schließlich verließen wir den Zug und mußten durch einen Sumpf marschieren. Er trug eine dünne Eisschicht, und wir brachen ständig ein. Das Wasser ging uns fast bis an die Knie. Dann ließen sie uns eine Formation einnehmen, die die Buchstaben »*POW USA*« darstellte. Wir sahen aus wie eine große Marschkapelle. Das rechne ich ihnen hoch an. Wir standen so etwa drei Stunden da. Als wir später weitermarschierten, überflogen uns einige P-38, und eine von ihnen schrieb mit ihren Kondensstreifen »*POW USA*« an den Himmel über uns. Das tat uns gut.

Schließlich kamen wir in der Stadt Koblenz am Rhein an. Wir sollten in das Stalag XII A in Limburg kommen, aber es war in der Nacht zuvor von den Briten bombardiert worden, deshalb wurden wir in einem alten Reitstall untergebracht. An dem Abend erhielten wir etwa eine Tasse Haferschleim. Wir aßen ihn aus unseren Stahlhelmen, denselben Helmen, die wir im Zug als Toilette benutzt hatten. Ich erinnere mich, daß ich die Innenseite meines Helms mit Stroh ausschrubbte, bis nichts mehr von seiner vorigen Benutzung zu sehen war.

Die nächsten Tage marschierten wir oder fuhren in Güterwagen, bis wir am Silvestertag im Stalag IV B in Mühlberg an der Elbe ankamen. Wir standen mehrere Stunden in der Kälte, und das war eine schreckliche Art, das Neue Jahr zu beginnen. Wir wurden durchsucht, man nahm uns die Stahlhelme und die Kochgeschirre ab, fotografierte, registrierte und numerierte uns. Danach durften wir duschen und sehen, wieviel dünner wir geworden waren. Als ich mich wieder anzog, stellte ich fest, daß ich meine Schuhe nicht auf die Füße bekam, weil diese so geschwollen waren. So trug ich nur meine Gummistiefel. Wir wurden auf einige große Baracken verteilt, in denen schon Hunderte von britischen Gefangenen wohnten, die anscheinend schon jahrelang dort waren. Sie sahen adrett und sauber aus. Sie hatten das Leben organisiert, und sie bekamen regelmäßig Rotkreuzpakete. Ich saß schmutzig und niedergeschlagen in der Baracke, als einer der Briten sich zu mir setzte und mir eine Milchdose voll heißem Tee mit Zucker und Sahne anbot. Später wurde mir klar, wieviel ihn das gekostet hatte. Das teuerste daran war wahrscheinlich das Heißmachen. Er mußte wohl bemerkt haben, was für ein Häufchen Unglück ich war, und hatte beschlossen, mich etwas aufzumuntern.

In der ersten Nacht wachte ich auf und merkte, daß ich auf die Toilette mußte. Ich stand auf, aber da war es schon zu spät. Ich entleerte mich voll in die Unterhosen. Ich hatte einfach keine Kontrolle mehr. Ich schämte mich fürchterlich. Ich versuchte mich zu säubern, aber es ging nicht, also lag ich da in meinem Bett und war völlig deprimiert. Am nächsten Morgen sagte der Mann unter mir: »He, du mußt baden, und wenn du's nicht tust, baden wir dich.« Ich verstand ihn. Ich ging hinaus zu dem kleinen Betongebäude, in dem Pferdetröge mit fließendem Wasser standen. Durch die offenen Fenster blies der Schnee herein. Es war höllisch kalt, und ich mußte mich nackt ausziehen und meine Unterhosen waschen.

Ich kann Ihnen sagen, ich wußte nicht, wie ich das anstellen sollte. Da kam ein junger Engländer und sagte: »Für zwei Zigaretten wasche ich deine Unterhosen.« Ich antwortete: »Abgemacht.« Er wusch sie, und ich wusch mich. Danach wurden wir gute Freunde.

Daniel Abeles
Ein großes rotes »J« auf meiner Kriegsgefangenenkarte

Sergeant Daniel Abeles stammte von jüdischen Eltern aus Philadelphia und war Funker und Bordschütze in einer B-17. Er wurde über Emden abgeschossen und im Stalag XVII B in Krems in Österreich gefangengehalten. Zu seinen Mitgefangenen gehörten Donald Bevan und Edmund Trzcinski, die Autoren des populären Theaterstücks und Films »Stalag 17«, das die Anregung zu Billy Wilders Spielfilm und der noch populäreren amerikanischen Fernsehserie »Hogan's Heroes« gab. Abeles wurde nicht direkt wegen seiner Religion mißhandelt, doch lebte er ständig in der Furcht, dies könne sich ändern.

Ich wurde bei meinem neunzehnten Einsatz abgeschossen, aber mein erster Einsatz war beinahe ebenso schlimm. Ich wachte morgens auf und hatte Durchfall. Ich hatte Angst, aber das wollte ich niemanden merken lassen. Ich ging zum Frühstück und danach zur Latrine. Dann mußten wir zur Einsatzbesprechung, und danach mußte ich wieder zur Toilette. Dann legten wir unsere ganze Ausrüstung an – elektrisch beheizte Unterkleidung, Flakweste und alles andere. Nun, als ich alles an hatte, mußte ich es wieder ausziehen und aufs Klo gehen. Als wir in der Luft waren, konnte ich mir nicht mehr helfen und ließ es einfach in die Hosen gehen. In der Höhe, in der wir flogen, herrschten 43° Kälte, also spielte es im Moment keine Rolle. Als wir landeten, war ich völlig beschmutzt. Ich lief sofort in die Dusche, und sie schickten die Militärpolizei hinter mir her. Als ich meinem Kommandeur berichtete, was passiert war, erklärte er mir, ich hätte das Leben anderer in Gefahr gebracht, weil ich mitgeflogen war, ohne hundertprozentig fit zu sein. Ich erwiderte: »Ich wollte nicht, daß Sie denken, ich sei ein Feigling.«

Nach dem Krieg fragten mich manche Leute, wie viele Fallschirmabsprünge ich gemacht hätte. Ich antwortete immer: »Zwei. Meinen ersten und meinen letzten.« Man will vorher nicht daran glauben, daß man abgeschossen werden könnte, aber wenn man von einem Einsatz zurückkam und in die Baracke ging und sah, wie sechs oder sieben Matratzen aufgerollt wurden, weil die Kameraden nicht zurückgekehrt waren, dann wurde man doch nachdenklich. Ich dachte nie daran, daß ich getötet werden könnte, aber oft daran, abgeschossen zu werden.

Die Engländer flogen ihre Bombenangriffe nachts und wir am Tage, was viel gefährlicher war. Ich erinnere mich besonders an zwei Tagesangriffe auf Berlin. Das Flakfeuer war von Hamburg bis Berlin so dicht, daß man darauf laufen konnte. Es konnte einem schon höllische Angst machen. Die B-17 sollte angeblich so hoch fliegen können wie die Reichweite der Flak, aber das war Unsinn. Auch die deutschen Jäger konnten ebenso hoch fliegen wie wir. Später erfuhr ich, daß die amerikanische Luftwaffe mehr Gefallene hatte als die Bodentruppen. Ich war erstaunt, daß die durchschnittliche Zahl der Einsätze nur sechs betrug. Wenn ich diesen Durchschnitt eher gekannt hätte, wäre ich abgehauen.

Ich wurde am 19. April 1944 über Emden abgeschossen. Ich hatte riesiges Glück. Als unser Flugzeug getroffen wurde, fielen meine Sauerstoffzufuhr und mein Bordfunkanschluß aus. Ich hörte nichts von Abspringen. Aber ich sah durch ein Loch im Rumpf, daß ein ganzer Flügel brannte. Bei mir war nur ein Kamerad, der seinen ersten Einsatz mitflog. Er saß ganz erstarrt da, also schob ich ihn hinaus. Im nächsten Moment kam die Maschine ins Trudeln, aber der Pilot fing sie ab. Meine Erzählung dauert zwanzigmal so lange, wie die Dinge sich damals ereigneten. Drei oder vier Sekunden nach meinem Absprung explodierte das Flugzeug. Der Pilot und der Copilot kamen dabei um. Der Pilot war ein wunderbarer Kerl. Wir nannten ihn »Eisenarsch«, weil er genau das Gegenteil war. Er war in Wirklichkeit ein guter Mensch. Als ich an meinem Fallschirm herunterschwebte, umkreiste mich die Me 109, die uns abgeschossen hatte. Der Pilot beschoß mich nicht, versuchte aber meinen Fallschirm einzudrücken. Er kam so dicht heran, daß ich seine Augen sehen konnte. Er grinste mich tatsächlich an, und ich grinste zurück, als wollte ich sagen: »He, das mache ich alle Tage, du Arschloch.« Als ich landete, kamen Bauern von allen Seiten herbei und brachten mich und unseren Bombenschützen zur Bürgermeisterei. Einer der Bauern hatte ihm mit dem Gewehrkolben ins Gesicht geschlagen und die Nase gebrochen. Ich hatte eine große Wunde an der Hand und das ganze Gesicht voll Blut, weil ich es mit der Hand gewischt hatte. Einer der Bauern wollte mir ins Gesicht schlagen, aber ein anderer hinderte ihn daran. Er fragte, ob ich eine Pistole hätte. Ich hatte ein bißchen Deutsch in der Oberschule gelernt und antwortete: »Keine Pistole.« Dann erschienen zwei Deutsche in Uniform und gingen zuerst zu dem Bombenschützen, weil er Leutnant war. Der eine Offizier sagte etwas und schlug ihm dann genau auf die gebrochene Nase. Dann kam er zu mir, sah sich meine Erkennungsmarke an und sagte: »Ach, Jude.« Er zog seine Pistole. Ich dachte, er würde mich erschießen, aber er schlug mir damit auf den Kopf. Ungefähr zweieinhalb Stunden später erschienen zwei Leute von der Gestapo. Sie müssen dieselbe Ausbildung gehabt haben. Sie gingen zuerst zu dem Leutnant und schlugen ihm genau auf die Nase, gerade wie die anderen. Dann schlugen sie mich auch. Am nächsten Morgen setzten sie uns in einen Zug nach Frankfurt. Der ganze Bahnhof war ein zerbombter Trümmerhaufen. Als wir den Zug verließen, bewarfen uns die Leute mit Steinen. Sie dachten wirklich, wir seien alle Gangster aus Chicago, das hatte ihnen ihre Propaganda beigebracht.

Wir wurden zur weiteren Vernehmung ins Dulag Luft nach Wetzlar gebracht. Drei Tage blieb ich in einem sehr heißen Raum mit nur einer Bank darin eingesperrt. Das sollte mich wohl weich machen. Während dieser drei Tage wurde ich mehrmals von Männern in Luftwaffenuniform vernommen, doch ich vermutete, sie seien von der Gestapo. Ich wurde nur wenig körperlich mißhandelt, aber sie drohten mir. Sie sagten: »Sie wissen doch, was hier mit Juden gemacht wird.« Sie wollten mir weismachen, ihre Fragen seien nur für das Rote Kreuz bestimmt, das war blanker Unsinn, denn sie stellten mir alle möglichen militärischen Fragen. Am letzten Tag fragten sie mich, wann und wo ich gefangengenommen wurde. Quatsch, das wußten sie doch. Sie fragten mich, was für Bomben wir mitführten. Ich antwortete, Stinkbomben. Ich dachte, der Kerl schlägt mich. Es verhörte mich immer nur einer. Er hatte eine Schachtel Camel und rauchte und blies mir den Rauch ins Gesicht. Ich wußte, was er damit bezweckte, aber ich rauchte ja gar nicht. Danach wurden wir zum Bahnhof gebracht, in Güterwagen verladen und nach Krems in Österreich geschickt. Die Fahrt dauerte drei Tage und drei Nächte. Ein- oder zweimal am Tage ließen sie uns hinaus. Dann stiegen wir aus und pißten und schissen, und die Wachen sagten zu den Umstehenden: »Seht euch diese Barbaren an.« Daß wir elf oder zwölf Stunden eingeschlossen waren, ohne austreten zu können, erwähnten sie nicht.

Im Stalag XVII fotografierten sie uns und schoren uns die Köpfe. Auf meine Kriegsgefangenenkarte stempelten sie ein großes rotes »J« für Jude. Später fragte ich unseren amerikanischen Geistlichen: »Pater Kane, ich mache mir große Sorgen. Ich weiß, was in Deutschland nach der Kristallnacht mit den Juden geschah. Was habe ich zu erwarten?« Er antwortete: »Das hängt ganz davon ab, wie der Krieg verläuft. Wenn Sie kein Jude wären und nach einem Fluchtversuch wieder eingefangen würden, dann würde man Sie hierher zurückbringen. Aber wenn Sie flüchteten, würde man nie wieder etwas von Ihnen hören.« Im Stalag XVII wurden wir Juden nicht von den anderen getrennt, aber wir hatten immer Furcht. Bei unserem Gewaltmarsch am Ende des Krieges sahen wir die Gefangenen mit dem Davidsstern auf dem Ärmel. Sie gehörten zu Arbeitskommandos und hatten auf den Feldern geschlafen. Einige von ihnen konnten nicht mehr laufen. Einige waren tot, und andere konnten nicht mehr aufstehen. Die Deutschen warfen sie einfach in die großen Waggons. Wenn heute jemand behauptet, das alles habe es nie gegeben, so kann ich sagen, ich habe es gesehen.

Alltag in der Kriegsgefangenschaft

»*Life in the bag*«, wie US-Gefangene sagten, zeichnete sich durch permanentes Hungergefühl, bittere Kälte im Winter und extreme Langeweile aus. Die Behandlung der Gefangenen entsprach keineswegs immer den völkerrechtlichen Normen. Vor allem die von uns interviewten amerikanischen Kriegsgefangenen erinnern sich, daß nichts so wichtig war wie der Gedanke an Essen und dahinter selbst sexuelle Bedürfnisse zurückgedrängt wurden. Gemäß der Genfer Konvention sollte die Verpflegung für die Kriegsgefangenen jener der Soldaten der Gewahrsamsmacht in Truppenunterkünften entsprechen. Offiziere wurden deshalb in der Regel besser versorgt als einfache Soldaten. Im Winter 1944/45 war die Lage in Deutschland jedoch derart prekär, daß es weder für Zivilisten und Soldaten noch für Gefangene genug zu essen gab. Rotkreuzpakete spielten deshalb für Kriegsgefangene eine wichtige Rolle, es gab allerdings in dem Maße immer weniger, in dem die Alliierten die deutschen Transportwege zerstörten, wenn überhaupt solche Liebesgaben die Mannschaften erreichten. Deutsche Gefangene in den USA litten in der Regel keinen Hunger. Sie nahmen dank der gleichen Verpflegung, wie sie US-Soldaten an der Heimatfront erhielten, eher zu.

Aktivitäten, mit deren Hilfe Gefangene ihre Langeweile überwanden, entfalteten sich in Offizierslagern rascher und umfänglicher als bei den Mannschaften. Hierzu dienten Lagerbüchereien, -orchester, Lagerbühnen, Sportplätze oder sogar Kurse zur Aus- und Fortbildung. In einigen Mannschaftslagern gab es derartige Möglichkeiten auch, doch wurden einfache Soldaten zur Arbeit herangezogen. Unteroffiziere mußten nur in Aufsichtsfunktionen arbeiten, obschon sie sich auch für andere Aufgaben melden konnten. Offiziere brauchten laut Genfer Konvention nicht zu arbeiten. Amerikanische kriegsgefangene Mannschaftsdienstgrade wurden zwar auch zu Tätigkeiten herangezogen, da jedoch in den letzten Monaten des Krieges viele Gefangene genommen wurden, war ihr Einsatz außerhalb der Lager angesichts des Chaos der ständigen Gefangenentransporte eher unwahrscheinlich.

Die Ausstattung der Quartiere war ebenfalls sehr unterschiedlich. Die Genfer Konvention bevorzugte auch hier den Offizier. Folglich gewärtigten Offiziere beiderseits des Atlantiks im Verhältnis zu den einfachen Soldaten bessere Bedingungen in den Kriegsgefangenenlagern.

Doch unabhängig vom militärischen Rang hatten alle Kriegsgefangenen mit Langeweile zu kämpfen. Die Eintönigkeit des täglichen Lebens brachte nicht selten hospitalistische Verhaltensweisen hervor. Immer wieder brachen Soldaten unter dieser Belastung zusammen – eine Demütigung, die sie für Ihr Leben zeichnete. Andererseits gab es Kriegsgefangene auf beiden Seiten, die – so paradox es klingen mag – hinter Stacheldraht Geduld und Toleranz einübten, ein tieferes Selbstverständnis erlangten sowie den Wert von Freundschaften schätzen lernten.

Besonderer Erwähnung sind die Wachmannschaften wert, deren Verhalten wesentlich differenzierter gewesen ist als ihr Image. Gelegentlich wird in der amerikanischen Popularkultur ein deutscher Wachmann als Mensch der guten Tat dargestellt, doch überwiegt zweifellos der

Typ des unbelehrbaren Nazis oder eines übergewichtigen Hanswurst. Freilich berichten ehemalige Gefangene beiderseits, daß sie von Wachleuten schlecht behandelt wurden, die meisten jedoch erinnern sich an die freundschaftliche Beziehung zu mindestens einem Bewacher. Einhellig beschrieben amerikanische Kriegsgefangene die jüngeren, häufig regimetreuen Wachleute negativ und zogen ihnen ältere Jahrgänge vor. Verschiedene Deutsche berichteten von Wachleuten, die bei Farmern ein gutes Wort für eine Extraration zugunsten arbeitender Kriegsgefangener einlegten. Andererseits versuchten Gefangene bisweilen ihre Wächter zu bestechen, und sowohl Amerikaner wie Deutsche ergötzten sich daran, ihre Bewacher zu foppen, obwohl das gefährlich war. Gerade für ehemalige deutsche Kriegsgefangene in den USA bildeten die Kontakte zu Bewachern vielfach die Grundlage für Freundschaften, die die Nachkriegsjahre überdauerten. Ihre Bedeutung für die Entwicklung eines gegenseitigen Verständnisses sollte nicht unterschätzt werden.

Kurt Gerhard Pechmann

Streiken haben wir in Amerika gelernt

Kurt Pechmann wurde in einem Dorf in Schlesien im heutigen Polen geboren und lernte Steinmetz. Er kämpfte an der Ostfront und erlitt dort schwere Erfrierungen. Während seiner Genesung in Deutschland hatte er Gefangene zu bewachen, und das erwies sich als eine gute Vorbereitung auf seine eigenen späteren Erlebnisse als Kriegsgefangener. In den Vereinigten Staaten verbrachte Pechmann die meiste Zeit in Arbeitslagern in Wisconsin, wo er und seine Mitgefangenen sogar einen Streik durchführten.

Ich wurde 1941 zum Heer eingezogen. Erst war ich ungefähr sechs Monate beim Arbeitsdienst in Breslau, dann wurde ich zu unserem schlesischen Infanterieregiment versetzt, das in Elsaß-Lothringen lag. Ich erhielt eine kurze Winterausbildung für die Ostfront. Dazu gehörten Skifahren und Kältetraining, aber nichts konnte uns auf den russischen Winter 1941/42 vorbereiten. Ich erfror mir die Füße am Don auf dem Weg nach Stalingrad. Damals kamen wir bis auf 160 km an Stalingrad heran. Mindestens 75 Prozent der deutschen Verluste in diesem Winter traten durch Erfrierungen ein: Ohren, Finger, Ellbogen, Knie oder Zehen. Unsere schwere Winterbekleidung erhielten wir erst, als der Schaden schon angerichtet war. Ich verlor einen Teil meiner Zehen und lag sechs Monate im Lazarett, erst in Krakau in Polen und dann in der Nähe von Dresden.

Nach meiner Entlassung aus dem Lazarett wurde ich Aufseher für 48 französische und belgische Kriegsgefangene, die auf Bauernhöfen arbeiteten. Ich war allein mit diesen Gefangenen und konnte sie nicht alle im Auge behalten. Ich brauchte sie auch nachts nicht einzuschließen. Ich meine, sie hätten am Tage flüchten können, wenn sie wollten, denn sie waren in der ganzen Gegend verteilt. Ich gab einigen von ihnen sogar die schriftliche Erlaubnis, in nahegelegenen Städten ihre Freunde zu besuchen. Das durfte ich eigentlich nicht, aber ich tat es doch. Wäre es herausgekommen, hätten mich die Deutschen wahrscheinlich erschossen. Diese Gefangenen brachten mir Zigaretten und Schokolade, weil ich sie gut behandelte. Wir betrachteten uns gegenseitig als Menschen.

Dieser Wachdienst dauerte ungefähr ein halbes Jahr. Dann wurde ich im Herbst und Winter 1942/43 mit 1200 anderen wieder nach Rußland geschickt. Wir lagen bei Minsk, und von den 1200 Mann kamen nur 180 zurück. Die meisten Überlebenden wurden noch vor dem Winter wieder nach Deutschland zurückgeholt, weil wir schon Erfrierungen aus dem ersten Winter hatten und diese Körperteile nicht noch einmal erfrieren durften. Wir wurden in Italien eingesetzt, und dort wurde ich am 6. November 1943 von den Briten gefangengenommen und den Amerikanern übergeben. Das war in der sogenannten Gustav-Linie dicht nördlich von Neapel. Wir waren nur noch 18 kampffähige Leute und hatten wahrscheinlich 800-900 Briten gegen uns. Was sollten wir machen? Wir hatten nur ein schweres und ein leichtes Maschinengewehr und sonst bloß Gewehre. Die Nacht, in der ich gefangengenommen wurde, werde ich nie vergessen. Wer das nicht mitgemacht hat, der weiß nicht, wie es war. Es war so dunkel, daß man nicht die Hand vor

Augen sehen konnte. Wir hatten Minen vor unserer Stellung ausgelegt, und in der Nacht trat ein britischer Soldat auf eine von ihnen. Tut mir leid, aber Krieg ist Krieg. Sie beschossen uns vier Stunden lang mit allem, was sie hatten. Ich lag draußen im Niemandsland in einem Schützenloch auf Wache. Ich schlief tatsächlich ein und wachte auf, als es ruhig wurde. Meine Kameraden saßen hinter mir in einer Höhle. Einer kam heraus, um mich abzulösen, und rief: »Kurt, Kurt, lebst du noch?« Sie dachten, ich sei Hackfleisch. Sie konnten kaum glauben, daß ich noch lebte. Inzwischen waren wir schon fast eingeschlossen. Der einzige offene Weg führte an der Flanke des Berges hinab, auf dem wir uns eingegraben hatten. Dann blockierten sie auch den. Als nächstes explodierten Handgranaten um uns herum. Was macht man da? Man legt sich flach in den Unterstand, und dort erwischten sie mich. Dann sagt man auf einmal: »Nicht schießen. Nicht schießen.« Ich wurde um elf Uhr nachts mit noch einem von uns gefangen. Als die anderen am Morgen gefangen wurden, umarmten wir uns aus Freude, uns lebend wiederzusehen. Dann führte mich ein britischer Soldat zurück auf den Berg, damit ich ihm zeigte, wo unsere Minen lagen. Wenn man ein Gewehr im Rükken spürt, weiß man nie, wie schießfreudig der andere ist. Ich wollte ihm sagen, daß überall Minen lagen. Ich sprach kein Englisch, und er sprach kein Deutsch, aber die Worte sind fast gleich: *Mines* oder Minen. Dann hörten einige Deutsche oben auf dem Berg das Wort »*Mines*« und fingen an, auf uns zu schießen. Ich schrie: »Kameraden, nicht schießen, nicht schießen, wir sind Gefangene.« Ich hätte nichts sagen sollen, aber es war mir egal. Ich war Gefangener und wollte meine Haut retten. Meine Begeisterung für den Krieg war vorbei.

In der Nacht schlief ich im Freien zwischen britischen Soldaten, aber fliehen konnte ich nicht. Am nächsten Morgen brachten sie uns nach unten zum Verhör. Sie fragten uns, zu welcher Einheit wir gehörten. Das wußten sie schon, also wozu sollten wir das verbergen. Sie brachten uns nach hinten in ein improvisiertes Kriegsgefangenenlager. Ein britischer Hauptmann, der fließend deutsch sprach, verhörte mich dort. Natürlich mußte man ihm das Soldbuch geben, das man in der Tasche trug. Er fragte mich: »Soldat Pechmann, Sie gehören zu der und der Einheit.« Er fragte mich, ob wir Munition und Treibstoff hätten. Ich bejahte, setzte aber hinzu, daß ich nicht wüßte, wo sie sich befanden. Dann fragte er mich, ob ich ein überzeugter Nazi sei. Ich erwiderte: »Das ist eine gute Frage. Ich will sie Ihnen ehrlich beantworten. Wenn Sie in Deutschland aufgewachsen wären, dann wären Sie auch ein Opfer der einseitigen Propaganda. Sie hörten nur die deutsche Parteisprache. Die macht alles andere schlecht, also wären Sie auch überzeugt, daß Ihr Volk das beste der Welt sei.« Ausländische Sender durften wir nicht hören. Wenn man dabei erwischt wurde, konnte man leicht ins Konzentrationslager kommen. Und als junger Mensch kümmerte man sich nicht viel um Politik. So war man überzeugt, wir seien die Besten. Aber kurz nach meiner Ankunft in Amerika als Kriegsgefangener überzeugte ich mich, daß das »Deutschland über alles« nicht stimmte. Es gibt auch andere Länder, die gut sind.

In diesem ersten Lager waren wir nur knapp eine Woche. Von dort kamen wir in ein amerikanisches Lager bei Neapel, das früher ein deutsches Kriegsgefangenenlager für Briten und Amerikaner gewesen war. Dann wurden wir auf ein großes *Liberty*-Schiff verladen. Wir gehörten zu einem Konvoi von über neunzig Schiffen, der 28

Tage auf See war. Seine Geschwindigkeit richtete sich nach dem langsamsten Schiff. Bei den Azoren wurden wir von viermotorigen deutschen Bombern angegriffen. Und als wir uns der amerikanischen Küste näherten, wurden wir von deutschen U-Booten angegriffen. Wir waren 500 deutsche Unteroffiziere und Mannschaften und elf Offiziere. Aber die Offiziere waren in einem anderen Teil des Schiffes untergebracht. Zweimal täglich erhielten wir eine Mahlzeit und durften auf Deck, um frische Luft zu schnappen. Weil wir so lange unterwegs waren, bekamen wir gegen Ende der Überfahrt nur noch einen Apfel oder eine Apfelsine oder eine Grapefruit und ein paar Zwiebäcke mit Dosenfleisch und eine Tasse Kaffee. Wir hatten keine Ahnung, wohin wir fuhren. Es war Winter, die See war rauh, und viele von uns wurden seekrank.

Als wir in Norfolk landeten, erfuhren wir, daß wir uns in den Vereinigten Staaten befanden. Wir duschten und wurden entlaust und dann am ganzen Körper eingepudert. Unsere Kleidung wurde in einem großen Dampfkessel gekocht. Jemand riet uns: »Werft alles weg, was ihr habt. In Amerika bekommt ihr alles neu.« Das taten wir dann auch. Jeder bekam eine brandneue Steppdecke, zwei Päckchen Zigaretten, einen Armee-Rasierapparat und eine Dose Fleisch. Das war unser freundliches Willkommen in Amerika. Niemals hat mich jemand in Amerika mißhandelt. Kein einziges Mal wurde ich gestoßen oder beschimpft.

Wir wurden auf einen Zug verladen, ungefähr fünfzig Mann in einen Pullmanwagen. An jedem Ende des Wagens stand ein Posten. Wenn man zur Toilette wollte, mußte man die Hand heben, und es konnte immer nur einer gehen. Wir saßen zu zweit auf einer Bank, also konnten wir die Rücksitze umlegen und schlafen. Als wir in Chicago bei den Schlachthöfen ankamen, standen Zivilisten entlang der Gleise. Ich weiß nicht, woher sie wußten, daß wir kamen, aber einige weinten. Ich weiß nicht, ob es Deutsch-Amerikaner waren oder Amerikaner, deren Familienangehörige in Europa kämpften. Ich weiß es einfach nicht. Wir durften nicht mit ihnen sprechen.

Von Chicago fuhren wir weiter nach Camp Ellis in Illinois, nahe St. Louis. Es war damals ein Grundausbildungslager für 75 000 amerikanische Soldaten. Dort lagen 3 000 deutsche Kriegsgefangene und etwa 2 000 amerikanische Gefangene, die den Kriegsdienst verweigerten oder aus anderen Gründen einsaßen. Ich verbrachte dort ungefähr drei Monate. Es gab dort keine deutschen Offiziere, nur Unteroffiziere. Nach meiner Gefangennahme sah ich keinen deutschen Offizier mehr. Unser Sprecher war ein Oberfeldwebel.

Wir hatten niemals politische Konflikte in den Lagern. In Camp Ellis sah ich keinen SS-Angehörigen, nur in Hartford, Wisconsin. Dort ließen uns die Wachen die Hemden ausziehen. Sie suchten nach SS-Männern, weil diese die Tätowierung unter dem Arm hatten. Sie fanden zehn oder fünfzehn und schickten sie in ein anderes Lager. Wir hatten nicht gewußt, daß es SS-Männer waren.

Eines meiner ersten Arbeitslager war in Hoopson, Illinois, südlich von Chicago. Wir waren ungefähr 280 Mann und arbeiteten in der Spargelernte. Ich war ungefähr drei oder vier Monate dort. Das war das einzige Lager, von dem ich weiß, daß dort Gefangene flüchteten. Drei Mann wollten nach Brasilien oder Argentinien, weil sie als deutschfreundlich galten. Wir inszenierten einen scheinbaren Aufruhr. Als zwei Wachen zu uns kamen, versteckten sich die drei Mann in einem Klo und entkamen dann durch ein Loch in der Rückwand, das sie vorbereitet hatten. Wir alle wußten, daß sie geflüchtet waren, aber niemand sagte etwas, denn jeder Kriegsgefangene hat das Recht zu fliehen, ohne bestraft zu werden.

Die Wachen und der Lagerkommandant brauchten drei Tage, um festzustellen, daß die drei Mann weg waren. Wir wurden zweimal am Tage gezählt, morgens und abends. Wir stellten uns in fünf Reihen von 15 oder 20 Mann auf, Schulter an Schulter, so daß die Wachen nicht sehen konnten, was vor sich ging. Wenn eine Reihe gezählt war, bückten sich ein paar Mann und schlüpften in die nächste Reihe. Irgendwann, wie weiß ich nicht, entdeckten sie dann die Flucht. Dann wurden wir namentlich aufgerufen. Wer aufgerufen war, mußte in eine andere Gruppe treten. So stellten sie schließlich fest, wer fehlte. Die Entflohenen stahlen mehrere Auto's, aber sie wurden später irgendwo im Süden gefaßt. Ihnen gingen die Lebensmittel und das Wasser aus. Als sie Hunger und Durst bekamen, gingen sie zu einem amerikanischen Farmer. Inzwischen war bekanntgegeben worden, daß drei Gefangene ausgebrochen waren. Einer von ihnen sprach etwas Englisch, und er hatte den Farmer um Essen und Trinken gebeten. Der Farmer sagte: »Klar, kommt rein und bedient euch.« Inzwischen rief er den Sheriff an. Als die drei ins Lager zurückgebracht wurden, erhielten sie zur Strafe zwei Wochen Haft bei trockenem Brot und Wasser. Diese zwei Wochen lang winkten sie uns von ihrem Fenster aus zu, wenn wir morgens um sechs ausrückten, um Spargel zu ernten. Es war also keine richtige Strafe.

Später wurden wir nach Barron Rice Lake im nördlichen Wisconsin verlegt. Ungefähr 200 Mann von uns lagerten auf einer Rinderkoppel. In Deutschland konnten wir niemals streiken oder die Arbeit verweigern, aber in Barron Rice Lake taten wir es. Wir sollten zehn Cent Stundenlohn erhalten, also ungefähr 20 Dollar Lagergeld monatlich. Wir bekamen auch drei Dollar monatlich vom Deutschen Roten Kreuz. Wir hatten noch keinen Lohn vom vorigen Lager erhalten. Vielleicht hatte uns das Geld nicht erreicht, weil wir so oft verlegt worden waren. Wir hatten Schuldscheine benutzt, um uns in der Kantine Zigaretten, Eis und Bier zu kaufen. Aber jetzt erklärte uns der Kommandant, daß wir ohne Geld nicht länger anschreiben lassen könnten. Wir entgegneten ihm: »Kein Geld, kein Anschreiben, keine Arbeit.« Also verweigerten wir die Arbeit. Der Kommandant fragte uns, ob wir das Streiken in Deutschland gelernt hätten. Wir antworteten: »Nein, in Deutschland waren Streiks verboten. Das haben wir in Amerika gelernt.« Zu der Zeit begann gerade die Erbsenernte, und die Farmer brauchten uns ganz dringend. Anderthalb Tage später, um elf Uhr abends, kam der Kommandant zu uns und sagte: »Jungs, ich hab jetzt das Geld hier, also geht wieder an die Arbeit.« Das war alles, was wir wollten. Also gingen wir wieder an die Arbeit. Die Wachen bedankten sich heimlich bei uns für den Streik, denn sie waren auch nicht bezahlt worden, weil ihre Soldlisten irgendwo liegengeblieben waren.

Nur ein Strang Stacheldraht umgab das Lager. Niemand wollte fliehen. Warum sollten wir auch? Inzwischen hatten wir deutsch-amerikanische Freunde gefunden. Sie kamen auf die Felder und besuchten uns. Sie brachten uns ihre Hunde ins Lager, damit wir sie versorgten, während sie in den Urlaub fuhren. Ein Ehepaar brachte uns seinen riesigen Bernhardiner. Er hieß Mario und verstand deutsch.

Wir arbeiteten auch in verschiedenen Kleinstädten in Wisconsin, und das machte uns Spaß, weil es interessant war und uns in Kontakt mit der Zivilbevölkerung brachte. An vier oder fünf Tagen der Woche konnten wir uns einen Film ansehen. Die Filme waren immer in Englisch. Zuerst zeigten sie uns nur amerikanische Kriegsfilme, deshalb beschwerten wir uns. Wir erklärten ihnen, wir wüßten, was es mit dem Krieg auf sich hat. Darauf zeigten sie auch andere Filme. Dabei lernten wir etwas Englisch. In den Konservenfabriken sprachen einige Leute deutsch und natürlich viele der deutsch-amerikanischen Farmer.

Wir erfuhren etwas vom Kriegsverlauf durch ein Kurzwellenradio, das wir heimlich besaßen. Wir hörten, daß Deutschland eine Geheimwaffe entwickelte, aber wir wußten nicht, was für eine es war. Vielleicht war es die V 2 oder die Düsenflugzeuge. Alle zwei Wochen konnten wir einen Brief oder eine Karte nach Deutschland schicken. Die Karte durfte nicht mehr als einundzwanzig Worte enthalten. Der Brief war auf fünfundvierzig begrenzt, glaube ich. Meine Mutter erfuhr erst nach zwei Jahren, daß ich in Gefangenschaft war. Ein Rotkreuztelegramm erreichte sie erst nach neun Monaten. Einmal schrieb ich ihr, ich wüßte nicht, ob ich sie noch einmal wiedersehen würde, denn meine Augen gingen zu. Sie ging in unserer deutschen Kleinstadt zum Arzt, zum Lehrer und zum Pfarrer, um zu fragen, woran das denn liegen könnte. Ich wollte nur einen Scherz machen. Bei meiner Gefangennahme wog ich 128 Pfund. Nach zwei Jahren in amerikanischer Gefangenschaft wog ich 185 Pfund. Ich wollte sagen, daß ich so fett geworden war, daß man meine Augen nicht mehr sehen konnte. Aber ich hatte ihr richtige Sorgen gemacht.

Ross H. Calvert
Wir führten einen ständigen Krieg mit dem Lagerpersonal

Zynisch und von den meisten seiner Erlebnisse leicht verwirrt, erzählt Ross Calvert aus Nashville eine sehr zusammenhanglose und manchmal humoristische Geschichte, der man oft nur schwer folgen kann. Als junger Leutnant bei Colmar in Frankreich in Gefangenschaft geraten, kam er ins Stalag XIII C nach Hammelburg, wo selbst die Offiziere nur schlechtes Essen erhielten. In Hammelburg starb Calvert beinahe an Lungenentzündung, und er hat noch heute Lungenbeschwerden. Er wurde Berufsoffizier und ging 1973 als Oberstleutnant in den Ruhestand.

Wir Offiziere wurden in Stuttgart abgesondert und zu zweit oder dritt in Gefängniszellen gesteckt. Dann kam jemand zu unserer Zelle und sagte: »Calvert? Kommen Sie raus, ein SS-Offizier will mit Ihnen sprechen.« Ich dachte, verdammt, das hört sich nicht gut an. Ich wurde in einen kleinen Raum geführt und sollte mich setzen. Der Verhörende hatte ein Notizbuch vor sich und las daraus vor: »Sie heißen Calvert und sind der Nachrichtenoffizier Ihres Regiments.« Er hatte eine komplette Rangliste, die einer unserer Leute verbotenerweise bei sich getragen haben muß. Er fragte: »Dritte Division?« Ich schwieg. Da langte er herüber und riß das Tarnnetz von meinem Helm ab, so daß er die Abzeichen sehen konnte. Ich sagte: »Ja, Dritte Division.« Er stellte noch ein paar andere Fragen, aber keine schien eine Antwort zu erfordern, also schickte er mich wieder zurück. Das war es dann.

Dann wurden wir ins Stalag XIII C nach Hammelburg verlegt. Wir wohnten in Steinbaracken. Die Türen schlossen gut, und wir hatten es wohnlich, aber furchtbar eng. Wir hatten einen kleinen Ofen mit Holzfeuerung in unserem Raum, drei Reihen von je vier Kojen übereinander und drei Tische. Der Kojenboden bestand aus Holzbrettern. Wir hatten Matratzenbezüge, die wir mit Stroh füllen konnten und die dann auch etwas Wärme hielten. Für den Ofen bekamen wir täglich acht faustgroße Stück Kohle, die nicht viel Hitze ergaben. Manchmal sparten wir die Zuteilung von zwei oder drei Tagen auf und verbrannten sie auf einmal, um den Raum richtig warm zu bekommen.

Wir führten einen ständigen Krieg mit dem Lagerpersonal – besonders mit den Wachen, die sehr, sehr deutsch waren. Es waren Mannschaftsdienstgrade, die uns als Offiziere zu behandeln hatten, aber es war ihnen nicht so ganz klar, wie das funktionieren sollte. Wir hatten einen amerikanischen Leutnant, der einen deutschen Soldaten so gut herunterzuputzen verstand, daß dem die Tränen kamen. Er ließ sie strammstehen, wenn sie ihn anredeten. Er schnauzte sie einfach an. Ich weiß auch nicht, warum die Wachen ihm nicht eins mit dem Gewehrkolben verpaßten und weggingen, aber er kam damit durch.

Wir brachten die Wachen auch beim Durchzählen in Verwirrung. Wenn der deutsche Feldwebel die erste Reihe gezählt hatte, sprangen ein paar Mann in die zweite oder dritte Reihe. Dann waren wir auf einmal zu viele. Schließlich stand immer ein alter Deutscher hinter uns und paßte auf, daß das nicht mehr vorkam.

Wir stahlen alles, was wir in die Finger kriegen konnten. Wir stahlen sogar dem Kommandanten Briketts. Er war eine klägliche Figur, klein und dick, überhaupt kein Soldat. Irgend jemand hatte ihm eine Uniform angezogen und ihm erklärt, er sei jetzt der Lagerkommandant. Er sagte uns: »Meine Herren, denken Sie doch einmal nach. In ein paar Wochen ist der Krieg vorbei und Sie können nach Hause. Ich muß aber hierbleiben.«

Etwa zu der Zeit soll Hitler den Befehl gegeben haben, alle Gefangenen zu töten, aber niemand hatte Interesse daran, solch einen Befehl zu befolgen. Der Kommandant hatte einen schönen dicken Kater. Ein wirklich gutaussehendes Tier. Ein paar von uns stellten sich schon eine appetitliche »Kaninchenbrühe« vor. Wir brauchten den Kater nur zu fangen, aber er war unheimlich schlau. Er ging nie an einem Gebäude entlang. Er ging immer nur in der Mitte der Straße, und an einer Kreuzung bog er ab und blieb immer in der Mitte.

Essen war für uns von ganz besonderer Bedeutung. Wir erhielten einen Laib Brot für sieben Mann. Es durfte nicht mehr als fünfundzwanzig Prozent Sägemehl enthalten, entsprach aber nicht immer diesem Standard. Es sah wie richtiges deutsches Brot aus, aber es schmeckte nach gar nichts. Wir teilten es sehr sorgfältig. Das war unsere Tagesration. Einige schlangen ihr Stück sofort hinunter, andere knabberten nur daran. Niemand wußte, welches die bessere Methode war. Wir wußten nie, ob unser Frühstücksgetränk Kaffee oder Wasser vom Rasieren war. Es kam auf dasselbe heraus. Es war nicht einmal richtiger Ersatzkaffee, es war nur leicht gefärbt. Wir nahmen das zu uns, und was wir eben an Brot hatten. Das Mittagessen sollte die schwere Mahlzeit sein, in Wirklichkeit war sie ziemlich leicht. Meist war es ein Trockengemüse – den Namen habe ich vergessen –, einfach getrocknete Blätter, was natürlich unsere Verdauungsprobleme verschärfte. Einmal in der Woche erhielten wir eine richtige »Fleischbrühe«. Meist wurde sie von Knochen gekocht, auf denen nie Fleisch gesessen hatte. Dazu kam Reis und manchmal ein Stück Kartoffel. Der Reis hatte Augen, die ich immer übersah. Irgendwie war es zu eklig, sich klarzumachen, daß der Reis in Wirklichkeit Maden waren. Abends wiederholte sich im allgemeinen das Frühstück: Kaffee und das Brot, das man sich vielleicht aufgehoben hatte. Gelegentlich erhielten wir etwas anderes, aber nur selten. Die Rotkreuzpakete waren ein wunder Punkt. Uns wurden keine ausgehändigt. Die serbischen Gefangenen im benachbarten Teil des Lagers erhielten sie regelmäßig. Im Gegensatz zu heute waren im Zweiten Weltkrieg die Serben die Guten, und sie teilten mit uns. Es war nicht sehr viel Essen, aber es war etwas anderes. Und es schmeckte.

Wir machten ziemlich schlechte Erfahrungen mit dem Roten Kreuz. Ein Vertreter besuchte uns gelegentlich und erklärte uns weitläufig, die Deutschen täten alles, um es uns angenehm zu machen, wir sollten uns nicht beschweren, weil sie das nervös mache. 900 Kalorien pro Tag machten uns nervös. Wir beobachteten, daß einige Deutsche offensichtlich etwas mehr hatten. Die Rotkreuzpakete kamen aus der Schweiz. Wenn wir fragten, warum wir keine bekamen, während die Serben welche erhielten, wechselten die Leute vom Roten Kreuz einfach das Thema.

Ich kam nie gut mit dem Roten Kreuz aus. Nach meiner Entlassung wollte ich ein bißchen von Paris sehen. Ich ging zum Roten Kreuz und fragte, ob ich mir Geld leihen könnte, um Kleidung zu kaufen. Ich trug meine alte Uniform aus dem Gefangenenlager, und ihr Anblick war peinlich. Außer den Schulterstücken war nicht mehr viel übrig. Sie wollten meinen Ausweis sehen. Natürlich hatte ich keinen. Sie fragten, warum nicht. Ich erklärte ihnen, die Deutschen hätten etwas dagegen gehabt. Ich glaube, ich bekam zehn Dollar von ihnen, die selbst damals nicht für eine neue Uniform reichten.

Es gab einen Leutnant, der einem anderen die Ration stahl. Ich erfuhr nie, was alles mit ihm passierte, aber gefaßt wurde er gleich. Ich weiß nicht, was sie mit ihm anstellten, aber von da an war er ziemlich kleinlaut und hatte sehr wenig Anschluß.

Jeder Gefangene, den ich kannte, hatte irgendeine Verdauungsstörung – meistens Durchfall. Ungefähr nach einer Woche hörte der Durchfall auf, aber dann geriet der Urin außer Kontrolle. Meistens tranken wir mehr, als wir aßen. Ich weiß, daß man jedesmal, wenn man nachts aufwachte und den Drang spürte, sofort aufsprang und losrannte – und manchmal schaffte man es sogar zur Latrine. Man mußte aufpassen, wo man hintrat, besonders nachts. Anfangs war der Durchfall bestimmt nicht aufzuhalten. Ich erinnere mich an eine Nacht, in der es jemand fast zur Latrine schaffte, aber dann doch alles in der Tür verlor. Unser ältester Oberstleutnant schlug am anderen Morgen einen mächtigen Krach. Er ließ alle antreten. Er fragte den Sanitätsoffizier, ob es möglich wäre, daß die Männer nicht an sich halten könnten. Der Sanitätsoffizier erklärte: »Herr Oberst, jeder kann seine Gedärme beherrschen. Es kostet eine gewisse Anstrengung, aber sie können unter Kontrolle gehalten werden.« Am nächsten Morgen war es dasselbe: »Wer war das? Wer hat schuld?« Diesmal sagte der Sanitätsoffizier: »Ich habe mich geirrt, Sir. Man kann sich wirklich nicht beherrschen.«

Ein Thema, über das in Gefangenenlagern selten gesprochen wurde, war Sex. Normalerweise verbringen junge Soldaten einen erheblichen Teil ihrer wachen Stunden mit begeisterten Gedanken daran. Aber ich kann mich nicht erinnern, daß unter den mehr als 30 Mann, mit denen ich in der Gefängnisbaracke in einem Raum lag, jemals über Sex gesprochen wurde. Manchmal wurde darauf angespielt in Bemerkungen wie der folgenden: »Ich kannte mal eine Blonde in Nashville, die konnte Hühnchen besser braten, als ihr euch vorstellen könnt«. Ich erinnere mich, daß wir an einem Abend die Langeweile zu vertreiben versuchten, indem wir eine Reihe von Vorträgen planten über Themen, von denen wir meinten, wir verstünden etwas davon. Ein angenommener Vorschlag hatte die Zucht von Preisrindern zum Inhalt. Als ein Arzt unter uns einen zweiteiligen Vortrag über Sex vorschlug, wurde er ohne Abstimmung abgelehnt. Der Hunger war so stark, daß er alle sexuellen Triebe verdrängte.

Nur ein Mann kam bei uns zu Tode. Er übertrat den ersten Stolperdraht und wurde erschossen. Die Serben bereiteten für uns ein sehr schönes Begräbnis vor, sogar mit einem Sarg. Sie schoben ihn über den Draht, und wir hoben ein Grab aus und beerdigten ihn gebührend. Die Serben hielten sehr auf Feierlichkeit. An George Washingtons Geburtstag gaben sie eine große Party. Sie buken sogar einen kleinen Kuchen. Sie sangen etwas wie »*America the Beautiful*« und schenkten uns den Kuchen.

Eberhard Ladwig

Ich hatte mich nie so frei gefühlt wie in Gefangenschaft

Eberhard Ladwig wurde am 19. April 1943 in Nordafrika von den Briten gefangengenommen und später den Amerikanern übergeben. Er ist Botaniker; die Gefangenschaft nutzte er, um sowohl seine Sprachkenntnisse als auch seine Fachkenntnisse zu verbessern. Seine Erfahrungen als Kriegsgefangener veränderten auch seine Auffassung von den Juden und beeinflußten seine Lebenseinstellung grundsätzlich. Ladwig ist jetzt Botaniker und Lehrer im Ruhestand und lebt in Mühlhausen, wo er einen Garten voller exotischer Obstbäume, Gemüsepflanzen und Blumen kultiviert.

Wir kamen als Ersatztruppen nach Nordafrika, und das bedeutete, daß wir überall dort hingeschickt wurden, wo man uns brauchte. Meistens wurden wir beschossen. Das war schlimm, wenn man wach war. Schlief man, dann hörte man es einfach nicht. Ich stellte mir vor, daß eins von beiden mit mir geschehen würde: Entweder ich würde fallen, oder ich würde verwundet werden und überleben. Nach dem letzteren Drehbuch würde ich genesen, aber den Rest meines Lebens als Angehöriger einer Besatzungstruppe verbringen, und der Gedanke war noch unerträglicher als der erstere. Unsere Einheit war ständig unterwegs, und deshalb wurden wir auch gefangen. Wir befanden uns in einer unbekannten Gegend, und unser Leutnant führte uns auf die Spitze eines Berges. Am Morgen stellten wir fest, daß wir mitten zwischen den Briten saßen. Ich weiß nicht genau, wie das kam, aber am 19. April 1943 wurden wir Kriegsgefangene.

Wir kamen zunächst in ein Durchgangslager, wahrscheinlich bei Constantine in Algerien, nahe der tunesischen Grenze. Wir lagerten in einer Einfriedung, in der normalerweise Vieh gehalten wurde. Zwei von uns wurden als Dolmetscher ausgewählt, und das war meine Tätigkeit während der meisten Zeit meiner Gefangenschaft.

Nach Oran wurden wir mit dem Zug geschafft. Die Amerikaner hatten uns Verpflegungspakete in die Wagen gelegt, aber sie ließen uns nicht aussteigen, um unsere Notdurft zu verrichten. Das war sehr schlecht. Als wir den Bahnhof Oran erreichten, konnten wir uns nicht mehr halten, wir mußten pinkeln. Ein französischer Offizier wurde wütend und schrie: »Ihr habt überhaupt keine Kultur.« Ich antwortete ihm auf Französisch und erklärte ihm, daß wir zwei Tage unterwegs waren, ohne aussteigen zu können, und daß das nichts mit unserer Kultur zu tun habe. Ich befürchtete, er würde mich schlagen, aber er tat es nicht.

An das Gefangenenlager in Oran habe ich einige sehr schlechte Erinnerungen. Es war sehr schmutzig und naß, und wir mußten im Schlamm auf dem Boden schlafen. Es war eine Erlösung, als wir zum Hafen geführt und auf ein ziviles Schiff der Linie New York – Puerto Rico verladen wurden. Die Wachen fragten, wer von uns englisch spräche, und ich meldete mich wieder. Es war meine Aufgabe, etwaige Beschwerden der Gefangenen an die amerikanischen Offiziere weiterzuleiten.

An Bord hatten wir es sehr bequem. Die Verpflegung war wunderbar, aber ich fand es abstoßend, daß einige unserer Männer alles vertilgten, was ihnen in die Hände kam. Selbst ein Wolf frißt nicht mehr, als er verdauen kann. Einer der Leute prahlte, er habe 36 Würstchen zu einer Mahlzeit gegessen. Das ist schrecklich. Natürlich wurden viele von ihnen seekrank, obwohl die See nicht rauh war.

Diese Überfahrt änderte mein Leben von Grund auf. An Bord fand ich ein Buch mit dem Titel »Jüdisches Denken«. Es war eine kurze philosophische Abhandlung über das jüdische Denken, das, wie ich entdeckte, viele Ähnlichkeiten mit dem christlichen Denken hat. Ich hatte soviel Schlimmes über die Juden gehört, aber dieses Buch veränderte mich zutiefst. *Tränen treten ihm in die Augen.*

Die deutschen Rassengesetze waren 1935 erlassen worden, und 1938 gab es die Kristallnacht, aber von all diesen Dingen wußte ich nur das, was in den Zeitungen stand. Nachdem ich dieses Buch gelesen hatte, sagte ich mich bewußt von allen Aspekten des Antisemitismus los. Ich machte auch niemals schlechte Erfahrungen mit Juden. In Camp Opelika in Alabama schloß ich sogar Freundschaft mit dem amerikanischen Lagerdolmetscher, einem Juden aus Prag, der 1936 in die USA ausgewandert war.

In Opelika diente ich auch als Dolmetscher. Ich meinte, ich könnte anderen damit helfen. Ich bemühte mich, allen gerecht zu werden, denn als Dolmetscher konnte ich manches besser oder schlechter machen. Ich versuchte, beide Seiten glücklich zu machen, obwohl das nicht leicht war. Zum Beispiel schwächte ich manches ab, was die Deutschen sagten, bevor ich es den Amerikanern übersetzte. Ich konnte nicht zu einem amerikanischen Offizier sagen: »Er sagt, Sie sind ein Rindvieh«, und ebensowenig konnte ich einem deutschen Gefangenen sagen, daß der amerikanische Offizier ihn gerade einen Schweinehund genannt hatte.

Manche meiner Kameraden wollten weiter nichts tun als essen, spielen und schlafen. Andere waren geistig interessiert, sie suchten nach einer höheren Bestimmung im Leben als nur der einfachen Existenz. So lernte ich viel über die menschliche Natur und über verschiedene Betrachtungsweisen. Die Österreicher zum Beispiel beeinflußten mein politisches Denken sehr. Ich hatte natürlich schon bestimmte Vorstellungen. Ich hatte sogar den Spitznamen »Demokrat«. Aber die Österreicher hatten von vielen Dingen eine andere Auffassung als wir Deutschen. Die meisten Deutschen wandten auf die Österreicher die Worte Wilhelm Buschs an: »Da bin ich aber wirklich froh, denn Gott sei Dank, ich bin nicht so«, doch ich merkte, daß es anders war. Zum Beispiel hatte ich nur Schlechtes über die Dollfuß-Regierung gehört und stellte nun fest, daß die Österreicher eine bessere demokratische Tradition besaßen als wir Deutschen.

Im Arbeitslager in Albany, Georgia, hatte ich einen guten Freund aus Österreich. Wir diskutierten jeden Tag. Er verteidigte den Katholizismus und ich den Protestantismus. Er verteidigte Österreich, und ich versuchte Deutschland zu verteidigen. Wir führten lange Gespräche, während wir am Stacheldraht entlanggingen oder nachts in der Baracke saßen. Wir dachten über alles nach und diskutierten darüber, auch darüber, wie es nach dem Krieg weitergehen würde. Wir waren beide überzeugt, daß Deutschland nicht siegen würde. Wir studierten die täglichen Nachrichten. Im Lager hatten wir Zugang zur *New York Times*, zu den Berichten der britischen, französischen und amerikanischen Streitkräfte und manchmal zum Wehrmachtbericht. Diese Informationen faßten wir auf zwei oder drei Schreibmaschinenseiten zusammen und hängten sie außen an unserem Zelt aus, wo sie jeder lesen konnte.

Sehen Sie, so konnte ich das Buch über jüdisches Denken lesen, Juden kennenlernen, Österreicher und noch andere, die von uns verschieden waren, und hatte viel Zeit zum Nachdenken, und am Ende wurde mir klar, daß ich mich noch nie so frei gefühlt hatte wie in meiner Gefangenschaft.

Louis A. Pfeifer

Im Lager hatte ich kein richtiges Leben

Von seinem Absprung in Frankreich in der Nacht vor der Landung in der Normandie und seiner Gefangennahme am nächsten Tag an erlitt Soldat Pfeifer ein entsetzliches Schicksal, an dessen Folgen er heute noch leidet. Vielleicht lag es an seinem deutschen Namen oder daran, daß manche seiner Bewacher ihn für einen Juden hielten, jedenfalls wurden amerikanische Gefangene selten so schwer mißhandelt wie er. Pfeifer erzählt seine Geschichte auf eine lässige, distanzierte Art mit gelegentlichem sardonischem Humor, fast wie eine Gestalt aus Kurt Vonneguts Roman »Schlachthof 5«, der auf Vonneguts eigenen Erfahrungen als Kriegsgefangener während des Luftangriffs auf Dresden beruht.

Zusammen mit anderen gefangenen Amerikanern wurden wir zu einem Rangierbahnhof gebracht. An diesem ersten Tag wurde ich drei- oder viermal durchsucht und verhört. Beim letzten Mal war nichts mehr zu finden. Jedesmal nahmen sie sich, was sie wollten, vor allem Zigaretten und K-Rationen. Sie freuten sich sichtlich über meine Schokolade und Seife. Vermutlich waren Schokolade und Seife schon Gold wert. Ein Offizier in einer schwarzen Uniform machte eine Bemerkung über meinen Familiennamen, der ihn zu stören schien. Er fragte mich, warum ich gegen mein eigenes Volk kämpfte. Ich bin rein deutscher Abstammung, aber ich gab ihm nur meinen Namen, Dienstgrad und die Nummer meiner Erkennungsmarke an.

Ich war in verdammt vielen Orten in Frankreich, bevor wir schließlich nach Deutschland kamen. Wenn wir weitermarschierten, nahmen sie uns zuerst die Gürtel und die Schnürsenkel ab. Ohne Schnürsenkel und Gürtel kann man schlecht entkommen. Während dieser ersten Märsche wurden wir mehrmals aus der Luft angegriffen, und ich kann Ihnen sagen, diese Tiefangriffe können einen verrückt machen, besonders dann, wenn die eigene Luftwaffe sie fliegt. Außer ein paar Deutschen hat es in Frankreich auch ungefähr dreißig von unseren eigenen Leuten dabei erwischt. Einmal marschierten wir die Straße entlang, als vier P-47 über uns hinwegflogen. Wir winkten mit unseren viereckigen gelben Fahnen, um zu zeigen, daß wir ihre eigenen Leute waren. Sie wackelten mit den Flügeln, was wir für eine freundschaftliche Geste hielten, aber dann drehten sie um und kamen gerade auf uns zu. Als ich Rauch aus ihren Flügeln austreten sah, wußte ich, was passierte. Wir warfen uns in den Straßengraben. Sie flogen ihre Angriffe, und dreißig unserer Leute wurden getroffen.

Danach half ich einen Mann tragen, dem der Hinterkopf weggeschossen war. Er bat uns, jemand möchte seine Brieftasche herausnehmen und ihm das Bild seiner Frau und seines Babys zeigen, das er nie gesehen hatte. Er wollte sie sehen. Er starb in der folgenden Nacht. Am nächsten Morgen mußten wir ein großes Loch graben, um ihn und die anderen toten Amerikaner zu beerdigen. Wir zogen ihnen die Stiefel und Schuhe aus, deckten ihre Leichen zu, und das war es dann.

Wenn ich an manche Erlebnisse zurückdenke, dann empfinde ich heute noch mehr Bitterkeit als damals. Ich behielt alle meine Erfahrungen lange Zeit für mich. Selbst meiner Frau erzählte ich nichts davon. Meine eigenen Kinder wundern sich, daß ich so negativ und zynisch rede. Die Leute neigen dazu, Dinge wie diese lieber nicht zu glauben. Manches, was ich sah, war so schrecklich, daß ich selbst Mühe habe, es zu glauben. Wenn ich versuche, meinen Kindern davon zu erzählen, können sie das einfach nicht verstehen. Vielleicht erzähle ich es ihnen nicht auf die richtige Art. Der Arzt der *Veterans Administration* gab zu Protokoll, daß ich viel tiefsitzenden Zorn mit mir herumtrage. Nun, vielleicht hat er recht. Jedenfalls bekam ich viel Bewegung bei meinem Spaziergang durch Frankreich und Deutschland und bei meiner Freifahrt auf der Deutschen Reichsbahn.

Pfeifer landete schließlich in einem Arbeitslager in Falkenberg, ein paar Kilometer östlich des Stalag IV D in Torgau. Die Arbeit war oft gefährlich und stand, ebenso wie das Verhalten der Wachen, oft im Widerspruch zur Genfer Konvention.

Wir waren ungefähr 300 Mann in diesem Arbeitslager, Amerikaner, Niederländer und Briten. Jeden Morgen wurden wir zu Fuß oder mit dem Zug zu einer Arbeitsstätte in der Umgebung gebracht. Die Arbeit hätte ein Glück im Unglück sein können. Sie half uns, mit der Langeweile fertigzuwerden und einigermaßen in Form zu bleiben. Aber sie stumpfte uns auch ab. Wir arbeiteten in den stark bombardierten Gebieten von Leipzig und Halle. Wenn wir im Morgengrauen in eine Stadt kamen, sahen wir oft aufgequollene Gegenstände auf dem Boden liegen. Wenn es etwas heller wurde, erkannte ich, daß dies Leichen von Zivilisten waren, die beim Luftangriff des Vortages getötet worden waren. Sie lagen da einfach herum.

Oft arbeiteten wir auf Bahnhöfen, die gerade bombardiert worden waren. Eines Tages reparierten wir Gleise, und als wir fast fertig waren, kam eine P-38 und legte sie wieder in Trümmer. Wir fällten auch Bäume und gruben dann die Stümpfe aus. Wir hatten ziviles Wachpersonal, das uns ständig erklärte, wir arbeiteten nicht schnell genug. Wir hatten um vier oder halb fünf Uhr Feierabend. Die britischen Gefangenen hörten immer etwas früher auf. Eines Tages fragte ich einen Wachmann, warum die Briten immer eher gehen konnten als wir. Er zog eine ganze Arie ab, daß sie besser arbeiteten, damit sie eher ins Lager zurückkämen, wir aber immer herumtrödelten.

Bei den Wachmannschaften war ein verrückter Feldwebel. Er sagte, er sei an der Ostfront gewesen. Er sprach wenig und schluckte dauernd Tabletten. Ich weiß nicht, was für ein Zeug er nahm. Einmal stieg ich gerade in den Zug zurück zum Lager, da hob er den Gewehrkolben und stieß ihn mir so vor die Brust, daß ich kopfüber aus dem Zug stürzte. Er sagte dabei kein Wort. Ich stand auf, stieg wieder in den Zug, und das war's. Er dachte wohl, ich bewegte mich zu langsam.

Ein anderes Mal brachte er uns an einen Ort, an dem offensichtlich ein Munitionszug explodiert war. Es sah schlimm aus. Er war anscheinend von amerikanischen Flugzeugen bombardiert worden, und ich dachte, mein Gott, nun müssen wir dafür bezahlen. Wir mußten aufräumen. Als wir gerade fertig waren, hielt neben uns ein Lebensmittelzug mit vielen Polinnen oder Russinnen, die die Lebensmittel zubereiteten. Wir fragten sie, ob wir etwas zu essen bekommen könnten. Meine Güte, stopften die uns voll. So viele Kartoffeln habe ich in meinem Leben nie wieder gegessen.

Sonntags brauchten wir eigentlich nicht zu arbeiten,

aber unser verrückter Feldwebel ließ einen jüdischen Gefangenen namens Katz und mich ständig kommen und seine Stiefel putzen oder andere Arbeiten machen, die uns erniedrigen sollten. Wir konnten nichts weiter tun, als den Befehlen gehorchen. Er schickte uns in die Baracke zurück, und kaum hatten wir die Tür hinter uns geschlossen, kam schon ein Wachmann und sagte, der Feldwebel wolle uns sprechen. Das ging über einen Monat so. Jeden Sonntag vom Aufstehen bis zum Schlafengehen schikanierte uns der Feldwebel. Ein deutscher Wachmann, der verhältnismäßig nett war, riet uns, diese Behandlung zu ertragen, denn sonst könnten wir an einen schlimmeren Ort kommen, wo wir trotz unserer guten Gesundheit keine dreißig Tage überleben würden.

Zum Wachpersonal gehörte auch ein Pole, der im deutschen Heer diente. Er hatte ein rotes Gesicht wie von einer Verbrennung. Wir waren manchmal recht häßlich zu ihm und sagten ihm immer, er solle sich selber ficken. Dann antwortete er immer: »Ja, ja, ja. Gut, gut, gut, aber immer arbeiten.« Ich nehme an, der Mann hatte nur die Arbeit im Kopf.

Wir arbeiteten bei jedem Wetter, auch bei Schnee oder Regen. Wir mußten eben arbeiten. Eines Tages regnete es stark, also gingen wir in ein Gebäude und wollten nicht herauskommen. Wir erklärten den Zivilisten, für die wir arbeiteten, daß es zu sehr regnete. Sie antworteten: »Raus, raus. Immer arbeiten. Immer arbeiten.« Wir weigerten uns hinauszugehen, und ein ziviler Wachmann, den wir die Grüne Hornisse nannten, weil er immer grün trug, hatte schließlich genug davon. Er zog seine Pistole und sagte: »Raus. Wenn ihr nicht rauskommt, seid ihr tot.« Wir hatten den Eindruck, daß er es ernst meinte, und gingen alle hinaus. Ein andermal zeigte die Grüne Hornisse auf die Düsenjäger, die über uns flogen.

Wir konnten sie nicht identifizieren, wir sahen nur, daß sie sehr schnell flogen. Er sagte: »Die werden den Krieg für uns gewinnen.« Dann lachte er und sagte: »Na, Jungs, ich schätze, ihr werdet so etwa 1948 nach Hause kommen.« Das schien mir damals endlos lange. Aber eines Tages fand er bei einem Bombenangriff den Tod.

Ich bekam niemals Post, und ich hatte im Lager auch kein richtiges Leben. Aber ich hatte die große Wirtschaftskrise erlebt und wußte, was es heißt, nicht viel zu essen zu haben. Ich war auch in sehr guter Verfassung und war nie krank gewesen. Ich war stolz auf meine Kondition und meine Fähigkeit, mich zu behaupten. Dies alles hatte wahrscheinlich großen Anteil an meiner Rettung. Darüber denke ich noch heute nach, und besonders über Leute, die Essen verschwenden. Wir sprachen damals nur noch über das Essen – was man essen würde, wenn man herauskam. Ich stellte mir einen Stapel Maiskuchen vor, von der Größe eines normalen Eßtellers, etwa zwei Fuß hoch und mit ein paar Pfund Butter darüber.

Ich erzähle den Leuten nur sehr ungern, was wir zu essen bekamen. Sie denken dann, mein Gott, wie haben die bloß überlebt? Ich wog ungefähr 155 Pfund, als ich zur Armee ging, und ungefähr 110 Pfund, als ich aus dem Lager kam. Man kann sehr schnell viel Gewicht verlieren, und das raubt einem jede Energie. Aber es ist erstaunlich, was man alles aushält.

Wir sprachen ständig von Rotkreuzpaketen und fragten die Deutschen danach. Sie erklärten uns, daß unsere Flugzeuge die Verkehrsverbindungen bombardierten und sie deshalb nicht durchkämen. Wir vermuteten, daß entweder die Deutschen sie für sich behielten oder das Rote Kreuz einfach keine lieferte. Ich bekam kein einziges Paket. Ich bin so stinksauer auf das Rote Kreuz. Ich sollte es wohl nicht sein, aber ich wurde es damals und bin es heute noch. Als wir vor der Invasion in England lagen, gab uns das Rote Kreuz Kaffee und Pfannkuchen, aber selbst damals wollten sie Geld dafür. Zu der Zeit verdiente ich wohl 21 Dollar im Monat, glaube ich.

Von Woche zu Woche bekamen wir weniger zu essen. Unsere Rationen kamen einmal in der Woche. Anfangs erhielten wir etwa anderthalb Pfund Brot. Es war Ersatzbrot, das zum größten Teil aus Sägemehl bestand. Später erklärte mir jemand, wenn man zuviel davon äße, könnte man daran sterben. Ich teilte mir mein Brot ein. Später ging die Ration auf einen Viertellaib für die ganze Woche zurück. Wir erhielten auch etwa einen gestrichenen Eßlöffel Zucker in die Hand geschüttet, und manchmal eine Kartoffel. Sonst bekamen wir nur Flüssigkeiten. Bevor wir morgens zur Arbeit gingen, erhielten wir Ersatzkaffee. Mittags gab es nichts. Wir nahmen immer unsere Brotration mit, wenn wir die Baracken verließen, weil wir nie wußten, ob wir dahin zurückkehren würden.

Als wir eines Abends von der Arbeit zurückmarschierten, kamen wir an vielen Apfelplantagen vorbei. Einige von uns sprangen von der Straße weg, um sich einen Apfel zu holen. Die Wachen holten sie zurück und erklärten uns, wenn noch mal jemand die Straße verließe, würde er auf der Stelle erschossen. Das stelle man sich vor – erschossen zu werden, weil man einen Apfel haben wollte. Das ist verrückt.

Ich kann Ihnen versichern, daß wir über ein Thema niemals im Lager sprachen, und das war Sex und Frauen. Während meiner Kriegsgefangenschaft hörte ich nie jemand von Sex reden, nicht ein einziges Mal. Der Gedanke kam einem einfach nicht, und man empfand auch kein Verlangen. Selbst wenn wir die Gelegenheit zum Sex gehabt hätten, glaube ich nicht, daß wir dazu fähig gewesen wären. Wir sahen gelegentlich russische und polnische Zwangsarbeiterinnen, aber alles, was wir von ihnen wollten, war etwas von dem Essen, das sie für die Deutschen kochten.

Ich sah kein Buch, keine Zeitschrift, kein Kartenspiel, kein Radio. Nichts davon. Wir trugen im Winter wie im Sommer dieselbe Kleidung. Ich hatte ein T-Shirt, das nur noch von den Nähten zusammengehalten wurde. Schließlich boten sie uns an, unsere Schuhe zu reparieren. Ich gab ihnen meine Springerstiefel. Sie schnitten alte Autoreifen in Stücke und nagelten sie unter die Sohlen meiner Stiefel.

Die Russen hatten es noch schlechter. Sie banden sich um die Füße, was sie gerade finden konnten – Lumpen, Papier, was sie erwischten. Ihre Beine sahen unförmig aus. Ich erinnere mich an einen russischen Arbeiter, der kränklich war. Er konnte nicht mithalten. Er endete schließlich im Straßengraben mit einer Kugel im Hinterkopf.

Nicht weit von uns war eine Gruppe Kinder untergebracht. Es waren kleine Kinder. Sie hatten große Augen und geschwollene Bäuche. Ich vermute, es waren Kinder von polnischen oder jüdischen Zwangsarbeitern. An der Wand ihrer Baracke war ein großer gelber Stern aufgemalt. Wenn wir auf dem Weg zur Arbeit daran vorbeikamen, sahen wir sie an den Fenstern ihrer Baracke. Sie waren offensichtlich am Verhungern. Die Deutschen brachten auch einen großen gelben Stern auf unserer Baracke an. Zu Weihnachten stellten wir einen fünfzakkigen Stern auf, aber die Deutschen tauschten ihn gegen einen sechszackigen Judenstern ein. Sie beschuldigten mich, Jude zu sein. Tatsächlich bin ich Katholik. Sie hielten jeden für einen Juden.

Es geht mir immer noch furchtbar nahe, wenn ich sehe oder höre, daß unschuldige Kinder leiden oder sterben müssen für das, was Erwachsene im Krieg einander zufügen. Die Kinder sind unschuldige Opfer. Wenn Erwachsene sich wie Idioten benehmen wollen, na schön, dann sollen sie, aber sie dürften nicht die Kinder darunter leiden lassen. Warum sollen sie die Schläge hinnehmen müssen. Ich war auch ein unschuldiges Opfer, und ich mochte es auch nicht.

Wenn ich zurückblicke, staune ich immer wieder, daß wir überhaupt bei Verstand bleiben konnten. Das Schwerste war für uns, daß wir nicht wußten, wann wir dort herauskommen würden und ob überhaupt jemals. Wenn man in einem Raum sitzt wie wir damals und die vier Wände anstarrt, dann werden die Tage schrecklich lang. Und wenn man noch den Hunger dazurechnet, dann war es wirklich nicht leicht.

In unserer Baracke starb einer. Wir trugen den Jungen nach draußen und begruben ihn zwischen unserer Baracke und der Latrine, nur wenige Meter vom Zaun entfernt. Er war ein junger Bursche von vielleicht neunzehn oder zwanzig Jahren. Er starb einfach. Ich weiß seinen Namen bis heute nicht. Es gibt immer noch viele Vermißte aus dem Zweiten Weltkrieg, und er ist wahrscheinlich einer davon. Ich habe mich oft gefragt, ob seine Eltern je erfahren haben, was mit ihm geschah. Aber man hat so viele Dinge im Kopf, daß man sich nicht um die anderen kümmern kann. Unter diesen Bedingungen ist jeder sich selbst der Nächste. Man läuft zwar nicht herum und schlägt einem anderen den Schädel ein, aber man hält fest, was man hat, und gibt nichts ab.

Politische Kämpfe in amerikanischen Lagern

Die Kriegsgefangenenlager in den USA entpuppten sich in der Anfangszeit in gewisser Weise als Abbild der Gesellschaft des »Dritten Reiches«. Nach der Kapitulation des deutschen Afrika-Korps kam der erste große Schub deutscher Kriegsgefangener im Frühjahr 1943 nach Amerika. Durch Einschüchterung und offenen Terror gelang es NS-loyalen Offizieren, in vielen Lagern eine am Führerprinzip orientierte Binnenstruktur aufzubauen mit ähnlich diktatorischen Praktiken, wie sie in Deutschland an der Tagesordnung waren. Fanatisierte Soldaten griffen zum Mittel der Lagerfeme, die in Gewalt bis hin zum Mord endete. Wiederholt organisierten nazistische Rollkommandos nächtliche Überfälle. Und auch mit der Androhung von Repressalien gegen die in der Heimat zurückgebliebenen Angehörigen sollten Regimegegner mundtot gemacht werden.

Amerikanische Lagerverwaltungen, die doch meist in Distanz zu radikalen, links orientierten Kriegsgefangenen standen, gestatteten Nazi-Gefangenen wiederholt das Aufhängen der Bilder von NS-Größen und das Anbringen von NS-Insignien, tolerierten den »Deutschen Gruß« oder ließen gar Paraden zu »Führers Geburtstag« zu. Anfangs kontrollierten NS-Offiziere Lagerzeitungen, Bücher, Gottesdienste und sogar Kriegsgefangenenpost, ein Umstand, der andernorts treffend mit der Bezeichnung »Feldwebeldiktatur« beschrieben worden ist. Die US-Historikerin Judith Gansberg konstatierte in den

70er Jahren: »Unter den Gefangenen grassierte mehr Angst und gegenseitiges politisches Mißtrauen als gegenüber den Amerikanern ... Dieses Mißtrauen nährte den Nazismus effektiver, als Hitler selbst es hätte tun können.«

Das *War Department* veranlaßte die Trennung der Kontrahenten. Untergeordnete Militärbehörden bewiesen allerdings bei der Bestimmung von Auswahlkriterien für *Nazi- oder Antinazi-Camps* nicht immer eine sichere Hand, denn die beschriebenen politischen Konflikte setzten sich nach der Invasion in Frankreich und Italien seit dem Sommer 1944 in den USA fort. Damals wurden vorrangig Soldaten attackiert, die auf Grund desillusionierender Erfahrungen im Jahr 1944 den bereits seit Monaten in der Isolation der Gefangenschaft ausharrenden Kameraden unverhohlen die deutsche Niederlage ankündigten. Nach wie vor NS-loyale Wortführer in den Kriegsgefangenenlagern sahen hierin »Defätismus« und »Wehrkraftzersetzung«.

Erst im Herbst 1944 wurden unter dem Druck der Antinazi-Kriegsgefangenen, einflußreicher deutscher politischer Exilanten in den USA, jüdischer Organisationen sowie Journalisten der liberalen Öffentlichkeit umfassende Maßnahmen der Reeducation eingeleitet, um ausgewählte Gefangene auf eine Rückkehr nach Deutschland vorzubereiten.

Zu den Kriegsgefangenen, die sich von den USA aus für eine Überwindung der NS-Diktatur in ihrer Heimat einsetzten, gehörten Kommunisten und Sozialdemokraten, Angehörige der SAP und anderer Parteien der Arbeiterbewegung, Gewerkschafter, nationalkonservative NS-Gegner oder solche mit christlichen Grundüberzeugungen. Auch Österreicher, Polen, Tschechen, Luxemburger und Elsässer oder sogar Russen, die zum Kriegsende verstärkt in die Wehrmacht, nicht selten zwangsweise, rekrutiert worden waren, gingen zum nationalsozialistischen Deutschland auf Distanz.

Die aus der Arbeiterbewegung stammenden Angehörigen der sogenannten »Bewährungseinheiten 999«, die vielfach bereits Jahre in Zuchthäusern und Konzentrationslagern hatten zubringen müssen, galten für die NS-loyalen Soldaten als Kriminelle und »Verräter«. Der Haß auf Überläufer und Kameraden, die sich aus politischer Überzeugung die Hoheitsabzeichen von der Uniform abtrennten bzw. in alliiertem Gewahrsam gegenüber ihren deutschen Vorgesetzten den Gehorsam verweigerten, entlud sich schon unmittelbar nach ihrer Gefangennahme in Nordafrika 1943. Wegen ihres offenen politischen Bekenntnisses gegen die nationalsozialistischen Machthaber, ihrer weitverbreiteten Kooperationsbereitschaft mit dem Kriegsgegner und ihrer Weigerung, in der Kriegsgefangenschaft weiterhin militärischen Konsensforderungen und Unterordnungsritualen zu entsprechen, wurden die politischen 999er von Vorgesetzten bedroht und stark unter Druck gesetzt.

Die hier ausgewählten Erinnerungen ehemaliger deutscher Kriegsgefangener in den USA können exemplarisch für das politische Spektrum der Regimegegner in der Kriegsgefangenschaft stehen. Ein Kurzbericht eines anderen Gefangenen zeigt die damalige weitverbreitete Abneigung gegen Abweichler.

Helmut Dillner

Wir vom Afrikakorps wollten nichts mit denen zu tun haben

Helmut Dillner stammt aus Greiz in Thüringen. Er ging 1938 zur Armee und landete in einer Nachrichteneinheit. Er geriet am 12. Mai 1943 in Nordafrika in Gefangenschaft und landete in Camp Brady in Texas, wo er Baumwolle pflücken mußte. Mit der Zeit ist Dillners Gedächtnis schwächer geworden und durcheinandergeraten, aber er erinnert sich noch, daß sie 1944 Hitlers Geburtstag feierten und er seine Landsleute verachtete, die nach der Invasion in der Normandie gefangengenommen wurden.

Ich erinnere mich, daß wir am 20. April 1944 einen großen Parademarsch zu Adolf Hitlers Geburtstag veranstalteten. Das war in Camp Brady in Texas, und damals glaubten wir noch, daß wir den Krieg gewinnen würden. Wir betrachteten uns noch als aktive Soldaten. Sobald man in die Armee eintrat, spielte es keine Rolle mehr, was man im Zivilleben gewesen war. Jetzt war man Soldat und verhielt sich als Soldat. An diesem besonderen Tag feierten wir mit Obstwein, den wir hergestellt hatten. Ich arbeitete in der Küche und konnte alles besorgen, was gebraucht wurde. Wir sägten ein Loch in den Holzfußboden unserer Baracke und ließen den Wein dort gären. Natürlich roch man ihn schon, wenn man zur Tür hereinkam. Monatelang gruben wir einen Tunnel unter dem Zaun hindurch. An Hitlers Geburtstag brachen vier oder fünf Mann aus und gingen nach Fredericksburg, einer berühmten deutsch-amerikanischen Stadt nordwestlich von San Antonio. Selbst der Bürgermeister sprach deutsch. Sie wurden wieder eingefangen, aber für die ersten paar Male gab es keine schwere Strafe, nur ein paar Wochen Arrest bei Wasser und Brot. Niemand bestrafte uns, weil wir Hitlers Geburtstag gefeiert hatten, obwohl einige meinten, wir hätten es nicht tun sollen ...

Wir vom Afrikakorps wollten nichts mit denen zu tun haben, die nach der Invasion in der Normandie gefangengenommen wurden. Sie waren immer schmutzig, auch wenn sie aus Lagern kamen, in denen sie sich hätten waschen können. Wir mochten nicht, daß sie sich nicht reinlich hielten und daß so viele Kommunisten darunter waren. Einige trugen sogar kommunistische Abzeichen. Warum gingen sie nicht nach Rußland? Dort wären sie glücklicher gewesen. Dann hätten sie feststellen können, was Kommunismus hieß. Es waren nicht alle so, aber einige von ihnen. Ich weigerte mich immer, mit Gefangenen von der Normandie zusammen zur Arbeit eingeteilt zu werden.

Ernst Golgowski
Man liebt den Verrat, aber nicht den Verräter

Ernst Golgowski wurde 1915 im Berliner Arbeiterbezirk Wedding geboren. Als kommunistischer Arbeitersportler leistete er 1933 Widerstand gegen die Nationalsozialisten und wurde deshalb in den 30er Jahren in Zuchthäusern und Konzentrationslagern gefangengehalten. Im Dezember 1942 wurde er zu den »Bewährungseinheiten 999« einberufen, einer Sondereinheit für politisch und herkömmlich Vorbestrafte. Über Belgien, Frankreich und Italien gelangte er nach Tunis, wo er im Mai 1943 zunächst in britische, später in amerikanische Kriegsgefangenschaft geriet. Seine Lagerstationen in den USA waren Camp Gruber (Oklahoma), McCain (Missisippi) und das Anti-Nazi-Camp Fort Devens (Massachussets). Als Antinazi war er anfangs im Lager besonderem Terror der Nazis ausgesetzt, dem er nur durch Glück entgehen konnte. In Fort Devens gehörte er später jenen sozialistischen Kräften an, die bereit waren, mit den USA zu kooperieren. Er besuchte auch Verwaltungslehrgänge der Special Projects Division. Nach seiner Repatriierung kam er wieder nach Berlin, wo er als Sozialdemokrat jahrelang in der Senatsverwaltung tätig war. Seine Beziehungen zu den Amerikanern kamen ihm als »Berlin-Botschafter« in den 60er Jahren nach dem Bau der Mauer zugute, als er zeitweilig auch in den USA arbeitete.

Meine Mutter erhielt einen Standardbrief, daß ich am 7. Mai 1943 bei den schweren Kämpfen in Tunesien verschollen bin. Ich fand mich in Algerien wieder, in einem großen Kriegsgefangenenlager, gefangengenommen durch die 8. englische Armee. Dort sah ich zum ersten Mal wieder politische Freunde aus meiner Kompanie. Auch in diesem großen Lager schämten wir uns des Hakenkreuzes auf unserer Uniform. Wir trennten es ab, übersahen aber, daß der Umriß des Hoheitsadlers auf der ausgeblichenen Uniform sichtbar blieb, und wurden bald als Verräter angesprochen. So wie wir zu unserer Gesinnung standen, hielten genügend andere ihre Nazigesinnung aufrecht. Viele Angehörige des Afrikakorps waren zuvor in der Hitlerjugend gewesen.

Das Lager war recht provisorisch. Die Engländer brachten große runde Behälter mit Wasser, in die sehr viel Chlor gekippt wurde. Jeder konnte daraus trinken. Die Politischen haben zusammengefunden, konnten sich aber nicht gemeinsam mit neuen Ideen auseinandersetzen, denn wir waren ständig *»on the Move«*. Wir wurden dauernd hin und her gebracht, alles änderte sich stündlich. Man war immer nur damit beschäftigt, seine Ernährung sicherzustellen, genügend Wasser zu kriegen, sich vor der Sonne zu schützen, und somit blieb für politische Diskussionen wenig Zeit. Wir wurden schließlich auf LKWs verladen und durch das Atlasgebirge zum Hafen von Algier transportiert.

Golgowski kam über das englische Liverpool mit dem Transportschiff »Normandy« zunächst nach Kanada, wo sie für den Weitertransport neue Uniformen erhielten und die Haare geschoren bekamen.

Die Pullmanwagen setzten sich in Bewegung und fuhren tagelang. Wir sahen Neger an den Seiten, wir sahen Prärie, wir wußten überhaupt nicht mehr, wo wir waren.

Endstation war nach Tagen das Lager Camp Gruber unweit von Oklahoma City. Bis zum Horizont sahen wir nichts, nichts, keine Stadt, nichts. Wir wurden von einem Sergeant aus Chicago locker auf amerikanische Art begrüßt. Dieser Empfang befremdete uns, weil ein deutscher Soldat oder ein Vorgesetzter strammsteht wie eine Eins, er jedoch wie ein Häufchen Unglück wirkte. Dann kam der Pfarrer und erzählte auch noch etwas. Anschließend wurden wir in die Baracken aufgeteilt. Weil man hörte, die gefangenen Engländer in Deutschland seien in Lagern und hätten trotzdem relative Freiheit, da sie bei Bauern arbeiten mußten, hatten wir auch diese Illusion. Dem war aber nicht so. Wir waren die *Supermen*. Wurden wir zur Arbeit gebracht, wurde zuerst ein provisorischer Stacheldrahtreiter aufgestellt, mußten wir zum Beispiel einen Graben ziehen, wurde rechts und links auf der Länge des Grabens Stacheldraht aufgestellt. Wir waren also immer streng hinter Stacheldraht.

Wir Antinazis hielten weiterhin zusammen. Wir waren aus Afrika als 999er deportiert worden und somit auch in Camp Gruber wieder beieinander. Die Amerikaner interessierten sich überhaupt nicht für unsere Überzeugungen. Sie haben die angekommenen Kriegsgefangenen nach streng militärischen Regeln im Lager in drei *Compounds* aufgeteilt. Nachts wurden die einzelnen *Compounds* durch Stacheldraht und Türen wieder verschlossen. Wir Antinazi hatten untereinander Kontakt aufgenommen. Aber wir lernten, daß wir keine größeren Freiheiten erhielten, um etwa anderen Kriegsgefangenen unsere Ideen vermitteln zu können. Wir erwarteten von den Amerikanern keine bevorzugte Behandlung. Sie taten dies auch in keiner Weise. Wir wurden eingeteilt zur Arbeit und ehemalige Wehrmachtsunteroffiziere waren zumindest bis zur Arbeitsstelle unsere Arbeitsführer. Sie behielten weiterhin die Befehlsgewalt über uns, was den Regeln der Genfer Konvention entsprach. Wir mußten lernen, dies zu akzeptieren. Unter Umständen bekamen wir unsere alten Feldwebel, Nazifeldwebel, wieder als Vorgesetzte – in Amerika, dem Land der Freiheit! Das konnten wir schwer begreifen. Wir haben einzelne Versuche unternommen, um bei der Lagerverwaltung eine Änderung zu erreichen.

Uns kam überraschenderweise zugute, daß wir im Zuchthaus die Möglichkeit zu lesen gehabt hatten. Daher sprachen einige von uns ganz gut Englisch. Die Feldwebel beherrschten die Sprache meist überhaupt nicht. Wenn ein amerikanischer Zivilist, der *Supervisor*, dem Feldwebel sagte, was zu tun sei, und dieser den Befehl seinen Soldaten nicht übermitteln konnte, wurde ein Gemeiner geholt, um zu übersetzen. Mitunter wurde ich beauftragt. Ein Übersetzer kann für den, der etwas übersetzt haben will, sehr gefährlich werden. Daß ein Feldwebel und ich an der Spitze des Arbeitskommandos marschierten, wäre in der Wehrmacht völlig undenkbar gewesen. Ich habe die Befehle übersetzt, aber gleichzeitig aufgrund unserer Lagererfahrung dem *Supervisor* mitgeteilt, daß ein Großteil der deutschen Kriegsgefangenen Antinazis seien, die viele Jahre in deutschen Zuchthäusern gesessen hatten und nichts mit dem Nationalsozialismus zu tun haben oder zu tun haben möchten.

Im Lager spitzte sich die politische Situation sehr zu. Im ersten und zweiten *Compound* befanden sich die meisten unserer politischen Freunde. Es waren vielleicht je die Hälfte der Soldaten. In Camp Gruber standen die Baracken wegen des Ungeziefers und der Tiere, die da nachts aufkreuzten, auf Betonpfählen.

Heimlich sprachen viele junge Soldaten uns Antinazis ihre Sympathie aus, wagten aber nicht, dies öffentlich zu bekennen. Zu uns stieß eine große Gruppe Österreicher, die alle früher »heim ins Reich« wollten und nun auf einmal alle Antinazis waren. Uns waren sie willkommen. Je größer die Gruppe, desto besser, weil wir Druck auf die amerikanische Lagerleitung ausüben wollten. Wir waren von Anfang an mit Opportunismus und Doppelzüngigkeit konfrontiert, verständigten uns aber über diesen und jenen. Die Lage spitzte sich zu, als die Nazis von den »deutschen Verrätern«, den »Landesverrätern«, sprachen, sie besonders beflissen gegenüber der vorgesetzten amerikanischen Behörde auftraten und uns auszugrenzen versuchten. Sie hatten die Befehlsgewalt, das bedeutete, daß wir morgens mit Billigung der Lagerleitung antreten mußten, und dann hieß es, Kompanie stillgestanden, Kompanie marsch! Alles Dinge, die wir haßten, gegen die wir aber nichts unternehmen konnten, da alles mit Billigung der amerikanischen Lagerleitung geschah. Es gefiel den amerikanischen Obersten, wenn wir marschierten, und die Deutschen marschierten zackig mit genagelten Sohlen. Wenn wir dagegen protestierten, indem wir einen falschen Marschtritt einlegten, wurden wir von den deutschen Kompaniechefs zurechtgestutzt, und diese bekamen immer von der Lagerleitung recht. Politische wurden dadurch sanktioniert, daß sie von jeder Lagerfunktion ferngehalten wurden. Die Nazis machten die Vorschläge und besetzten die Posten immer mit ihren Vertrauensleuten. Sie brachten uns, wann immer sie konnten, in Mißkredit.

In Camp Gruber hatten wir bereits ausfindig gemacht, daß in einer der Baracken ein Angehöriger der deutschen Militärpolizei oder der militärischen Abwehr saß. Wir kannten den Namen und beobachteten ihn sehr sorgfältig, weil wir wußten, daß er alles tun würde, um die Namen der »Landesverräter« zu ermitteln und uns zu schaden. Unser Vertrauensmann in der Baracke berichtete uns dann, daß dieser Mann mit Geheimtinte in unsere durch die Postzensur laufenden Briefe nach Deutschland Informationen hineinschrieb, um uns zu denunzieren.

Es kam schließlich zu einer heftigen Auseinandersetzung im Lager, als die Nazis versuchten, eine große Schlägerei zu inszenieren. Wir beschlossen, die Lagerleitung nicht zu informieren, weil wir unsere Angelegenheiten nicht vor den Amerikanern ausbreiten wollten, und uns mit den Kopf- und Endteilen unserer *Canvas*-Betten zu bewaffnen, damit wir uns nachts wehren konnten. An sich gewährte die Masse der Menschen einen gewissen Schutz. Man konnte niemanden ohne weiteres verprügeln, da es einfach zu viele Zeugen gab. Schlägereien hätten die Amerikaner im Lager ohnehin nicht geduldet. Unruhe herrschte ganz allgemein im Lager, höchstwahrscheinlich hat die Lagerleitung das nicht bemerkt. Die *Compounds* wurden abends abgeschlossen. Unsere Gruppe machte sich große Sorgen um mich, denn ich war als einziger 999er im dritten *Compound*. Ich hatte einen heimlichen Freundeskreis, der mich häufig auch vor Übergriffen warnte. Dann zog ich mit meinem Bett unter die Baracke und schlief dort. An jenem Abend rotteten sich die Nazis in großen Gruppen zusammen. Es war inzwischen dunkel geworden. Wir konnten abschätzen, daß wir in der Minderheit waren und viel Prügel beziehen würden. Da wir schon erfahren hatten, daß es in anderen Lagern bei politischen Auseinandersetzungen sogar Tote gab, änderten wir sofort unsere Meinung. Es machte keinen Sinn, standhaft zurückzuschlagen, wenn dann Tote zurückblieben. Zwei, drei Leute gingen vor zum Lagertor und trommelten dagegen, um die amerikanische Lagerleitung auf die momentane Situation aufmerksam zu machen. Es dauerte sehr, sehr lange, bis sich irgend jemand meldete. Nach einer gewissen Zeit gingen die Scheinwerfer der das Lager umgebenden Wachtürme an. Da es ganz streng verboten war, sich nachts auf der Lagerstraße aufzuhalten, verstieß allein der Anblick, der sich den Soldaten auf den Wachtürmen bot, gegen die Ordnung. Über Mikrofon wurden alle aufgefordert, sofort in die Baracken zu gehen, oder es würde geschossen. Daraufhin kehrte man in die Baracken zurück. Nach einer gewissen Zeit fuhren zwei Jeeps, die sonst mit einem aufmontierten MG immer das Lager umrundeten, ins Lager. Es wurde nicht geschossen, es kam auch zu keiner Schlägerei mehr. Uns war klar, daß die Situation aufgrund der Majorität der anderen außerordentlich ungünstig für uns war. Wir konzentrierten uns wieder auf die Besprechungen mit den *Supervisoren* auf den Arbeitsstätten. Ich bat meinen *Supervisors* Mr. Kopp, die Presse zu benachrichtigen, weil wir wußten, daß die Öffentlichkeit in den USA einen anderen Einfluß zumindest auf das örtliche Militärleben nehmen konnte als in Deutschland. Wie wir erfuhren, informierte die Oklahoma-Zeitung über die Auseinandersetzungen und darüber, daß viele Lagerinsassen keine Nationalsozialisten waren.

Der Erfolg unserer systematischen Aktivitäten war, daß schließlich alle bedrohten Kriegsgefangenen aus dem Lager abtransportiert wurden. Das war nicht unser Bestreben gewesen, wir wollten keine Privilegien, sondern größeren Schutz, ohne uns den Feldwebeln unterordnen zu müssen. Da wir auf andere Kriegsgefangene Einfluß nehmen wollten, waren wir jedoch für die Lagerleitung »*Trouble-Makers*«. Sie wollten ein ruhiges Lager haben, »im Gleichschritt marsch«, wie es beim Militär üblich ist.

Eines Tages kamen Amerikaner ins Lager mit von uns

erstellten Listen in der Hand, die unser Offizier heimlich ans *Headquarter* geleitet hatte. Sie riefen namentlich alle auf, die in ein anderes Lager gebracht werden sollten, nach Camp McCain. Wir, die 999er Antinazi-Gruppe, waren die ersten Kriegsgefangenen in Camp McCain und wähnten uns schon in einem Antinazi-Lager. Das war zwar befreiend für uns, doch politisch war es ein Rückschlag, denn wir brauchten uns nicht gegenseitig zu bekehren.

Die Unterkünfte waren nicht so gut wie in Oklahoma, doch wir konnten unsere Meinung offen aussprechen, ohne dabei Gefahr zu laufen, nachts verprügelt zu werden, weil wir gegen das Hitlersystem waren. Hier konnten wir unsere Kompanieführer auf demokratische Art wählen und hatten keine Feldwebel mehr als Vorgesetzte. Die Situation verbeserte und stabilisierte sich, auch wenn es nicht ganz im Sinne der Genfer Konvention war, eine Gruppe gleichgesinnter Menschen in ein separates Lager zu überführen. Was die Amerikaner aber von uns hielten, erfuhren wir, als eines Tages eine weitere große Gruppe deutscher Kriegsgefangener in das Lager einmarschierte. Ihr wehrmachtsspezifischer Gleichschritt weckte unseren Argwohn. Wir fanden heraus, daß das Leute waren, die durch die sogenannte »Quetschmühle« gegangen waren. »Quetschmühle« nannte man irgendwelche Institutionen in Washington, in denen man Wehrmachtsangehörige ausfragte, die über ein interessantes Wissen für die amerikanische Aufklärung verfügten. Wir waren zwar gegen Nazi-Deutschland und haben alles dagegen getan, was wir tun konnten, aber wir waren nicht bereit, uns umgekehrt nun völlig willenlos den Amerikanern anzubiedern. Wir haben uns gegen Leute, die man gemeinhin in allen Ländern der Erde als Verräter bezeichnen würde, bewußt abgegrenzt.

Im März 1944 wurden wir nach Fort Devens verlegt. Fort Devens war ein ausgewiesenes Antinazi-Lager. Hier gab es nur 999er und andere Antinazis. Natürlich waren unter den 999ern auch einige Kriminelle, aber auf alle Fälle hatte hier kein Nazi mehr etwas zu sagen.

Wir diskutierten untereinander ohne Hemmungen über die Weiterentwicklung in Deutschland. Die Amerikaner wurden selbst durch einen sogenannten *Education Officer* tätig. Mr. Miller referierte über englische Dichtung, Professor Mommsen über deutsche Geschichte. Demnach nahmen die Amerikaner durchaus offen Partei für uns, blieben nicht mehr völlig neutral, sondern gaben uns Möglichkeiten, unsere Ideen innerhalb des Lagers zu verbreiten. Auf unser Betreiben hin wurde eine Schule eingerichtet, an der sich viele Experten unter uns beteiligten, es wurde eine Theatergruppe gebildet, es gab die Zeitschrift »Der Ruf«, andere Zeitungen, eine große Bibliothek. Der CVJM hat sich nachdrücklich um uns bemüht, durch Literaturnachdrucke in Amerika, die er unentgeltlich in den Lagern verbreitet hat.

Wir mußten auch arbeiten. Zu unserem Entsetzen wurde eine Gruppe auf ein Holzfällerkommando nach Maine abgeschoben. Die Arbeitsbedingungen und Unterkünfte sollen sehr schlecht gewesen sein. Man konnte sich glücklich schätzen, nicht für Maine ausgesucht zu werden.

In Fort Devens waren uns sämtliche Nachrichten zugänglich. Beispielsweise hatte ich die *New York Times* abonniert. Wir hatten *Life*, die *Saturday Evening Post* und mehrere Tageszeitungen in einem Leseraum. Selbstverständlich bezogen wir auch die Wehrmachtberichte. Mit der Zeit kam es zu politischen Auseinandersetzungen zwischen den Antinazis, die sehr unterschiedlicher politischer Herkunft waren: Kommunisten, Sozialdemokraten, Anarchisten, SAP, konfessionelle Gruppen. Wegen der Nachrichten über den sowjetischen Vormarsch und das Verhalten sowjetischer Soldaten in Deutschland gab es zwangsläufig Meinungsverschiedenheiten. Diejenigen, die von Kindesbeinen in kommunistischem Sinne erzogen worden waren, nahmen die sowjetische Armee in Schutz. Sie begannen nun dasselbe Spiel auf ideologischer Ebene, das wir vorher mit den Nazis erlebt hatten. Die Nazis hatten nicht glauben wollen, daß die amerikanische und englische Armee bereits auf Sizilien gelandet und auf dem Vormarsch nach Mitteleuropa war. Die Kommunisten glaubten nicht daran, daß die sowjetische Armee ein zweites Gleis in Deutschland demontierte, daß Frauen vergewaltigt würden, wie die amerikanische Presse berichtete. Die zuvor im Untergrund überbrückten Gräben zwischen Sozialdemokraten und Kommunisten brachen hier wieder mit ziemlicher Heftigkeit auf. Es gab Differenzen über den neuen Weg in Deutschland. Einige rauften sich nach langen Diskussionen in der »Demokratischen Plattform« zusammen. Sie war die logische Konsequenz aus der Einsicht, daß dank der Spaltung der großen Arbeiterparteien sowie vieler anderer Splittergruppen der Faschismus gut gedeihen konnte. Es durfte nach dieser Auffassung nur noch eine große, auf demokratischen Grundsätzen beruhende Arbeiterpartei geben. An der »Demokratischen Plattform« beteiligten sich unsere Betonköpfe, unsere fanatischen Leute leider nicht. Wir bedauerten dies sehr. Als wir das demokratische Forum dort verabschiedet hatten, wurden die Gegensätze im Lager nur noch härter. In Camp Gruber konnten wir noch hören, »komm du mal nach Deutschland zurück, da wirst du aufgehangen«. In Fort Devens konnten wir unter Umständen hören, »komm du mal nach Deutschland zurück, dich werden wir noch kriegen. Du bist ein Verräter an der Arbeiterklasse.« Das tat zur damaligen Zeit sehr, sehr weh.

Nach Kriegsende gewährten die Amerikaner alle politischen Freiheiten im Lager, weil sich die Rahmenbedingungen geändert hatten. Andererseits behandelten sie uns als politische Kriegsgefangene, als Nazis. Am ersten Tag nach Kriegsende haben sie auch uns Antinazis schlagartig anders behandelt. Während wir vorher alles im Überfluß hatten, wurden sie dann mit einem Mal wieder strikter.

Über das Bombardement von Dresden gab es große Diskussionen unter uns. Wir wußten alle, der Nazismus kann nur durch den Krieg besiegt werden. Nicht durch Überredung, nicht durch Diskussion. Ich habe alles getan, im Rahmen meiner Möglichkeiten, um die Nazis zu schädigen oder gegen sie zu arbeiten. Aber wenn Sie im Ausland sitzen und erleben, wie eine deutsche Stadt bombardiert wird – ich denke an Dresden und die Bilder in *Life* –, dann werden Sie mit einem Mal wieder deutsch, dann haben Sie mit einem Mal ein Vaterland. Sie geraten in einen Zwiespalt. Wie soll der Faschismus besiegt werden, wenn nicht durch Krieg? Und nun tut er etwas, dieser furchtbare Krieg, er bombardiert eine Stadt mit furchtbaren Auswirkungen. Sie sind Angehöriger dieser Nation. Ich verhalte mich kooperativ gegenüber den Amerikanern und sehe dann Bilder in *Life*, die dokumentieren, wie eine deutsche Großstadt bis ins einzelne bombardiert wird.

Von Fort Devens kommend, wurden wir in New York nach Europa eingeschifft. Ich wurde Transportleiter auf dem Schiff und kam in das Lager 22/28 bei Brüssel in Belgien. Ein Riesenlager. Hier trafen wir alle Verhältnisse an, die wir in Camp Gruber verlassen hatten. Das von den Engländern kontrollierte Lager stand unter dem Einfluß nationalsozialistischer Unteroffiziere, die die Befehlsgewalt hatten. Für die Engländer zweifellos bequem, sie kümmerten sich nicht um eine *Reeducation* in solchen Lagern. Von hier wollten wir nicht ein weiteres Mal verlegt werden, sondern wir wollten demokratischen Einfluß nehmen. Wir wollten die nazistische Macht, die hier noch durch Feldwebel ausgeübt wurde, brechen.

Erwin Schulz
In der 7. Kompanie befanden sich Nazi-Gegener aller politischen Couleur

Schulz ist über 80 Jahre alt. Der Gewerkschafter und Arbeitersportler war im Widerstand, wurde politisch verfolgt und mußte fünf Jahre in nationalsozialistischen Zuchthäusern zubringen. Als 999er geriet auch er in Nordafrika in US-Gefangenschaft, von wo er über das Lager McCain nach Fort Devens gelangte. Als engagierter Gewerkschafter erregte er Mißfallen bei den US-Behörden und wurde in das Holzfällerlager Camp Stark (New Hampshire) abgeschoben. Seine Repatriierung wurde offenbar bewußt hintertrieben. 1946 nach England überführt, mußte er dort zunächst wieder monatelang ausharren, so daß sein Fall und die Situation einiger anderer Antinazis sogar das Britische Unterhaus beschäftigten. Schulz lebte nach seiner Rückkehr in der DDR.

Schon in Afrika kurz nach der Gefangennahme glaubte der größte Teil der Antinazis: »Jetzt bist du freier, kannst deine Meinung sagen.« Bereits in Bizerta und den verschiedenen Durchgangslagern ergaben sich die ersten Zusammenstöße mit den Nazis, weil wir zum Ausdruck brachten, der Krieg wird verloren. Der muß verlorengehen, denn nur so haben wir eine Chance weiterzuleben. Wir haben natürlich versucht als 999er zusammenzubleiben.

Über Casablanca kamen wir in die USA. Nach einer längeren Eisenbahnfahrt erreichten wir Aliceville in Alabama. Von dort maschierten wir – rechts und links von

US-Soldaten mit schußbereitem Gewehr begleitet – ins Gefangenenlager. Wir, etwa 35 bis 40 Mann, bemühten uns, gemeinsam auf eine Baracke zu kommen. In unserer Gruppe waren welche aus Sachsen, die leben alle nicht mehr. Zu unserer Antinazi-Gruppe gehörten auch einige junge Soldaten aus anderen Einheiten. In mehreren Kompanien befanden sich Antinazis, die in den ersten Tagen ihres Aufenthaltes im Lager untereinander Kontakt aufnahmen. Wir wollten, daß die Gestapoleute und die eingefleischten Nazis nicht in Schlüsselpositionen kamen und aus dem Lager entfernt wurden, damit die Soldaten mit 18, 20, 22 Jahren nicht unter ihrem Einfluß standen. Die Situation im Lager zwischen den Antinazis und den fanatischen Nazis spitzte sich immer mehr zu. Einige von uns haben nachts immer Wache geschoben, damit wir nicht im Schlaf überfallen werden. Der amerikanische Lagerkommandant ordnete an, die deutschen Vorgesetzten zu grüßen. Die nazistischen Offiziere und Unteroffiziere nutzten das aus, um ihren Einfluß auf die einfachen Soldaten zu stärken. Sie rissen alle Schlüsselpositionen an sich. Jeder sträubte sich gegen die Grußpflicht, der glaubte, diesen Barras hinter sich zu haben.

Das Politische und das Militärische kann man schwer voneinander trennen. Unser Bestreben war, diese Offiziere, Feldwebel und Unteroffiziere, die offen als Nazisoldaten auftraten, zu isolieren. Nach ein paar Tagen wurden wir aus dem Lager herausgenommen. Wir kamen in Aliceville in ein anderes, ganz verwildertes Lager und haben uns dort eingerichtet. Es gab einige, die zu uns kamen und sich bedroht fühlten. In dem ganzen Camp waren wir circa 150 Kriegsgefangene. Unter ihnen befanden sich auch einige Kriminelle, die zu den 999ern gehörten. Auch anständige Leute waren dabei. Es gab aber auch solche, die versuchten, durch Denunziation besser wegzukommen. Wir haben uns das Lager so sauber wie möglich eingerichtet. Die Leute haben nicht gearbeitet. Und wenn sie Zeit hatten, dann machte der eine dies, der andere das. In diesem Lager hatten wir eine Wandzeitung, »Die Lupe«, in der wir unsere Erlebnisse in den Konzentrationslagern und Zuchthäusern schilderten.

Nach einiger Zeit wurden wir in das Lager McCain im Staat Mississippi transportiert. Dort trafen wir Kameraden, die in anderen Gefangenenlagern ähnliches erlebt hatten. In McCain wurde ich als Lagersprecher gewählt. Ich bin von den Kameraden wahrscheinlich deshalb vorgeschlagen worden, weil ich nicht parteipolitisch gebunden war und mich immer für andere eingesetzt hatte. Dem Lagerkommandanten trug ich in verschiedenen Schreiben und Verhandlungen unsere Wünsche nach Büchern, Musikinstrumenten und nach Möglichkeiten kultureller und sportlicher Betätigung vor. Aus anderen Kriegsgefangenenlagern kamen immer wieder neue Zugänge. Diese erzählten uns, welche Vergünstigungen sie dort bereits hatten. Hier hatten sie den Eindruck, sie befänden sich in einem Straflager.

Die Antinazis betrachteten die Alliierten als ihre Verbündeten im Kampf gegen Hitler. Sie hatten kein Interesse, den Amerikanern Schwierigkeiten zu machen. Sie sträubten sich nicht gegen Arbeiten. Sie haben sich natürlich gegen Diffamierungen und gegen Gleichstellung mit den Faschisten gewehrt.

Im Lager führten wir eine Sammlung durch, mit der wir als *»War Bonds«* die Alliierten im Kampf gegen das nazistische Deutschland unterstützen wollten. Damit wollten wir dokumentieren, daß nicht alle Deutschen Nazis sind. Der Kommandant des Lagers, Oberst Grier, lehnte die Spende als Einmischung in die inneramerikanischen Angelegenheiten ab.

In unser Lager sind auch Offiziere gekommen, die sich bei der Vernehmung der Amerikaner als Antinazis ausgegeben hatten. Als sie mit den Hoheitsabzeichen im Lager erschienen – wir hatten ja keine Hoheitsabzeichen mehr an den Uniformen, sofern wir die überhaupt noch hatten –, reagierten einige Kameraden skeptisch: »Was wollen die Nazis hier?« Als Lagersprecher hatte ich ihnen gesagt, wie sich das Lager zusammensetzt. Wir sind Antinazis, Hitlergegner – es sei nicht erwünscht, stoße auch auf Widerspruch, wenn sie ihre Auszeichnungen und Hoheitsabzeichen hier trügen. Kurz und gut: Sie haben sie abgetrennt. Später kamen wieder Offiziere und sagten: »Was, ihr habt euch von denen unter Druck setzen lassen?« Nun nähten sie die Hoheitsabzeichen mit dem Hakenkreuz wieder an ihre Uniformen. Wir haben von den Offizieren damals keine große Meinung gehabt.

Es gab bestimmte Vorfälle, die ganz charakteristisch für die Haltung der amerikanischen Lagerleitung waren. Wir hatten eine Wandzeitung, da wir über keine anderen Publikationsmöglichkeiten verfügten. Auf dieser Wandzeitung war u.a. ein Artikel über Buchenwald angebracht. In ihm berichtete Fritz Liebscher, ein Kamerad aus dem Sächsischen, der in diesem KZ war, über die Mißhandlungen und Schrecken im Lager. Ein junger Soldat, der dies las, äußerte sinngemäß: »Dessen Frau und Kinder hätte man auch vergasen müssen!« Liebscher, der zufällig daneben stand, hat dem natürlich rechts und links ein paar Ohrfeigen verpaßt. Der Soldat ist weggerannt und schrie, er würde bedroht. Darauf wurde Liebscher zum Tor gerufen und mußte zur Strafe mit der

Mütze in der Hand zwischen den Zäunen unter Bewachung in der sengenden Mittagssonne stehen. Als die einrückenden Arbeitskommandos ihn sahen, haben sie gesagt: »Wir gehen nicht mehr zur Arbeit, ehe diese Sachen geregelt werden und der Fritz nicht mehr in der prallen Sonne stehen muß. Das ist ja wie im KZ.« Natürlich wird schnell mal was überspitzt. Als Lagersprecher führte ich die schwierigen Verhandlungen zur Lösung dieses Konflikts. Interessant ist, daß nach Kriegsende sich alle Kriegsgefangenen die Schreckensbilder von Buchenwald mit den Leichenbergen, die amerikanische Kriegsberichterstatter aufgenommen hatten, ansehen mußten.

Infolge dieser Ereignisse bin ich später abgesetzt worden, da man in mir einen *Trouble-Maker* sah. Von den Kameraden der 7. Kompanie wurde ich unter Aufsicht eines amerikanischen Offiziers trotzdem als Kompaniesprecher bestätigt. Mir wurde verboten, über die Lagerstraße in andere Kompaniebereiche zu gehen. Wir haben das umgehen können. Die Kameraden beauftragten mich, die Zeitungen an die einzelnen Kompanien zu verteilen, eine deutsche Zeitung »New Yorker Staatszeitung und Herold«. Die haben gesagt, »Erwin, du verteilst die Zeitung. Und wenn irgendwas ist: Wir haben dich eingesetzt. Wir brauchen ja einen, der die Zeitungen austrägt.« Ich fühlte mich sozusagen wie ein Betriebsrat im Betrieb als Vertreter der Gefangenen. Wenn irgendwelche Differenzen waren, hast du dich vorgemeldet und hast Beanstandungen, Beschwerden oder Wünsche zum Ausdruck gebracht: »Können wir nicht Musikinstrumente bekommen? Können wir nicht Bücher bekommen?« Die Kameraden hatten den Eindruck, sie befänden sich in einem Straflager, hier würden sie abgeschoben, während es woanders bereits Sportgeräte und Bücher, Kantine und so etwas gab. Es ging alles langsamer. In dieser Beziehung brachte man ja zum Ausdruck, daß man das als Straf- oder Experimentierlager sah. Ich kam mit denen aus der 7. Kompanie in das Nebenlager oder Neben-*Compound* von McCain. Wir waren isoliert von den anderen. An der Verpflegung war überhaupt nichts auszusetzen in der Zeit. Das hat sich erst nach dem 8. Mai geändert. Aber selbst wer sein Recht nach der Genfer Konvention forderte, galt nachher als *Trouble-Maker.*

Kritisch sahen wir die Verhältnisse in Alabama und Mississippi, einem Gebiet, in dem der Rassismus auch in der Armee sehr hervorstach. Die Schwarzen waren *Ash and Trash*. Denen ging es nicht viel besser als uns. Sie waren bloß vor dem Draht, und wir waren hinterm Draht.

Die 7. Kompanie ist aus dem Lager in McCain ins bloß durch einen Drahtzaun getrennte Nebenlager in einen leeren *Compound* gekommen. Im wesentlichen traten die 999er als Antifaschisten auf, um gemeinsam erstmal ihr Leben als Kriegsgefangene durchzustehen und eine gemeinsame Haltung gegenüber der Lagerleitung zu bewahren. In der 7. Kompanie befanden sich Nazi-Gegner aller politischen Couleur. Sozialdemokraten, Kommunisten, SAP-Leute, manche, die politisch überhaupt nicht organisiert waren, natürlich auch radikale Leute. Jeder Kontakt zu ihren Kameraden im Lager wurde von amerikanischer Seite unterbunden. Wir waren nur durch einen Drahtzaun getrennt. In anderen Kriegsgefangenenlagern konnten sich die Gefangenen der anderen *Compounds* gegenseitig besuchen.

Es kamen immer wieder Leute aus anderen Lagern hinzu, die Differenzen mit den Nazis gehabt hatten, dort bedroht worden waren. Ich habe später erfahren, daß Heinz Listemann, später Kompanieführer in Camp Stark, Sozialdemokrat oder bei den Jungsozialisten gewesen war. Jedenfalls ist eine Klassifizierung als Kommunist oder *Trouble-Maker* ganz willkürlich vorgenommen worden. In meinen Akten waren globale Bezeichnungen wie »fanatischer Kommunist«, »*trouble maker*«, Unruhestifter usw. vermerkt. Das habe ich erst später in England erfahren. Meine späte Heimkehr nach Deutschland hängt auch sicher damit zusammen.

Wie die meisten 999er kam auch Schulz nach Fort Devens, wo sich demokratische Strukturen – etwa am Beispiel der Lagersprecherwahlen – viel stärker als anderswo herausbilden konnten.

In Fort Devens ist dann von den einzelnen Gruppen, die aus verschiedenen Lagern kamen, der Vorschlag gekommen, Herbert Tulatz zu wählen. Das war eine Übereinkunft der Antinazigruppen. Man hatte zu den Besprechungen die Kompaniesprecher, die Vertrauensleute in den Kompanien waren, herangezogen. Die haben sich dann auf Herbert Tulatz geeinigt. Der wurde auch gewählt.

Schon bald wurde die 7. Kompanie von Fort Devens nach Camp Stark im Staat New Hampshire verlegt, ein Lager fern in der Wildnis, in der Nähe eines Wildbachs. Wir waren 200 bis 250 Mann. Es muß im Mai 1945 gewesen sein. Es lag noch Schnee; denn wir sind mit Schneereifen in den Wald zum Holzfällen gelaufen. Wir fällten Bäume entsprechend unseren Möglichkeiten. Das Leben unter den Bedingungen der Kriegsgefangenschaft war erträglich. Am Wildbach hatten wir eine Badestelle gebaut, wo wir außerhalb des Lagers unter Bewachung baden konnten. Wir haben uns so eingerichtet: »Na, wir werden jetzt hier eine Weile zusammen leben, da der Krieg ja noch eine Weile dauert.«

Das verschärfte sich erst in dem Moment, als ein neuer Kommandant, ein ehemaliger Pole, eingesetzt wurde und festsetzte, wieviel Klafter Holz jeder täglich schlagen mußte. Es wurde schließlich unsere Arbeitszeit verlängert. Die Anfahrt zur Arbeitsstelle sowie die Rückkehr ins Lager zählten dann nicht mehr zur festgesetzten Arbeitszeit. Man hätte mit den Kriegsgefangenen im Lager die Arbeitsproduktivität auf einer ganz anderen Basis erhöhen können, nicht durch Zwang. In Stark waren zum großen Teil kommunistisch oder sozialdemokratisch eingestellte Gefangene – also ein Schnitt durch die Arbeiterbewegung –, auch Gewerkschafter und welche, die sich parteipolitisch nicht gebunden fühlten. Einen Sack voll Kriminelle hatten wir auch.

Nachdem wir von der Ermordung Ernst Thälmanns erfahren hatten, führten wir im Lager eine Gedenkveranstaltung durch. Einer, der Thälmann persönlich kannte, hielt die Trauerrede. Wir sangen »Brüder zur Sonne zur Freiheit!«. Ernst Thälmann ist ja bekannt gewesen, bei allen, die irgendwie mal politisch gewirkt haben, und die Antinazis kannten ihn auch. Als wir aus der amerikanischen Presse erfahren hatten, daß Rudolf Breitscheid umgekommen war, gedachten wir auch seinem Tode. Die Amerikaner deuteten diese Zusammenkunft falsch und dachten an eine Meuterei.

Die Hafterfahrung hat natürlich Einfluß auf die Kriegsgefangenschaft gehabt. Man war gegen die Militärs sehr mißtrauisch, hatte immer das Gefühl, den Feind oder den Gegner als Vorgesetzten zu haben. Wir waren natürlich durch diese Zuchthauszeit vorsichtig. In amerikanischer Kriegsgefangenschaft versuchten wir, auf nicht genehmigtem Weg Informationen nach außen zu bringen. So ist dem *German American* manches zugestellt worden, eine Darstellung der Verhältnisse im Lager über die Verfolgung von Antifaschisten in amerikanischen Kriegsgefangenenlagern etwa. Diese Dinge sind alle erst viel später – etwa durch Vicki Baum – der amerikanischen Öffentlichkeit bekannt geworden.

In einem gemeinsamen Friedensaufruf Anfang 1945 wandten sich die Kriegsgefangenen von Fort Devens an das Deutsche Volk, den Krieg sofort zu beenden. Später führten wir eine Sammlung für notleidende Kinder durch, die dem Roten Kreuz übergeben wurde. Wir stellten eine Liste der ehemaligen politischen Gefangenen zusammen – wir sind über 300 gewesen, 1 000 Jahre in Haft –, die als Unterlage für die Forderung unserer frühzeitigen Rückführung nach Deutschland dienen sollte.

Nachdem der Kamerad Tulatz mit einer Gruppe Antinazis in ein anderes Lager kam, wurde ein neuer Lagersprecher gewählt. Wir hatten ein Flugblatt angefertigt, auf dem wir Erwin Welke zur Wahl vorschlugen. Weil ich keine Genehmigung dafür hatte, sollte ich vom Lagerkommandanten dafür bestraft werden. Ich wurde schließlich gedrängt, für den anderen Kandidaten auch ein Flugblatt herauszugeben, was ich mit dem Argument ablehnte, »Roosevelt und die Demokraten machen auch keine Wahlpropaganda für die Republikaner und umgekehrt auch nicht«.

Es gab Auseinandersetzungen zum Potsdamer Vertrag, Auseinandersetzungen über die Abtretung von Ostpreußen und Schlesien, weil viele aus diesen Gebieten stammten. Es gab welche, die das akzeptierten als Ergebnis des verbrecherischen Hitlerkrieges, und andere, die sagten, das sei ungerecht. In der ganzen Zeit war aber der Wunsch vorherrschend, nach Hause zu kommen. Schließlich gab es auch Bestrebungen, eine Aufspaltung der Arbeiterbewegung zu verhindern.

In der Zeitung *German American* forderten Amerikaner von Washington: »Schickt die Antinazis nach Hause!« Es gab andererseits Telegramme vom Komitee »Freies Deutschland« in Mexiko, in denen sich das Komitee an die US-Regierung wandte. Sie verfügten ja auch über diese Liste der Kriegsgefangenen in Fort Devens. Die hatten wir ihnen zugestellt, weil sie Erfahrungen hatten, daß welche manchmal irgendwo spurlos verschwanden. Wir hatten, wenn wir auf Transport gingen, immer eine Liste. Als wir, die wir noch zusammen waren, im Frühjahr 1946 nach Belgien kamen, hatte jeder eine Namensliste von allen. Wenn er nach Hause kommt, sollte er das irgendwie weitergeben an Komitees. In Belgien in britischer Kriegsgefangenschaft wandten wir uns an Atlee, Bevan, Zilliacus und an Jenny Lee, die uns aus der englischen Labour-Bewegung bekannt waren, mit der Bitte um Entlassung der Antinazis. Im Unterhaus erfolgte zu diesem Thema eine Anfrage. Darauf kamen wir, inzwischen in London angekommen, jeder in ein anderes Kriegsgefangenenlager. Ich bin in Shelby in Yorkshire gelandet. Dort war keiner mehr von den 999ern. Ich habe mich immer wieder vorgemeldet beim Intelligenz-Offizier, forderte meine Entlassung und habe denen natürlich bekannt gemacht, wer ich war. Der Intelligenz-Offizier in Shelby stand kurz vor seiner Demobilisierung, ein Wiener Jude, der später nach Algier gegangen ist. Der hat mich in seine Schreibstube gesetzt. Er fragte: »Kannst du Schreibmaschine?« So durfte ich die Speisekarten fürs Offizierskasino schreiben. Mit mir war ein Engländer, ein Wehrdienstverweigerer, der es ablehnte, mit der Waffe zu kämpfen. Das bißchen Englisch, das ich und das bißchen Deutsch, das er konnte. Wir haben uns gut verständigt.

Ich bekam Bücher von Walter Janka vom Komitee

»Freies Deutschland« in Mexiko geschickt, u. a. »Sein oder Nichtsein« von Paul Merker, »Das siebte Kreuz« von Anna Seghers. Die Bücher wurden Tag und Nacht gelesen. Es waren ja zumeist jüngere Soldaten im Lager, die diese Schriftsteller nicht kannten. Es gab natürlich auch viele Diskussionen darüber.

Über das Munsterlager, in dem die alten Nazis, jetzt als gute Deutsche, noch immer ihre Macht ausübten, wurde ich im Oktober 1946 nach Berlin entlassen.

Hans K. Schuster

Nachts wurde ich von einem vermummten Schlägerkommando mißhandelt

Hans K. Schuster lebt als Rentner in seiner Heimatstadt Würzburg. Den fast 80jährigen erfüllen die Erinnerungen an die amerikanische Kriegsgefangenschaft mit Schmerz, aber auch mit Dankbarkeit. Der Jurastudent und Offizier aus katholischem Elternhaus, der während des Zweiten Weltkrieges seine Examina absolvierte, wurde 1938 wegen einer negativen Äußerung über eventuelle Kriegsaussichten aus der Liste der Reserveoffiziersanwärter gestrichen. Er hatte in Polen und der Sowjetunion gekämpft, bis er nach Landung der Alliierten in Nordafrika zum Einsatz kam. Als Zugführer und später als Batteriechef leitete der junge Leutnant in Tunesien einen Trupp mit ausländischen Zwangsrekrutierten. Am 8. Mai 1943 nahe Mateur war für ihn der Krieg durch die Gefangennahme in US-Gewahrsam zu Ende. Bis heute hat der pensionierte Postbeamte sich seine damals entstandene Vorliebe für Fremdsprachen und internationale Kontakte erhalten.

Als wir in Boston ausgeschifft wurden, blühten hier noch die Kastanienbäume. Nach Entlausen und Fassen neuer Wäsche kam ich zu einem Offizierstransport. Beim Passieren von Chicago mußten die Vorhänge geschlossen werden. Über Des Moines, Iowa, und Omaha, Nebraska, ging die Fahrt weiter über Denver nach Trinidad, Colorado, nahe der Grenze von New Mexico. Das Lager befand sich in baumloser etwa 1000 Meter hoher Prärie mit gelegentlichen Staubstürmen. Im Westen erhoben sich die Rocky Mountains mit Bergen bis 4 000 Meter Höhe. Im Lager gab es *Chipmonks*, Erdhörnchen, und *Rattlesnakes*, Klapperschlangen. Die Lagerleitung wurde in die Hände von deutschen Stabsoffizieren gelegt. Die Schlüsselpositionen bezogen dem NS-Regime besonders ergebene Offiziere. Wegen meiner angeblichen vorzeitigen Kapitulation in Tunesien wurde gegen mich ein Femegerichtsverfahren eröffnet. Ich gab meine Sachdarstellung und verwies auf die blutigen Verluste meiner Einheit vor der Kapitulation und auf die Tatsache, daß der Offizier, der mich ablösen wollte, vorher seine Geschütze gesprengt hatte und keinen Übernahmeauftrag nachweisen konnte. Das Verfahren wurde bis nach dem Siege eingestellt. Während der Nacht wurde ich von einem vermummten Schlägerkommando so mißhandelt, daß ich tagelang an meinem Körper Blutergüsse hatte. Bei einem Appell wurde mir untersagt, an Lehrgängen jedweder Art teilzunehmen. Nach einigen Tagen kam jedoch der Lagerleiter des Spanischlehrgangs, ein aus Buenos Aires stammender auslandsdeutscher Luftwaffenoffizier, und erklärte, er wolle sich nicht an diesen Befehl halten. Ich könne aufgrund eines einstimmigen Beschlusses der Lehrgangsteilnehmer wieder am Lehrgang teilnehmen. Ehe ich von diesem anständigen Angebot Gebrauch machen konnte, wurde ich während der Nacht von amerikanischen Bewachungssoldaten zusammen mit einigen anderen Offizieren abgeholt und in ein Verhörlager östlich von San Francisco verbracht. Von meinem Femeverfahren hatte die amerikanische Lagerleitung durch den Sonderführer Ballogh Kenntnis erhalten, der im Lager ebenfalls durch eine vermummte Meute verprügelt worden war. Ballogh war Wiener und ein Gegner des Anschlusses Österreichs an das Dritte Reich. Er war nach meiner Erinnerung auch dafür verantwortlich, daß Wilhelm Dörr, ebenfalls ein Sonderführer, mit ins Verhörlager kam. Mit Dörr, den ich bereits auf dem Transport nach Trinidad kennengelernt hatte, blieb ich seitdem bis zum deutschen Entlassungslager fest verbunden. Wir absolvierten alle Stationen gemeinsam. Ein anderer Weggefährte war mein Stubenkamerad von Trinidad, Leutnant Gerhard Weiß, der nach unserer Verhörlagerzeit mit Oberleutnant von Goertzke wieder zu uns stieß. Goertzke wurde in der Folge unser Lagersprecher. Sein engster Berater war jedoch stets Dörr. Rückblickend muß ich feststellen, daß dieses Führungsteam, von Goertzke, Dörr und Weiß, eine glückliche Hand bei der Aufrechterhaltung der inneren Ordnung einer oft heterogenen Gruppe zeigte und daß es ihm gelang, eingeschleuste NS-Spitzel zu eliminieren. Ich denke gerne an unsere Zeit – Oktober 1943 bis Mai 1944 – in Camp McCain, Mississippi, zurück. Hier war Oberst Grier aus dem Staate Wyoming Lagerkommandant, der viel Verständnis für uns aufbrachte. Er nahm sogar gelegentlich an unserem Mittagessen teil. Seine Lageroffiziere *1st Lieutenant* Taylor und *1st Lieutenant* Wragland gaben uns Unterricht über Amerikakunde und amerikanische Geschichte. Taylor war im Zivilberuf Schulrat in Birmingham, Alabama, und Wragland Professor für Forstwissenschaft an der *State University of Jackson*, Mississippi.

Nach Camp Ruston, Louisiana, wurden wir verlegt, weil offenbar über das Anti-Nazi-Lager Camp McCain Kunde nach Deutschland gelangt war. In Ruston bestand kein guter Kontakt mit der amerikanischen Lagerleitung. Nur *Mayor* Dvorovy, einem *Chaplain* evangelisch-lutherischer Konfession slowakischer Abstammung, hielt den Kontakt zu unserer Gruppe aufrecht. Ihm verdankten wir zum Beispiel die tägliche Lektüre der *New York*

Times und gelegentlich der Zeitschriften *Foreign Affairs* und *Harper's Magazine*. Kurz nach der alliierten Landung in der Normandie kamen einige Dutzend russischer Offiziere der Wlassow-Armee in unser Lager. In unserem *Compound* wurden jetzt besondere Baracken für Österreicher und Jugoslawen eingerichtet. Unter letzteren gab es laufend Streit zwischen Tschetniks und Sympathisanten von Tito. Zu den Offizieren der Wlassow-Armee unterhielten wir gute Kontakte. Ein Hauptmann, Sergej Pemanienko, gab uns Unterricht in russischer Sprache. Er war Germanist an einer sibirischen Hochschule und Sohn eines Koltschak-Offiziers. Diese Russen, einschließlich der unter ihnen befindlichen Grusinier und Armenier, zeigten zumeist ein beachtliches kulturelles Niveau. Sie sollen nach unserer Versetzung aus dem Lager an den russischen Militärattaché ausgeliefert worden sein.

Im Lager trafen laufend kleinere Gruppen von Gesinnungsgenossen ein, die entweder in Nazi-Offizierslagern Schwierigkeiten hatten, oder solche, die auf den italienischen oder französischen Kriegsschauplätzen gefangengenommen worden waren. Am 2. Dezember 1944 wurden wir in das Lager Van Etten, New York, ein ehemaliges *Summer Camp* der *Cornell University of Ithaka*, verlegt. In Ruston hatten wir noch Temperaturen von 20 Grad Celsius plus, während hier in den *Alleghenies* unweit der kanadischen Grenze Kältegrade bis zu minus 40 Grad herrschten. Die als Sommerlager eingerichteten Baracken hatten zwar Eisenöfen, es war aber trotzdem empfindlich kalt. Unsere Bewacher hatten Mühe, den Nachschub aufrechtzuerhalten. Wir waren laufend mit Schneeräumen beschäftigt.

Hier wurde die zentrale Kriegsgefangenenzeitung »Der Ruf« vorbereitet. Ich verfaßte für die ersten Nummern dieser Zeitung neun Aufsätze. Drei von ihnen wurden nicht nur im »Ruf«, sondern mit Genehmigung des *War Department* auch in den deutschsprachigen Zeitungen »New Yorker Volkszeitung« und »New Yorker Staatszeitung und Herold« veröffentlicht. Zwar wurden vom *War Department* für den »Ruf« Richtlinien herausgegeben, Verlag und Redaktion aber lagen in deutschen Händen. Chefredakteur war Gustav René Hocke, ein in Rom gefangener Zivilinternierter. *Chief Manager* war in der Anfangsphase Curt Vinz, der in Paris als Wehrmachtsoffizier in Gefangenschaft gekommen war. Er stammte aus einer jahrhundertealten Dresdner Verlegerfamilie. Am 1. März 1945 wurden wir von Camp Van Etten nach Fort Kearney, Rhode Island, verlegt, einem aus dem Unabhängigkeitskrieg stammenden US-Fort an der Narranganset Bay. Hier fand im Rahmen eines *Special Project* der erste Rückerziehungslehrgang für deutsche Kriegsgefangene statt. Gegen die Bezeichnung »Rückerziehung« machten einige von uns Bedenken geltend, da sich viele von uns der Weimarer Republik verpflichtet fühlten. Wissenschaftlicher Leiter des ersten Lehrgangs war Howard Mumford Jones, Professor für amerikanische Kulturgeschichte an der *Harvard University*. Ich war zusammen mit meinen alten Weggefährten von Goertzke, Dr. Dörr, Otto Schmitt und Felix Müller Teilnehmer dieses ersten Lehrgangs. Als Dozenten waren unter anderen eingesetzt die Emigranten Dr. Ehrmann von einem New Yorker *College* und Professor Vietor, Germanist von der *Harvard University*, früher Universität Marburg. Der Lehrgang dauerte etwa zwei Monate. Beim Abschluß erhielten wir aus den Händen von Howard Mumford Jones *Certificates of Reeducation*. Am 14. Juli 1945 wurden die Lehrgangsteilnehmer mit dem Ziel der Entlassung in Boston nach Frankreich eingeschifft. Professor Jones nahm an Bord des Transportschiffes von uns Abschied. Als ich im Jahre 1980 im Wochenmagazin *TIME* vom Tode von Professor Jones las, sandte ich als Abonnent der Zeitschrift einen Leserbrief an die *TIME*, der in der Folgenummer veröffentlicht wurde. Ich brachte hierin den Dank der ehemaligen Kriegsgefangenen für diesen edlen Gelehrten und Menschenfreund zum Ausdruck.

Auf dem Transportschiff wurden wir vom Bewachungspersonal schlecht behandelt. Dies ist insoweit verständlich, weil um jene Zeit Berichte über die Greueltaten des NS-Regimes die Medien beherrschten und unser Bewachungspersonal noch kurz vorher auf dem pazifischen Kriegsschauplatz eingesetzt war. In einem Lager bei Cherbourg in unmittelbarer Nachbarschaft von *Chateau Tocqueville* verbrachten wir noch sieben Wochen bis zur Zusammenstellung der Entlassungstransporte.

Die Verletzung

Die Herausforderung, mit der bedrückenden Erfahrung der Gefangenschaft fertig zu werden, betraf einen jeden Gefangenen. Als normaler und gesunder Mensch ist man gewohnt, stets die Kontrolle über sein Leben zu bewahren. Wie würde der einzelne reagieren, wenn er diese Kontrolle verlöre und einer ungewissen Zukunft entgegensähe? Viele Gefangene versuchten die endlosen Stunden mit Freizeitaktivitäten zu vertreiben: Theater-, Schach- oder Kartenspiel, Musizieren, Lesen, Sport, Malerei, Studieren, ja auch mit Tagträumen und meist endlosen Gesprächen mit guten Freunden. Andere waren zu deprimiert, um überhaupt etwas auf die Beine zu stellen. Manche lagen nur auf ihren Pritschen und entzogen sich dem Gespräch, wollten nicht einmal essen. Wieder andere mußten gewaltsam daran gehindert werden, den Lagerzaun zu stürmen, um sich das Leben zu nehmen. Schließlich gab es immer wieder Fluchtversuche und abenteuerliche Planspiele, um den Kriegsgegner an der Nase herumzuführen.

Erfolgreiche Fluchtversuche haben in der Popularkultur reichlicher Niederschlag gefunden als gerechtfertigt ist. Filme wie *Von Ryans Express*, *Stalag 17*, *Bridge on the River Kwai* und *The Great Escape* – vielen auch in Deutschland bekannt – verklärten Fluchtversuche von Alliierten, zumal sie diese als selbstverständlich meist erfolgreich darstellen. In Wirklichkeit waren Ausbruchsversuche jedoch eher die Ausnahme. David Westheimer,

Autor des Romans *Von Ryans Express* und selbst Kriegsgefangener, kam niemals auf den Gedanken zu fliehen: »Ich habe es nicht einmal in Betracht gezogen ... Ich fand die Hindernisse wenig ermutigend. Ich wußte nicht, wo ich war, nur daß ich tief im Innern des Feindeslandes war, wußte ich. Ich fand keine Untergrundbewegung, die mir half. Es war zu kalt, um sich auf längere Zeit im Freien aufzuhalten, ich hatte die falsche Uniform, und mit meinem Deutsch konnte ich niemanden hinters Licht führen. Das wichtigste war aber vermutlich, daß ich im Falle meiner todsicheren Gefangennahme alles Essen und die Kleidung einbüßen würde, die ich so mühselig in den langen Monaten angesammelt hatte«.

Deutschen Kriegsgefangenen ging es in vielerlei Hinsicht nicht anders. Weniger als ein Prozent konnte entweichen – nach offiziellen amerikanischen Statistiken wurden 56 Deutsche bei Fluchtversuchen erschossen. Selten waren dies ernstgemeinte Versuche, nach Deutschland zurückzukehren, und nur eine Handvoll war wirklich erfolgreich. Die Entfernungen waren einfach viel zu groß, und die Bedingungen außerhalb der Lager bisweilen nicht ungefährlich. Wie Westheimer zog es die Mehrzahl der Deutschen vor, ihre Zeit im Lager abzuwarten. Was aber mit denen, die diese ernsthaften und erfolgreichen Fluchtversuche unternahmen? Was motiviert einen Mann dazu, Unwägbarkeiten zu trotzen? Diese Frage wird in verschiedenen Passagen der nachfolgenden Erinnerungen zu beantworten versucht.

Während eines Krieges geschieht es immer wieder, daß einzelne Personen durch die Gewahrsamsmacht herausgegriffen und besonders schlecht und grausam behandelt werden. Unter den amerikanischen Kriegsgefangenen, die es besonders hart traf, waren eine Anzahl jüdischer Soldaten, einige unverbesserliche *Trouble-Maker* und solche Soldaten, die von der Wehrmacht oder anderen Behörden des NS-Staates als Agenten oder Spione angesehen wurden. Diese Gefangenen wurden in spezielle Lager verschleppt, von denen eines in Berga an der Elster war, wo augenscheinlich ein größeres Kontingent jüdischer amerikanischer Kriegsgefangener untergebracht wurde.

Es ist schwer, wenn nicht unmöglich, vorauszusagen, welcher Persönlichkeitstyp den Unbilden der Gefangenschaft am besten widersteht. Die US-Psychiaterin Judith Herman stellte in einer Untersuchung über die Überlebenden extremer Gewalt folgende Überlegungen an: »Die Fähigkeit, soziale Kontakte selbst angesichts des Äußersten aufrechtzuerhalten«, schreibt sie in *Trauma and Recovery*, »scheint Menschen in einem gewissen Maße vor dem späteren Auftreten posttraumatischer Belastungsstörungen zu schützen. Unter den Überlebenden eines Seeunglücks beispielsweise zeigten diejenigen, die sich durch die gemeinsame Anstrengung mit anderen hatten retten können, relativ geringe Anzeichen posttraumatischer Störungen.« Herman schließt daraus, daß diejenigen, die sich in spontane isolierte Aktionen stürzten und nicht den anderen anschlossen – also die *Rambo*-Typen –, viel eher die entsprechenden Symptome aufwiesen. Dies war auch bei der Mehrzahl der Kriegsgefangenen der Fall, denen es zweifellos besser ging, wenn sie Freunde und irgendeine Unterstützung hatten. Doch unter solch extremen Verhältnissen erlitten selbst viele dieser Personen fürchterlichen Streß, und der Kampf, dagegen anzukommen, war oftmals mit dem Ende der Gefangenschaft nicht beendet.

In den 80er Jahren wurde das Posttraumatische Belastungssyndrom zu einer verbreiteten Diagnose bei betroffenen Vietnam-Veteranen. Jüngere Studien belegen nunmehr, daß wenigstens ein Viertel der alliierten Kriegsgefangenen des Zweiten Weltkrieges ihrerseits eine Reihe mentaler und physischer Schäden davontrug. Eine Studie über deutsche Kriegsveteranen würde vermutlich zu ähnlichen Ergebnissen führen. Niemand erkannte solche Symptome unmittelbar nach dem Krieg. Die Männer litten leise vor sich hin, ohne zu wissen, warum bestimmte alltägliche Situationen sie so traumatisch bedrängten. Viele ehemalige Kriegsgefangene – dies gilt zumindest für die USA – treten erst seit jüngerer Zeit an die Öffentlichkeit, vielleicht, da sie durch ihre Pensionierung die durchstrukturierte Alltagsroutine verloren haben, oder auch, weil ihre Landsleute in bezug auf solche Leiden ihre Vorurteile abgelegt haben.

Joseph R. Beyrle
Eine Art Depression überkam mich nach der ersten Woche

Sergeant Joe Beyrles außergewöhnliche Kriegserlebnisse werden die Glaubwürdigkeit des Erzählers auf die Probe stellen. Er war einer der 2094 Fallschirmjäger der 101. Luftlandedivision, der »Screaming Eagles«, die in den frühen Morgenstunden des ersten Invasionstages hinter der Omaha Beach absprangen. Zwölf Stunden danach wurde er gefangengenommen, und später war er bei dem berüchtigten Marsch amerikanischer Gefangener durch die Straßen von Paris dabei. Er wurde bei den Verhören schwer geschlagen, verlor als Gefangener sechzig Pfund Gewicht und versuchte dreimal zu entfliehen. Beim dritten Mal gelang es ihm, und er schloß sich den vordringenden russischen Truppen an, mit denen er in der Schlacht um Berlin kämpfte, wo er auch verwundet wurde. 1979 ehrte ihn die Sowjetunion für seinen heldenhaften Einsatz. Präsident Jelzin zollte Beyrle ebenfalls Anerkennung auf einer Feier im Rosengarten des Weißen Hauses bei seinem Staatsbesuch in Washington, D.C., und lud ihn im folgenden Jahr zur russischen Siegesfeier nach Moskau ein.

Beyrle ist überzeugt, daß die harte Fallschirmjägerausbildung ihm geholfen hat, den Schock der Gefangennahme und die Strapazen der Gefangenschaft zu überstehen.

Ich hatte keine Ahnung, was es bedeutete, Fallschirmjäger zu sein. Ich wußte, es waren Elitetruppen. Ich hatte über die deutschen Fallschirmjäger gelesen, und mir war bekannt, daß Max Schmeling Fallschirmjäger war. Ich hatte auch Wochenschauaufnahmen gesehen, die zeigten, wie die deutschen Fallschirmjäger in Holland und Kreta eingefallen waren. Doch ich hatte keine Vorstellung davon, wie es sein würde, zum Kampfeinsatz aus einem Flugzeug zu springen. Als wir die Sprungausbildung beendet hatten, waren wir so gut trainiert und so hoch motiviert, daß wir auch ohne Fallschirm aus der Maschine gesprungen wären. Ich glaube, wenn sich bei den ersten zwei oder drei Sprüngen mein Fallschirm nicht geöffnet hätte, hätte ich das nicht einmal gemerkt. Zum Teil war es die Ausbildung und zum Teil der Kameradschaftsgeist, die uns glauben ließen, wir könnten alles schaffen, was irgend jemand anders leisten konnte. Wir waren junge, gut ausgebildete, robuste Amerikaner, die zu allem bereit waren.

Unser Auftrag am ersten Invasionstag war, zwei hölzerne Brücken zu besetzen. Wir flogen über Frankreich ein, drehten auf Gegenkurs, aber sprangen dann fünf Sekunden zu früh. Normalerweise drosselte das Flugzeug seine Geschwindigkeit von 220 oder 230 Knoten auf 160 oder 180, aber der Pilot unterließ das, und wir sprangen aus etwa 130 bis 230 Meter Höhe ab. Als sich der Fallschirm öffnete, landete ich auf einem Kirchendach. Ich konnte nicht viel sehen, doch ich kletterte von der Kirche runter, so schnell ich konnte. Die Deutschen hatten einen Beobachtungsposten im Kirchturm, und sie schossen auf mich. Da sehr viele Fallschirmjäger und Lastensegler landeten, herrschte eine große Verwirrung, und es gelang mir, sicher durch den umliegenden Friedhof zu kommen. Ich holte meinen Kompaß raus, um mich zu orientieren, und machte mich auf den Weg in die richtige Richtung, wie ich glaubte. Aber zehn oder fünfzehn Minuten später merkte ich, daß es die verkehrte war. Deshalb mußte ich zu der Kirche zurückgehen, um mich wieder neu zu orientieren. Ich traf auf ein Transformatorenhäuschen und sprengte es mit ein paar Viertelpfundladungen in die Luft. Ich arbeitete mich an einer Hecke entlang, als ich eine Gruppe von Deutschen hörte, die mitten auf der Straße standen und miteinander redeten. Ich warf eine Handgranate zwischen sie und verschwand. Etwas später steckte ich den Kopf durch eine andere Hecke, und alles sah wirklich gut aus. Ich ging durch eine Öffnung und geriet sofort in drei deutsche Maschinengewehr- und eine Granatwerferbedienung. Ich hatte eine Thompson-Maschinenpistole, aber bis ich mich von der Überraschung erholt und begriffen hatte, wo ich war, hatten sie mich schon geschnappt. Sie erschossen mich nicht, denn sie waren genauso überrascht wie ich. Es waren deutsche Fallschirmjäger, und sie erkannten sofort meine Stiefel und meine Pistole. Sie fragten, ob ich Offizier wäre. Ich sagte ihnen, daß ich Sergeant sei. Sie wollten wissen, warum ich eine Pistole trug, denn das war nicht die normale Bewaffnung. Sie waren sehr verwirrt. Sie glaubten nicht, daß die Invasion in der Normandie stattfinden würde. Sie führten mich zu einem unterirdischen Gefechtsstand in einem Obstgarten, wo mich ein Major verhörte. Er wollte vor allem Name, Dienstgrad und Nummer der Erkennungsmarke wissen. Von dort wurde ich zu einem anderen, oberirdischen Gefechtsstand gebracht und wieder verhört. Seltsamerweise gehörte diesem zweiten Team von Fragestellern eine Frau an, die mich kannte. Nur drei Wochen vorher hatte sie mit einigen von uns getanzt, als wir in Ramsbury in England stationiert waren. Ich hatte nicht mit ihr getanzt, sie hatte mich jedoch offensichtlich gesehen. Ich weiß nicht, ob sie Deutsche oder Engländerin war oder beides, eine deutsche Spionin war sie auf jeden Fall. Beim Verhör sagte sie zu mir: »Sergeant, Sie sind von der 9. Kompanie. Sie wurden in Ramsbury ausgebildet. Oberst Overton ist der Kommandeur Ihres dritten Bataillons.« Ich sagte ihr und dem anwesenden Offizier, nach der Genfer Konvention brauchte ich nur meinen Namen, Dienstgrad und die Nummer der Erkennungsmarke anzugeben. Er stimmte mir zu, sie wollten lediglich, daß ich bestätigte, was sie bereits wußten. Sie fragten nach unserem Auftrag. Ich sagte ihnen, ich wüßte es nicht, weil wir unsere Befehle erst nach der Landung erhalten sollten.

Später an dem Abend führten die Deutschen etwa 100 von uns die Straße nach Carrantine entlang. Plötzlich fing ein amerikanisches Schiff an, die Gegend zu beschießen. Die zweite oder dritte Granate schlug mitten unter uns ein. Der Explosionsdruck warf uns in den Straßengraben, und ich bekam einen Splitter ins Hinter teil, aber es war nichts Ernsthaftes. Ein Deutscher wurde getötet, und zwei Jungs, die ich kannte, verloren ein Bein und ein anderer Kumpel eine Hand. Sie standen unter Schock. Hauptmann Hardwick, Lambert Tucker und ich legten ihnen Druckverbände an, zogen sie auf die Straße zurück und sagten ihnen, sie sollten rufen: »Ich bin verwundet, ich bin verwundet. Bitte helft mir.« Dann liefen wir fort. Später erfuhr ich, daß eine deutsche Patrouille sie aufgesammelt und zu einem Verbandsplatz gebracht hatte. Einer von ihnen starb später in einem Lazarett in Reims, aber der andere überlebte. 1971 nahm ich an einer Gedenkfeier in Washington, D.C., teil, und ein gemeinsamer Freund, Joe Rosenfield, der auch Kriegsgefangener gewesen war, machte uns miteinander bekannt. Er hatte unsere beiden Geschichten gehört und war zu dem Schluß gekommen, daß ich einer der Jungs war, die den Druckverband an Richie Johns Bein angelegt hatten. Es war ein sehr bewegendes Wiedersehen, und es ist immer noch schwierig für mich, darüber zu reden.

Beyrle kommen die Tränen, und er bittet, das Tonbandgerät auszuschalten.

Nach unserer Flucht bewegten wir uns wieder auf unsere Einsatzziele zu. Hauptmann Hardwick war Chef der 8. Kompanie, und deren Ziel waren ein paar Schleusen etwa 400 Meter entfernt. Irgendwie wurde ich von ihnen getrennt und geriet unter Beschuß. Wenn das passiert, liegt man ganz einfach still und horcht in der Hoffnung, amerikanische Stimmen zu hören, aber meist vergeblich. Nach einer Weile fing ich wieder an, mich in Richtung der Brücken zu bewegen, und wurde wieder gefangengenommen, fast auf die gleiche Art wie beim ersten Mal. Ich stolperte wieder in eine Stellung hinein, von der ich nicht wußte, daß sie existierte. Der Kerl zielte mit einem Karabiner auf mich und sagte: »Hände hoch!« Diese Deutschen waren natürlich überrascht, daß ich unbewaffnet war. Ich sagte ihnen, ich sei bereits gefangen gewesen. Sie brachten mich nach Carrantine, wo ich über Nacht mit einigen anderen Gefangenen in einem Stall festgehalten wurde. Dann wurden wir mit Lastwagen nach Saint-Lô geschafft. Gerade als wir einen Hügel hinunterfuhren nach Saint-Lô hinein, wurden wir von Tieffliegern angegriffen. Einige Gefangene, die nicht laufen und in den Graben springen konnten, wurden verwundet oder getötet, in der Tat war Joe Rosenfield einer von denen, die schwer verwundet wurden.

In Saint-Lô sperrten sie uns in einen Pferdestall. In dieser Nacht bombardierten die Alliierten die Stadt. Die einzigen Gebäude, die nicht getroffen wurden, waren die Kirche auf der anderen Straßenseite und unser Stall. Am nächsten Morgen wurden wir zu einem Kloster abgeführt, das wir »Hungerhügel« nannten. Ich wurde herausgeholt und zu einer speziellen Verhörzentrale gebracht, wo ich drei Tage lang intensiv befragt wurde. Sie wendeten die harte und weiche Wechselmethode an. Sie beschimpften mich und boten mir Essen an, falls ich dies oder das beantworten würde. Sie wußten alles. Einige der Fragen waren mehr psychologisch als militärisch motiviert. Sie versuchten hinter meine Gedanken zu kommen in einer Art, die ihnen helfen würde, zu verstehen, wie Amerikaner funktionieren. Einmal nannte ich den deutschen Offizier einen »Hundesohn«. Ein Wachposten schlug mir mit dem Gewehrkolben an den Kopf. Ich war einige Tage bewußtlos und landete in einem deutschen Lazarett. Dann wurde ich nach Chartres gebracht und wieder sieben oder acht Tage in einem Lagerhaus festgehalten. Ich weiß nicht genau wie lange. Es ist alles ziemlich verschwommen. Ich weiß nur, daß die von uns, die dort eingesperrt wurden, ziemlich verdreckt waren, und dann wurden wir auf diesen Marsch durch die Straßen von Paris geführt. Die Menschen bewarfen uns mit Gegenständen, und einige Französinnen spuckten uns an, als wir vorbeimarschierten. Ich habe sogar ein Bild von dem Marsch, auf dem ich zu sehen bin. Traue keinem Franzosen. Im Gefangenenlager konnte man ihnen auch nicht trauen. Sie waren immer die Kapos. Im späten Juli wurden wir in einem Zug zum Stalag XII A in Limburg gebracht. Mit fünfzig Mann in einem Güterwagen, der für 40 Mann oder 8 Pferde bestimmt war, saßen wir verdammt beengt. Es dauerte sieben Tage und sieben Nächte, und die Waggons wurden nie geöffnet. Am zweiten Tag wurden wir von Tieffliegern beschossen, und wir hatten fünf Tage lang Verwundete und Tote im Wagen. Wir hatten auch weder Wasser noch Verpflegung. Wenn du noch etwas im Körper hattest, was du loswerden mußtest, gab es dafür einen Eimer.

Mein Gemütszustand am Ende der Woche war schlechter als zu irgendeiner anderen Zeit während des Krieges oder der Gefangenschaft. Ich war so gründlich als Fallschirmjäger ausgebildet worden, und dann hatte ich während jener ersten Tage als Gefangener keinerlei Kontrolle mehr, und eine Art Depression überkam mich. Zuerst hatte man ein Schuldgefühl, weil man gefangengenommen wurde, dann kamen die Folgen der rauhen Behandlung und die radikale Veränderung im Leben dazu. Ich habe viel darüber nachgedacht, und ich muß meinen guten Freund und Mitgefangenen George Rosie zitieren, der sagte: »Ich war nie stolz darauf, gefangengenommen zu sein, aber ich bin sehr stolz darauf, wie ich mich nach der Gefangennahme verhalten habe.«

Als wir in ein ständiges Gefangenenlager kamen, bildeten wir unsere eigenen Gruppen, entweder von Fallschirmjägern oder von Leuten, die wir kannten und respektierten, und das half. Wir mußten uns ein Maß an Stolz auf uns selbst bewahren, und dabei half die strenge Disziplin unserer Fallschirmjägerausbildung wie auch die ausgezeichnete körperliche Verfassung, in der wir waren. Wir hielten uns ganz einfach für Elitetruppen. Bevor wir getrennt wurden, beobachtete ich voller Ekel, wie ein Oberst und ein einfacher Soldat um einen Knochen kämpften. Und ich meine, richtig kämpften. Jeder wollte den Knochen, um das Mark daraus zu saugen. Ich habe auch gesehen, wie Offiziere und Soldaten sich um Zigaretten stritten. Sie waren bereit, alles zu rauchen, selbst trockenes Gras. Die Deutschen betrachteten solches Benehmen mit Verachtung. Die meisten Gefangenen verhielten sich sehr gut, aber wir schämten uns für einige von ihnen.

In Limburg wurden wir als Kriegsgefangene registriert, aber wir blieben da nur einige Tage, dann wurden wir nach Mühlberg verlegt. Stalag IV B war ein Lager für Briten, das von einem Kanadier geleitet wurde. Es war das erste Kriegsgefangenenlager in Deutschland. In der Tat war der erste britische Flieger, der 1939 abgeschossen wurde, noch dort, als wir ankamen. Alles war sehr gut organisiert. Wie in den anderen Lagern bildeten auch hier Zigaretten die Währung. Mit ihnen konnte man alles kaufen, sogar eine Flucht in die Schweiz. Für den richtigen Preis würde einen sogar der Kommandant entkommen lassen. Ich bin mir nicht ganz sicher, wie das funktionierte, denn ich war nicht lange genug dort, um in den engen Vertrauenskreis zu gelangen. Am 17. Dezember wurden wir in einen anderen Zug verfrachtet und ins Stalag III C gebracht. Das lag an der Oder dicht bei Alt-Drewitz, etwa auf dem halben Weg zwischen Berlin und der polnischen Grenze.

Es waren bereits französische und russische Gefangene in dem Lager; tatsächlich half ich später den Russen, das Lager zu befreien. Da gab es vielleicht ein- oder zweitausend Gefangene, aber wir waren die ersten Amerikaner. Der dienstälteste Feldwebel bestimmte im Lager und führte auch alle Verhandlungen mit den Deutschen. Er hatte sein eigenes Exekutivkomitee, das wiederum gesonderte Komitees für Beschaffung, Information und Flucht einsetzte.

Ich gehörte den Flucht- und Informationskomitees an, auch weil ich durch meine frühe Familienerziehung etwas Deutsch konnte. Selbst wenn man durch Bestechung entkommen wollte, brauchte man erst die Erlaubnis des Fluchtkomitees. Man legte seinen Plan den Komiteemitgliedern vor, und die trafen dann die Entscheidung. Wir waren zum Teil deshalb so gut organisiert, weil wir soviel Zeit zur Verfügung hatten.

Daß ich viele Zigaretten gewonnen hatte, half mir, das erste Mal aus Stalag III C zu entkommen. Wir hatten Rotkreuzpakete bekommen, und wie das unter Soldaten so üblich ist, veranstalteten wir ein Würfelspiel. Die Verlierer mußten mit Zigaretten bezahlen, und ich gewann sechzig Schachteln. Ich beschloß den Versuch zu machen, einen der älteren Posten zu bestechen. Wir redeten mit einigen der Posten und warfen ihnen gelegentlich Zigaretten zu. Ich wandte mich an diesen Posten und fragte ihn, ob er 200 Zigaretten haben möchte. Er sagte: »Was meinst du damit?« Ich antwortete, daß ich ihm 200 Zigaretten geben würde, wenn er mich den Draht durchschneiden und entkommen ließe. Er entgegnete: »Das kann ich nicht machen. Es würde mich das Leben kosten.« Ich erklärte ihm, ich würde während seiner Wache den Draht durchschneiden, aber erst entfliehen, wenn seine Ablösung Dienst hatte, so daß niemand ihn verdächtigen konnte. Er sagte, er wolle darüber nachdenken. Zwei bis drei Wochen vergingen, und ich machte mir Sorgen. Er konnte mich ja hintergehen. Er konnte mich entkommen lassen, und dann würde er oder jemand anders mich ganz einfach erschießen, wenn ich durch den Draht kroch. Ich redete noch einmal mit ihm und sagte, er solle daran denken, was er für seine Familie tun könnte. Mit 200 Zigaretten wäre er ein reicher Mann. Schließlich sagte er, er würde es tun. Ich erklärte ihm, er würde die Zigaretten erst bekommen, nachdem wir drei geflohen waren. Ich sagte ihm auch, daß man Amerikanern trauen könne.

Wir kamen raus und sprangen auf einen Güterzug, der jeden Tag um die gleiche Zeit am Lager vorbeifuhr. Wir glaubten, er ginge in Richtung Polen, entdeckten aber bald, daß er an einer Abzweigung fast in die entgegengesetzte Richtung bog. So landeten wir auf irgendeinem Güterbahnhof in Berlin, der am Tage von den Amerikanern bombardiert wurde und nachts von den Briten. Durch die Flucht- und Informationskomitees wußten wir, daß uns die nazifeindliche Untergrundbewegung verstecken und uns helfen würde, zu den alliierten Linien zu gelangen. Alle großen Städte hatten solche Untergrundbewegungen. Man mußte nur den richtigen Kontakt finden. Den ersten Tag blieben wir im leeren Güterwagen und beobachteten nur. Am zweiten Tag wagten wir uns am frühen Morgen hinaus. Wir beobachteten einen alten Deutschen, der die Achslager an den Eisenbahnwagen überprüfte, und ich sprach ihn schließlich an. Ich sagte ihm in gebrochenem Englisch und Deutsch, daß wir aus einem Gefangenenlager entflohen seien und versuchten, zu den amerikanischen Linien zu gelangen. Ich fragte ihn, ob er uns helfen könnte. Er war zunächst sehr ängstlich. Ich dankte ihm und ging. Wir beobachteten ihn, so gut wir konnten. Etwa zwei Stunden später ging ich zurück und fragte ihn noch einmal. Er sagte, er hätte am Nachmittag Feierabend und würde versuchen, einen Kontakt herzustellen, und dann zurückkommen. Ein paar Stunden später kam er zurück und sagte, er hätte einen Freund in einem »sicheren Haus«, der uns Verpflegung und Weiterfahrt besorgen könnte. Wir beschlossen, das Risiko einzugehen. Wir glaubten, wir hätten nichts zu verlieren und viel zu gewinnen. Leider verloren wir.

Er war zur Gestapo gegangen. Die behielten uns etwa sieben Tage lang. Sie haben uns ganz schön bearbeitet. Sie verschwendeten keine Zeit mit der harten und weichen Wechselmethode. Sie wollten uns demütigen. Wenn wir einschliefen, während sie uns ausfragten, stießen sie uns von den Hockern. Sie schlugen uns und hängten uns mit auf dem Rücken zusammengebundenen Händen an Haken. Ich sehe immer noch ihre sadistischen Gesichter vor mir.

Wahrscheinlich retteten uns die Intrigen des Krieges. Es war bekannt geworden, daß die Gestapo uns hatte, doch nun machte die Wehrmacht wieder ihren Anspruch geltend. Es war etwa zu der Zeit, als die Gestapo in klarer Verletzung der Genfer Konvention fünfzig Gefangene hingerichtet hatte, die an dem sogenannten »Großen Ausbruch« aus Luft III in Sagan teilgenommen hatten. Das entsetzte viele anständige Wehrmachtsoffiziere, die ohnehin nicht viel für die Gestapo übrig hatten. Ich war nur halb bei Bewußtsein, aber ich erinnere mich, wie der Hauptmann der Gestapo sagte, wir gehörten der Wehrmacht, da wir Kriegsgefangene seien und deshalb der Genfer Konvention unterständen. Zum Glück behielt die Wehrmacht die Oberhand. Ich bin überzeugt, daß uns die Gestapo erschossen hätte.

Dann wurden wir nach Luft III geschickt, einem Lager der Luftwaffe. Es war immer die Frage, wo wir hingehörten. Deutsche Fallschirmjäger gehörten zur Luftwaffe, aber wir waren Teil des Heeres. Wir blieben dort sieben Tage, und die führenden amerikanischen Gefangenen hielten uns drei isoliert. Neue Kriegsgefangene wurden immer mit einem Grad von Mißtrauen empfangen, ob sie auch wirklich Amerikaner waren. Sie ließen uns ständig durch einen Amerikaner beobachten, der aufpassen sollte, ob wir uns verrieten. Es war sehr enttäuschend, doch ich verstand den Grund. Wenn man eine Menge Menschen verlegt, verliert man den Überblick. Aber wenn nur ein oder zwei Neue hereingebracht werden, ist das verdächtig. Sie fragten sich, warum uns die Deutschen gerade in diese besondere Abteilung gebracht hatten, die angeblich schon voll war.

Nach einer Woche in Luft III wurden wir nach III C zurückgebracht. Meine letzte Flucht war eine Art Glücksfall. Wir spielten draußen auf dem Sportgelände, und einer von uns wurde ohnmächtig. Wir sagten dem Wachposten, daß er einen epileptischen Anfall hätte und wir ihn ins Lazarett bringen müßten. Irgendeiner brachte eine Tragbahre. Ich nahm ein Ende davon und Dick Calhoun das andere. Dann war da noch ein dritter bei uns, dessen Namen ich vergessen habe. Unser Posten brachte uns an das Tor unserer Abteilung, wo uns ein anderer Posten übernehmen sollte. Aber nahe beim Tor entstand eine Schlägerei, und als der zweite Posten dorthin lief, um sie zu beenden, gingen wir ganz einfach weiter durch das Tor und versteckten uns zwischen einigen Gebäuden. Wir sahen einen Deutschen, der jeden Tag mit seinem Wagen einige Fässer Kartoffeln ins Lager brachte. Jeder von uns kroch in ein Faß. Der Fahrer muß gewußt haben, daß wir da drin waren, aber er sah sich nicht einmal um. Wir kamen durch das Lagertor und den Hügel hinunter, aber unten schleuderte der Wagen auf einem vereisten Wegstück, und alle drei Fässer rollten in den Graben. Wir sprangen hinaus und rannten auf den Wald zu. Als wir so plötzlich aus den Fässern auftauchten, sah uns einer der Wachposten. Er war ebenso überrascht wie wir, aber er begann zu schießen. Ich kam davon, die beiden anderen nicht.

Ich stieß auf einen kleinen Bach und folgte ihm stromab, nach Osten, wie ich glaubte. Die Wachen ließen die Hunde los, aber sie konnten meine Spur nicht finden. Ich lief etwa eine halbe Stunde lang im Bach weiter. Es war sehr kalt, und ich war ziemlich erschöpft, als ich aus dem Wasser kletterte. Bis zum Abend ruhte ich mich aus und machte mich dann wieder auf den Weg. Ich hörte Artilleriefeuer und dachte mir, die Russen könnten nicht weit weg sein.

Am nächsten Tag kam ich an ein Bauernhaus und fragte, ob ich etwas Heißes zu trinken haben könnte. Ich sagte dem alten Mann und seiner Frau, wer ich war. Sie gaben mir etwas Kaffee oder Schnaps, ich kann mich nicht mehr erinnern, was es war, aber sie ließen mich nicht ins Haus. Sie sagten, wenn ich dort gefunden würde, würden die Deutschen sie erschießen. Sie wußten, daß die Russen in der Nähe waren, und sie hatten auch vor ihnen Angst. Sie sagten mir, ich könne mich im Stall verstekken und tief ins Stroh kriechen, um warm zu bleiben. Das tat ich und schlief ein. Ich weiß nicht, warum ich nicht erfror. Am nächsten Morgen kam eine russische Panzereinheit durch, hielt aber nicht an. Ich blieb im Stall. Das Ehepaar brachte mir etwas Brot, Wurst und etwas zu trinken. An dem Abend kamen die Russen zurück und brachten einige Verwundete in das Haus. Ich war inzwischen aus dem Stall herausgekommen und hatte in gebrochenem Polnisch und Englisch erklärt, daß ich ein entflohener amerikanischer Kriegsgefangener sei und mich ihnen anschließen und nach Berlin gehen wollte, um Hitler zu besiegen. Ich trug die Reste meiner amerikanischen Uniform. Der Militärkommandeur der Russen nahm mich auf, aber nicht der Kommissar, der zu ihnen gehörte. Er blieb mißtrauisch.

Die Russen wollten mich hinter die Linien zurückschicken, aber ich bestand darauf, daß ich Soldat sei und mit ihnen gemeinsam gegen die Deutschen kämpfen wollte. Ich blieb etwa einen Monat bei dieser russischen Panzereinheit. Sie fuhren Sherman-Panzer aus dem Pacht-und-Leih-Abkommen. Sie gaben mir eine ihrer Maschinenpistolen mit dem Trommelmagazin und teilten mich einer Panzerbesatzung zu, die von einer Frau befehligt wurde. Da war ich nun, ein amerikanischer Fallschirmjäger, der als Mitglied einer russischen Panzereinheit unter dem Kommando einer Frau in einem Sherman-Panzer gegen Nazideutschland kämpfte. Ich bedaure sehr, daß ich keine Namen und Anschriften notiert habe. Die Russen behandelten mich als einen der ihren. Nachts tranken wir auf das Wohl von Stalin, Roosevelt, Churchill und auf den amerikanischen Studebaker-Lastwagen, den sie ebenfalls fuhren.

Ich wurde kurz vor Berlin von Bombensplittern getroffen, als wir von Stukas angegriffen wurden. Russische Sanitäter brachten mich in ein Feldlazarett in Landsberg, das so primitiv war, wie man es seit unserem Bürgerkrieg nicht mehr gesehen hatte. Die meisten Ärzte waren Frauen. Sie hatten nur sehr wenig Sanitätsmaterial und waren gezwungen, ohne Betäubung zu operieren. Ich lag nahe genug bei dem Operationsraum, daß ich die Schreie hören konnte. Es ist schwer zu beschreiben. Meine Verwundung war in der Leistengegend und war inzwischen infiziert. Sie taten weiter nichts, als sie neu zu verbinden.

In dem Feldlazarett lernte ich Marschall Shukow kennen, den großen russischen General. Er fragte mich durch einen Dolmetscher, wie ich verwundet wurde und warum ich hier wäre. Ich sagte ihm, ich hätte gebeten, zusammen mit »unseren sowjetischen Kameraden« kämpfen zu dürfen, um die Deutschen zu besiegen. Ich muß wohl das Richtige gesagt haben, denn er fragte mich, ob er etwas für mich tun könne. Ich antwortete, ich hätte keine Ausweispapiere, mit denen ich beweisen könnte, daß ich Amerikaner sei. Am nächsten Tag erhielt ich ein Papier in russischer Sprache, das bescheinigte, ich sei Amerikaner. Etwa zwei Tage später verließ ich das Lazarett, weil ich Angst hatte, sie würden mir mein Bein amputieren, wenn ich noch länger bliebe.

Ich schaffte es, nach Warschau zu gelangen, aber die amerikanische Botschaft war ein Trümmerhaufen. Zum Glück half mir das Papier von Shukow, auf einen Lazarettzug zu kommen, dann auf einen Militärkonvoi und schließlich auf einen normalen Zug nach Osten. Auf der Fahrt durch Polen und Rußland mußte ich mitansehen, was der Krieg den Menschen gebracht hatte. Seit unserem Bürgerkrieg haben wir Amerikaner nicht mehr erfahren, was es bedeutet, Krieg im eigenen Land zu haben. Die Erinnerung an diese Zerstörung überzeugte mich während des Kalten Krieges, daß die Russen nicht gegen uns kämpfen wollten. Die Menschen wollten auf keinen Fall den Krieg. Wofür sie so hart gekämpft hatten, haben die Politiker auf beiden Seiten wieder verloren.

Diese Gedanken trug ich noch in mir, als ich 1979 in die Sowjetunion zurückkehrte, wo eine sowjetische Veteranenorganisation mir zu Ehren ein besonderes Essen gab. Ich hielt eine kurze Rede. Unter anderem sagte ich: »Alle Veteranen, die den Krieg überlebt haben, sind vereint in dem Verlangen nach Frieden. Wir müssen uns öfter treffen und unsere Freundschaft vertiefen. Veteranen sind keine Politiker. Wenn sie sich in die Politik begeben, dann sollte es nur mit dem Ziel sein, alles zu tun, um weitere Kriege zu verhindern. Wir sind friedfertige Menschen, und der Krieg riß uns heraus aus unserer friedlichen Arbeit, aus einem normalen Leben. Wir waren jung und wollten heiraten und eine Familie gründen. Statt dessen mußten wir Militäruniformen anziehen und Waffen in die Hand nehmen.«

Sanford »Sandy« Lubinsky

Wir waren ganz einfach »verdammte Juden« – nichts weiter

In klarer Verletzung der Genfer Konvention von 1929 wurden Sanford Lubinsky und 386 weitere jüdische Kriegsgefangene aus dem Stalag IX B in Bad Orb in das Zwangsarbeitslager Berga/Elster verlegt, wo die Zustände so schlecht waren, daß weniger als 100 überlebten. Als Lubinsky befreit wurde, wog er nur noch 80 Pfund, und er hat seitdem unter physischen und psychischen Problemen zu leiden. Was seine Seelenqual noch verschlimmerte, war die Tatsache, daß die Regierung der Vereinigten Staaten an seiner Geschichte wenig Interesse zeigte; in der Tat kämpft Lubinsky immer noch mit der Bürokratie um eine Versehrtenrente und um die Anerkennung, die er verdient zu haben glaubt. Der unvoreingenommene Leser erhält den Eindruck, daß sich Erinnerungsebenen des selbst Erlebten mit jenen von Darstellungen der nationalsozialistischen Judenverfolgung überlagern.

Ich wurde während der Ardennenschlacht bei Clervaux gefangengenommen. Den ganzen November lang stießen wir in Richtung Aachen vor und versuchten, den Hürtgenwald zu erobern. Es war Blödsinn. Die Jungs fielen zu Hunderten. Es lag Schnee, Schlamm – eine Schweinerei. Man wollte uns zu einer Ruhepause nach Clervaux in Luxemburg verlegen. Wir litten fast alle unter Kriegsneurose. Nun, wir gelangten nie dorthin. Wir glaubten, wir hätten die Deutschen in die Flucht geschlagen. In Wirklichkeit hatte Hitler all seine Kräfte für einen

Überraschungsangriff zusammengezogen. Ich glaube, am ersten Tag drückten wir sie noch gut 6 km zurück, aber dann begannen wir den Rückzug. Am 17. Dezember überrannten sie uns ganz einfach. Ich war beim 28. Infanterieregiment der Nationalgarde von Pennsylvania, und wir gerieten in den dicksten Schlamassel. Durch die Explosion einer Granate verlor ich das Bewußtsein und wurde auch von Splittern getroffen. Ich war bewußtlos, als die Deutschen durchbrachen. In der Nacht kam ich wieder zu mir. Ich hörte aus der Ferne ihre Zurufe. Einige von uns gingen runter zum Bahngelände, um zu versuchen, zurück nach Bastogne zu gelangen. Aber am Morgen des 18. wurden wir gefangengenommen.

Die Deutschen führten uns von der Front weg und verluden uns in Güterwagen. Ich wurde einmal auf den Kopf geschlagen, aber sonst nicht mißhandelt. Von den Vernehmungsoffizieren wurde ich sogar sehr gut behandelt. Wir nannten nur unsere Namen, Dienstgrad und die Nummer der Erkennungsmarke. Sie gaben uns etwas Brot und sogar etwas Wein. Sie waren nicht bösartig. Das war die Wehrmacht. Sie waren reguläre Soldaten wie wir auch. Aber als sie uns nach rückwärts brachten, kamen wir an einigen SS-Typen vorbei, und die waren brutal. Ich merkte, daß ich noch eine Patrone in der Tasche hatte, und nahm sie heraus. Darüber wurde der eine Wachposten richtig wütend auf mich. Er schlug mir mit seinem Pistolengriff auf den Kopf. Ich glaubte, er würde mich auf der Stelle erschießen, aber er schickte mich weiter.

Zu der Zeit glaubten wir, das würde unser schlimmstes Erlebnis sein, aber für einige von uns sollte es noch viel schlimmer kommen. Unser Gemütszustand war natürlich sehr, sehr schlecht. Wir waren deprimiert, und wir konnten nichts dagegen tun. Wir wußten, daß uns keiner befreien würde. Einige der Jungs weinten. Mit 27 war ich alt genug zu wissen, daß es so kommt, wie es halt kommt. Man mußte sich einfach damit abfinden. Wenn man wegrannte oder irgend etwas Dummes machte, würde man getötet. Natürlich schmerzten meine Wunden, aber ich wollte nicht am Weg umfallen, denn wenn das passierte, würde einen die SS erledigen. Die Wehrmacht machte Gefangene, die SS nicht.

Sie gaben uns eine kleine Dose Gänseleber und steckten uns in diese Güterwagen. Zu trinken hatten wir nur das, was noch in unseren Feldflaschen war. Wir verbrachten zwei oder drei Tage in diesen Güterwagen, bis wir am 21. oder 22. Dezember im Stalag IX B in Bad Orb ankamen. Dort trennten sie die Offiziere von den Unteroffizieren und Mannschaften, und wir bekamen etwas Suppe. Ich erinnere mich, daß einer versuchte, etwas Fleisch zu stehlen. Er wurde herausgeholt und erschossen. Wir waren fast vier Tage dort, als der Kommandant befahl, daß die Juden gesondert antreten sollten. Jeder, der ein H auf seiner Erkennungsmarke hatte, mußte dort antreten (H bedeutete Hebräer). Es gab zwei oder drei christliche Jungs, die ihre Erkennungsmarken jüdischen Jungs zum Tausch anboten, aber sie wurden gewarnt, daß jeder, der ohne Erkennungsmarke angetroffen wurde, erschossen würde. Der Kommandant hatte einen Vetter, der Kommandant des Zwangsarbeitslagers in Berga war.

Wir waren 387. Ein Oberst und ein Militärpfarrer wollten mit uns gehen, aber die Deutschen erlaubten es nicht. Sie sagten uns, wir kämen in ein gutes Lager. Wir hatten alle möglichen Geschichten gehört und waren sehr beunruhigt. Ich glaubte, daß es sehr schlecht werden würde. Ich dachte: »Nun, ich habe als Jude gelebt, da kann ich auch als Jude sterben.« Wir waren uns alle einig, falls sie anfangen sollten, uns umzubringen, würden wir einen letzten Widerstand leisten und versuchen, einige von ihnen mitzunehmen.

Sie steckten uns wieder in Güterwagen, und diesmal pferchten sie uns wirklich ein. Wir waren mindestens vier Tage lang in diesem Wagen – ohne Verpflegung oder Wasser. Unser Durst wurde so groß, daß wir sogar versuchten, unseren eigenen Urin zu trinken. Das ging aber nicht, weil es keine Möglichkeit gab, ihn zu filtern. Ich hatte zum Glück meinen Platz bei dem einzigen kleinen Fenster an der Seite des Wagens und konnte sehen, was draußen vor sich ging. Zweimal wurden wir von Tieffliegern beschossen. Der Wagen vor uns wurde schwer getroffen, mehrere Jungs wurden getötet. Als wir in Frankfurt an der Oder ankamen, wurde es erst richtig schlimm. Wir wurden im Bahnhof bombardiert, erst von B-17 und dann von britischen Lancaster. Der Himmel war erhellt wie bei einem Feuerwerk. Ich schaute hinaus und sah, wie die Eisenbahnschienen völlig verbogen wurden. Der Luftdruck preßte dich erst in dich selbst hinein und dann wieder aus dir heraus. Wir glaubten, das sei das Ende. Unsere Wachmannschaften waren fortgerannt, um Schutz zu suchen, und ließen uns eingeschlossen. Wir konnten nur dasitzen. Das war viel schlimmer als im Artilleriefeuer zu liegen. Du wußtest ganz einfach, daß du sterben würdest. Ich weiß nicht wie, aber wir überlebten. In dem Zug waren auch politische Gefangene.

Als wir schließlich in Berga ankamen, holten sie die europäischen Juden aus den Bergwerken raus und setzten uns an ihrer Stelle ein. Inzwischen starben einige unserer Jungs an Flüssigkeitsmangel, der einen schneller umbringt als fehlende Nahrung. Einige hatten Schnee gegessen und bekamen fürchterlichen Durchfall. Es gab auch Gelbsucht und Lungenentzündungen. Wir wurden sehr schwach und mußten doch in diese dunklen, kalten unterirdischen Höhlen marschieren, wo wir 17 Stunden am Tag arbeiteten. Sie schienen unterirdische Fabriken zu sein – wahrscheinlich für den Bau von Düsenflugzeugen.

Ich erhielt einen anderthalb Meter langen Bohrer, mit dem ich Löcher in den Fels bohren mußte. Der Bohrer wog über 100 Pfund, und ich stand da, versuchte ihn über meinem Kopf zu halten und ein Loch in den Fels zu bohren. Zu der Zeit war ich einer der stärksten, aber ich wurde immer schwächer. Jedesmal, wenn ich den Bohrer absetzen mußte, bekam ich es mit den Wachen zu tun. Einer schlug mich mit einer »schwarzen Schlange«, das war eine Peitsche, und ein anderer schlug mir mit einer Schaufel oder einem Knüppel in den Rücken. Wir bohrten Löcher, und die Deutschen füllten sie mit Dynamit und zündeten es. Es war ihnen gleich, ob wir raus waren oder nicht. Einige von uns wurden von fliegenden Gesteinsbrocken getroffen. Dann mußten wir das lose Gestein herausholen.

Keiner der Wachposten zeigte jemals etwas Mitgefühl. Wir waren ganz einfach »verdammte Juden« – nichts weiter. Man hätte uns als Soldaten behandeln müssen. Einer unserer Jungs war so krank, er lag bereits im Sterben, und sie zogen ihn raus in die Kälte und gossen kaltes Wasser über ihn. Das war im Januar oder Februar. Am nächsten Tag war er tot. Wir hatten Leute beim Beerdigungskommando. Sie fuhren die Leichen mit einer Karre raus und warfen sie in das große Loch. Das taten sie auch mit diesem armen Kerl.

Unsere Tagesration war ein Stück Brot, etwa drei bis vier Zentimeter dick. Manchmal bekamen wir nicht einmal Ersatzkaffee. Gelegentlich war es nur heißes Wasser. Die Wachposten lachten nur über uns. Sie warfen Kartoffelschalen in die Latrinengegend – die war natürlich rutschig und dreckig, wie man sich denken kann, und einige der jungen Burschen stürzten sich auf die Kartoffelabfälle. Die Älteren versuchten sie daran zu hindern. Es gab kein Wasser, womit man etwas abwaschen konnte. Natürlich wurden alle fürchterlich krank. Es war das gleiche, als ob man Gift nahm. Wir wußten, daß sie nicht überleben würden, und so kam es auch. Aber sie waren einfach zu hungrig.

Wir hatten zwei Männer aus New York, und das waren gute Männer. Einer hieß Golden. An den Namen des anderen kann ich mich nicht erinnern. Wir hatten keine Ärzte, aber sie versuchten, die Kranken so gut zu versorgen, wie sie konnten. Wenn jemand Fieber hatte, wuschen sie ihn ab, das war so etwa alles, was sie tun konnten. Diese beiden konnten gut deutsch sprechen, und sie brachen schließlich aus. Ein oder zwei Tage später brachten sie sie zurück – tot. Sie hatten sie erschossen und mit zusammengebundenen Händen und Füßen an eine Stange gehängt, wie man ein totes Reh trägt. Sie wollten uns zeigen, was passierte, wenn jemand versuchte auszubrechen.

Wir waren so stinkig und verdreckt, daß ich einmal zwei Nächte neben einem schlief, bevor ich merkte, daß er tot war. Wir hatten alle Durchfall. Wenn wir zur Arbeit marschierten, konnte man nicht einfach aus der Reihe treten, wenn man mußte. Wir hatten keine Gelegenheit zum Waschen. Ich kann bis heute nicht den Geruch von etwas Dreckigem ertragen. Der Hunger, die Läuse, die Kälte, der Dreck und die Sterbenden – es war eine schreckliche Erfahrung.

Wir waren so weit, daß es uns gleich war, ob wir lebten oder starben. Es wäre so leicht gewesen, ganz einfach aufzugeben. Einige konnten es nicht mehr ertragen, und man konnte ihnen keinen Vorwurf machen. Von unseren Baracken aus konnten wir die Leichen der Juden, Russen und politischen Gefangenen aufgestapelt sehen wie Holzstöße. Sie konnten sie ganz einfach nicht schnell genug verbrennen. Was ließ mich durchhalten? Einige Male hatte ich das Gefühl, daß ich sterben würde. Ich war so schwach, daß ich wußte, ich werde ohnmächtig, aber ich bat Gott, mich nicht dort drüben begraben zu lassen. Was mich am Leben hielt, war der Wunsch, daheim zu sterben. Und natürlich wollte ich auch meine Frau und mein Kind wiedersehen. Von den 387 Amerikanern, die von Bad Orb kamen, überlebten weniger als 100.

Nach dem Krieg konnten wir unsere Militärbehörden nicht davon überzeugen, daß wir ein Teil des Holocaust waren. 1946 wollten die Behörden, daß ich rüberkommen und unseren Kommandanten identifizieren sollte, aber ich konnte es nicht. Das war das einzige Mal, daß man mit mir in Verbindung trat. Wir haben alle versucht, unsere Erlebnisse zu berichten, aber es ist ein harter Kampf gegen große Hindernisse. Es ist schwierig, sich gegen die Politik durchzusetzen. Manchmal ist die Wahrheit schwerer zu glauben als die Lüge. Niemand will glauben, daß die SS etwas mit uns zu tun hatte. Wir wollen keine besonderen Vergünstigungen, aber es ist nun einmal so, daß wir als amerikanische Soldaten ein Teil des Holocaust waren, obgleich unsere Regierung das nicht zugeben will.

William Kalway
Man beginnt sich zu fragen, ob das Leben noch einen Wert hat

William Kalway wurde in Buffalo im Staat New York geboren und meldete sich 1940 freiwillig zur amerikanischen Armee. Er gehörte dem 26. Infanterieregiment an, als er am 19. Februar 1943 während der Schlacht am Kasserine-Paß in Tunesien in Gefangenschaft geriet. Als Gefangener wurde Kalway oft als Unruhestifter angesehen, hauptsächlich weil er sich weigerte zu arbeiten. Aber trotz seiner kämpferischen Natur, seiner schnellen Auffassungsgabe und seines beachtlichen Mutes wirkten sich die schrecklichen Verhältnisse und die harte Behandlung schließlich doch bei Kalway und vielen seiner Mitgefangenen aus. Er erlitt mehrere Nervenzusammenbrüche und gilt zur Zeit als 60 Prozent kriegsversehrt. Während der letzten Monate seiner Gefangenschaft führte Kalway ein Tagebuch, das er später zu einem ausführlichen Bericht über die »zwei Jahre, zwei Monate, drei Tage und vierzehneinhalb Stunden« seiner Kriegsgefangenschaft verarbeitete. Ein Teil des Folgenden beruht auf diesen Memoiren.

Eine lange Zeit versuchte ich ganz einfach, meine Erlebnisse als Kriegsgefangener zu vergessen. Obwohl ich versuchte, mir meine Gefangennahme vernunftmäßig zu erklären, indem ich mir sagte, ich hätte keine andere Wahl gehabt, glaube ich, daß ich mich im tiefsten Inneren für einen Feigling hielt. 1970 schrieb ich schließlich an das Büro des Generaladjutanten und fragte an, welche Orden und Ehrenzeichen mir zuständen. Ich erfuhr, daß mir außer dem üblichen »Obstsalat« der *Bronze Star* und das *Combat Infantryman's Badge* verliehen worden waren und daß unser Bataillon für die Schlacht am Kasserine-Paß das französische *Croix de Guerre* erhalten hatte. Nachdem ich das erfahren hatte, hörte ich auf, mich einen Feigling zu nennen.

Kalway war in zwei italienischen Kriegsgefangenenlagern inhaftiert und in acht Lagern in Deutschland, einschließlich zweier Arbeitslager. Dort wurde er zur Arbeit gezwungen, weil die Italiener sein Soldbuch einbehalten hatten, das ihn als Unteroffizier ausgewiesen hätte, der nicht zu arbeiten brauchte. Stalag III B in Fürstenberg war Kalways fünftes deutsches Gefangenenlager.

Stalag III B war ein sehr großes Lager. Die Bereiche waren nach Nationen unterteilt. Die amerikanische Abteilung war für Unteroffiziere der Bodentruppen bestimmt. Hier hörte ich zum ersten Mal den Ausdruck »Lagersprecher« für einen Mitgefangenen, der unser Vertrauen hatte, um unsere Interessen bei den Deutschen zu vertreten. Wenn wir eine berechtigte Beschwerde hatten, sollte dieser Mann mit dem Kommandanten sprechen können, der dann die Probleme lösen sollte. Das klingt vielversprechend, aber mehr als einmal hörte ich die Deutschen sagen: »Scheiß auf die Schweiz.« Sie meinten damit natürlich die Genfer Konvention.

Um den 1. September 1944 herum durchsuchte die Gestapo unsere Abteilung überraschend. Sie trieben uns auf den offenen Platz, während sie in den Baracken alles nach verbotenen Gegenständen durchforsteten. Sie kontrollierten sogar, ob auf den Rollen Toilettenpapier vielleicht Fluchtkarten eingezeichnet waren. Sie fanden große

Mengen Lebensmittel und Zigaretten, die wir aufgespart hatten für den Fall, daß der Krieg plötzlich zu Ende wäre und sogar eine große amerikanische Flagge, die wir über dem Lager hissen wollten, wenn die Russen kämen. Als wir nach der Durchsuchung in unsere Baracken zurückkehrten, stellten wir fest, daß viele unserer amerikanischen Uniformen fehlten. Als wir uns beschwerten, erwiderte der Kommandant unserem Lagersprecher, daß wir nur eine komplette Uniform haben dürften, keine Extrastücke. Da wir bereits angezogen waren, als die Baracken durchsucht wurden, erklärten sie alle überzähligen Kleidungsstücke als Konterbande.

Als ich nach dem Krieg erfuhr, daß in der Ardennenschlacht Deutsche amerikanische Uniformen getragen hatten, fragte ich mich, ob das nicht die Uniformen waren, die uns bei der Durchsuchung gestohlen wurden. Wenn das der Fall war, dann hatten die Deutschen das langfristig geplant.

Eines Tages saßen ein Kumpel und ich am Rand der Müllkippe, als wir einen deutschen Major und einen Feldwebel sahen, die außerhalb unserer Abteilung entlanggingen und den Zaun und das Gelände inspizierten. Wir drehten ihnen den Rücken zu und taten so, als ob wir sie nicht bemerkt hätten. Der Offizier kam näher und rief uns etwas zu. Wir drehten uns um und sahen ihn nur an. Er fing an zu schreien und zu toben, warum wir nicht aufgestanden wären und eine Ehrenbezeugung erwiesen hätten, als ein Offizier uns ansprach. Obwohl wir ihn sehr gut verstanden, sagten wir nur »*Nix verstehn*«. Er wurde so wütend, daß er nicht einmal seine Pistole ziehen konnte. Ich hatte in der höheren Schule Deutsch gelernt, mein Vater sprach zu Hause öfter deutsch, und ich hatte in München bei Zivilisten gearbeitet, deshalb beherrschte ich die Sprache ganz gut. Ich hatte allerdings auch gelernt, je weniger der Feind über dich weiß, desto besser bist du dran.

Ich war nur etwa sechs Wochen in Stalag III B, als ich zum Arbeitskommando 1 in Trattendorf bei Spremberg versetzt wurde, einem Arbeitslager. Die Deutschen bauten ein riesiges Kraftwerk, und unsere Aufgabe war es, das Material zu den zivilen Arbeitern zu transportieren, die die eigentliche Bauarbeit verrichteten. Wir schaufelten, Sand, Kies und Zement in einen gewaltigen Mischer. Mit einer Art von Drucksystem wurde der fertige Beton durch Röhren in die oberen Stockwerke des Baus gepumpt. Die Arbeit war schwer, und wie üblich war das Essen schlecht. Wenn wir keine Lebensmittelpakete vom Roten Kreuz bekommen hätten, wären wir verhungert.

Wir waren hauptsächlich Unteroffiziere, aber wir wurden behandelt wie einfache Soldaten und mußten arbeiten. Die Deutschen erklärten uns, daß sie keine Papiere von uns hätten, aber wir hatten gehört, daß eine Liste mit den Namen von Unteroffizieren im Stalag Luft III angeschlagen war. Einige von uns waren früher dorthin geschickt worden, um den Luftwaffenoffizieren als Ordonnanzen zu dienen. Die Liste wies uns als Unteroffiziere aus, und deshalb beschlossen wir, wir hätten das Recht, die Arbeit zu verweigern. Als wir am nächsten Morgen zum Arbeitskommando antreten mußten, blieben nur etwa zehn von uns bei dem Entschluß. Die übrigen gingen zur Arbeit. Der Kommandant befahl uns durch einen Dolmetscher, sofort zur Arbeit zu gehen. Wir blieben alle stehen. Dann befahl der Kommandant den Wachen, ihre Gewehre zu laden. Der eine Posten stand direkt neben mir, und als ich die Messinghülse in die Kammer gleiten sah, wußte ich, daß es Zeit war, uns zu bewegen, noch ehe der Dolmetscher den Befehl übersetzt hatte. Wir gingen zum Tor, und einer der Posten trat einem unserer Männer absichtlich in den Rücken. Er fiel bewußtlos zu Boden. Wir hörten später, daß er von der Hüfte abwärts gelähmt sei, aber das kann ich nicht bestätigen. Wir sahen ihn niemals wieder.

Als wir an der Arbeitsstelle angekommen waren, kam der Dolmetscher rüber und nannte mich einen Unruhestifter und erwähnte die Arbeitsverweigerung, an der ich früher beim Arbeitskommando 3342/46 in München beteiligt gewesen war. Das war meine erste Erfahrung mit dieser Art deutscher Gründlichkeit. Bis dahin hatte ich nicht gewußt, daß sie auch über Kriegsgefangene Akten führten. Der Dolmetscher fragte mich, warum ich solche Sachen machte und ob ich mein Leben aufs Spiel setzen wollte. Ich werde auf meine Antwort ewig stolz sein, weil ich nicht glaubte, daß ich den Mut aufbringe. Ich sagte ihm, ich sei amerikanischer Soldat, und solange ich die amerikanische Uniform trüge, sei es meine Pflicht, dem Feind soviel Ärger zu bereiten, wie ich konnte. Ich weiß nicht, warum ich das sagte, vielleicht war es ein geheimer Todeswunsch.

Zu dieser Zeit waren die Beschimpfungen, Unbequemlichkeiten, der Schmutz und alles andere schon zur Gewohnheit geworden. In der Tat wurde ich dem Leben selbst gegenüber ziemlich apathisch. Es war mir scheißegal, ob ich lebte oder starb. Wenn man zwei Jahre lang morgens beim Aufstehen nichts weiter sieht als den verdammten Stacheldraht und keine Zukunft mehr vor Augen hat, dann beginnt man sich zu fragen, ob das Leben noch einen Wert hat. Nachdem ich nach Hause gekommen war, habe ich mich oft gefragt, wie die Gefangenen der Japaner den Krieg überlebt haben. Ich bin sicher, ich wäre wahnsinnig geworden anstatt nur neurotisch.

Nach Trattendorf wurde Kalway zum Stalag III B in Fürstenberg zurückgeschickt, aber nicht für lange. Die vorrückenden russischen Truppen zwangen die Deutschen, Tausende von alliierten Kriegsgefangenen zu verlegen. Kalway und seine Gruppe mußten nach Westen zum Stalag III A in Luckenwalde marschieren.

Am 31. Januar 1945 erhielten wir Befehl, alles zu packen, was wir tragen konnten, und am nächsten Morgen marschierten wir ab. Wir wußten nicht, wohin wir liefen. Es fällt mir schwer, mich an diesen Marsch zu erinnern, weil es die schlimmste Zeit überhaupt war. Ich weiß nicht, wieviel tausend Gefangene wir waren, aber es schien, als fülle die sich bewegende Menschenmenge die ganze Gegend aus. Nach einigen Stunden waren die meisten von uns so müde, daß wir außer der Decke und dem Eßgeschirr alles wegwarfen. Während meiner Zeit im Stalag Luft III hatte ich ein Tagebuch angefangen, und es war mir gelungen, auch einige politische Zeichnungen aus dem »Völkischen Beobachter«, der offiziellen Zeitung der Nazi-Partei, hineinzulegen. Diese Zeichnungen waren besonders bösartige Karikaturen alliierter Führer. Mein Tagebuch war nicht sehr groß, aber es wurde mir zu schwer.

Die erste Nacht mußten wir auf einem offenen Feld schlafen. Es war bitter kalt, deshalb legten wir uns immer zu zweit zusammen, damit wir uns mit zwei Dekken zudecken konnten. In den ersten zwei Tagen gaben uns die Deutschen überhaupt keine Verpflegung, und Wasser hatten wir nur, wenn wir Schnee aufsammelten. Es flohen auch viele Zivilisten, aber sie waren gezwungen, über die Felder zu gehen. Nur Kriegsgefangene und Militärtransporte durften die Straßen benutzen. Am dritten Tag bekamen wir ein Schwarzbrot für acht Mann und ein halbes Kilo Käse für fünf Mann. Für den Rest des achttägigen Marsches erhielten wir nichts mehr. Wir sahen viele Leichen neben der Straße liegen. Einmal hörte ich, wie ein SS-Offizier dem Offizier, der unsere Abteilung führte, sagte, wenn wir uns nicht schnell genug bewegten, sollte er den Wachen Befehl geben, uns zu erschießen. Verschiedene Male mußten wir über Leichen von Amerikanern steigen, die erschossen worden waren. Mindestens einer unserer Männer, der stehengeblieben war, um zu pinkeln, wurde auch erschossen.

Am Nachmittag des 8. Februar kamen wir im Stalag III A in Luckenwalde an. Das war bei weitem das schlimmste Lager, in dem ich war. Später habe ich über Andersonville gelesen, das Gefangenenlager der Konföderierten im Bürgerkrieg, und ich glaube, Stalag III A war genauso schlecht. Wir lebten unter unbeschreiblichen Verhältnissen. Viele der Männer mußten ohne jeden Schutz in offenen Flächen lagern. Wir waren so zusammengepfercht, daß es unmöglich war, auch nur die elementarsten Anfänge von Sauberkeit aufrechtzuerhalten. Wir waren etwa 3 000 Mann, und es gab keinerlei sanitäre Anlagen und nur einen Wasserhahn. Schließlich waren wir alle voller Läuse. Wir zogen unsere Unterhemden aus, hängten sie auf eine Leine und versuchten die Läuse mit Streichhölzern abzubrennen. Das hielt ein paar Stunden vor, aber es war unmöglich, sie ganz loszuwerden. Hier traf ich zum ersten Mal Männer von der 106. Division, die während der Ardennenschlacht in Gefangenschaft geraten waren. Viele von ihnen waren brutal behandelt worden, und einige hatten Wunden, die nicht medizinisch versorgt worden waren.

Die geistige Verfassung der Männer begann sich schnell zu verschlechtern. Meist saßen die Gefangenen nur rum und starrten ins Leere. Wenn du jemand etwas fragtest, starrte er dich erst einmal eine Minute ausdruckslos an, bevor ihm bewußt wurde, daß du ihn etwas gefragt hattest. Dann war seine Antwort so wirr, daß du nicht wußtest, ob er die Frage überhaupt verstanden hatte. Manche weigerten sich überhaupt zu reden, und mehrere Male mußten wir einige mit Gewalt zurückhalten, die zum Zaun rennen und Selbstmord begehen wollten.

In der Nachbarabteilung lagen russische Gefangene. Sie waren anscheinend besser auf diese Art von Leben vorbereitet, denn bei ihnen bemerkte ich keinen der Geisteszustände, die in der amerikanischen Abteilung so häufig waren. Andererseits erlagen sie dem Fleckfieber wie die Fliegen, während kein Amerikaner unter dieser Krankheit litt, obwohl wir alle von den gleichen Läusen gebissen wurden. Das war der beste Beweis, daß die Impfungen der amerikanischen Soldaten sehr wirksam waren.

An Hitlers Geburtstag standen wir alle draußen und beobachteten einen der Tausend-Bomber-Angriffe auf Berlin. Was für ein Geburtstagsgeschenk! Es sah aus, als ob ein geschlossener Strom von Flugzeugen von Westen kam. Wir konnten sehen, wie die Führungsmaschine jeder Formation eine Rauchbombe abwarf, und dann warfen die übrigen Flugzeuge der Gruppe ihre Ladungen auf den rauchenden Zielpunkt. Wir konnten die Druckwellen dieser Explosionen spüren, obwohl wir etwa vierzig Kilometer weiter südlich waren.

Unsere Abteilung unterstand einem verständnisvollen Feldwebel. Er hatte in einer Panzereinheit gedient, war aber so schwer verwundet worden, daß sein rechter Arm an der Schulter amputiert werden mußte. Als wir die Nachricht von Roosevelts Tod erhielten, erlaubte er einem Hornisten, in ein nahes Waldstück außerhalb des Lagers zu gehen und den Zapfenstreich zu blasen, während die übrigen Amerikaner Haltung annahmen und salutierten. Übrigens lautete die Schlagzeile im »Völkischen Beobachter« an dem Tag: »Roosevelt, der größte Kriegsverbrecher aller Zeiten, ist tot.«

Henry McKee
Du reagierst auf den Augenblick und handelst instinktiv

Henry H. McKee ist ein pensionierter Oberst, äußerst diszipliniert und selbstbewußt, der keine Nachwirkungen seiner Gefangenschaft zugibt. Aber er ist immer noch verärgert über seinen Vorgesetzten, der in der Ardennenschlacht mit seiner Truppe kapitulierte. McKee war im Stalag XII A in Limburg und Stalag XIII C in Hammelburg eingesperrt und äußert sich auch kritisch über die wenigen seiner Offizierskollegen, die sich als Gefangene nicht wie Soldaten verhielten. McKees Tagebuch aus seiner Gefangenschaft zeigt, daß er als Offizier bestimmt weniger litt als die einfachen Soldaten, obwohl die Verhältnisse auch für ihn widrig waren – so konnte er einmal 66 Tage lang weder seine Unterwäsche wechseln noch sich die Zähne putzen. Rotkreuzpakete sowie einige freundliche serbische Offiziere in der Nachbarabteilung halfen McKee und seinen Offizierskameraden, ihre Gefangenschaft zu ertragen. McKee führte ein Tagebuch der Gefangenschaft, aus dem Auszüge in diesen Erinnerungen enthalten sind.

Wir wurden ins Stalag XII A in Limburg gebracht. Ein paar Tage vor unserer Ankunft hatten die Engländer irrtümlich das Lager bombardiert und dabei etwa 60 Amerikaner getötet. Es ist schrecklich, von den eigenen Leuten bombardiert zu werden. Ich verbrachte in Frankfurt 36 Stunden in einem Güterwagen, und in der Zeit habe ich mehr geschwitzt als in einem ganzen Sommer in Texas. Die Deutschen hätten die Güterwagen mit dem Roten Kreuz markieren sollen, aber an unseren Wagen taten sie das nicht.

Dann fuhren sie uns auf Lastwagen zum Gefangenenlager in Limburg. Unterwegs hielten wir bei einem Munitionslager an, und die Wachen befahlen uns, Munition auf die anderen Lastwagen zu laden. Ich sagte zu dem Kommandeur der Wachen: »Können wir nicht tun. Genfer Konvention und all der Quatsch.« Er bestand darauf, deshalb sagte ich ihm noch einmal: »Wir dürfen das nicht tun, weil es eine Verletzung der Genfer Konvention ist. Wir können nichts tun, was der Kriegführung hilft.« Er und einer seiner Männer griffen ein paar von meinen Jungs, führten sie beiseite und richteten ihre automatischen Waffen auf sie. Dann sagte er: »Ich sag es dir noch einmal. Verladet die Munition, oder du verlierst deine Männer, immer zwei nacheinander.« Ich sagte den Jungs: »Verladet die Munition.«

Von Limburg wurden wir ins Stalag XIII C in Hammelburg verlegt. In der Abteilung nebenan lagen eine ganze Menge Serben. Es waren monarchistische Offiziere der oberen Schichten, die sehr gebildet waren. Sie hatten amerikanische Rotkreuzpakete; in der Tat hatten sie einen ganzen Schuppen voll von diesen Paketen. Als wir in das Lager kamen, waren noch keine Pakete für uns da. Unser ranghöchster Offizier setzte sich mit einem serbischen General in Verbindung und wies auf die amerikanischen Aufschriften auf den Paketen hin. Er schlug ihm vor, ob wir nicht einige Pakete aus seinem Schuppen holen könnten, die wir ersetzen würden, wenn wir unsere erhielten. Der serbische General wollte nicht mitmachen. Als die Front schließlich näherkam und wir die Artillerie hören konnten, drohten wir, ihn den amerikanischen Behörden zu übergeben. Von da an gab er uns die gleiche Zuteilung wie seinen eigenen Leuten.

Ich freundete mich mit verschiedenen Serben an, sie waren großartig. Nachts kroch ich unter dem Zaun zwischen den Abteilungen durch und besuchte sie. Sie gaben mir alles mögliche. Einer schenkte mir einen wirklich hübschen Kaffeebecher und eine Schüssel zum Wasserkochen, die beide aus Konservendosen gemacht waren. Von einem anderen Serben bekam ich einen Hut. Ich habe nie in meinem Leben solche Gastfreundschaft erlebt. Als wir in Hammelburg ankamen, hatten wir keine Zigaretten, und die Serben bekamen 25 Stück die Woche. Da gaben sie jedem von uns 10 Stück. Das war besonders günstig für mich, weil ich nicht rauchte und sie gegen Lebensmittel eintauschen konnte. Für Zigaretten konnte man alles kriegen. Ich tauschte dafür zum Beispiel Zucker ein, Schokoladenriegel, eine Schreibfeder und immer zusätzliches Brot.

Die Serben hatten sogar eine Kapelle mit zwei Geigen, einer Baßgeige, einer Klarinette und einem Akkordeon. Ich erinnere mich an eine ganz bestimmte Nacht, als unser Pfarrer, ein anderer Hauptmann und ich meine serbischen Freunde besuchten. Sie servierten uns heißen Kaffee, der sehr stark und süß war. Dann brachten sie uns eine große Schüssel mit etwas, was wir Stalag-Pudding nannten. Obenauf war eine Schicht Himbeermarmelade, und das übrige war eine sehr süße Creme aus Zucker, Graupen, Mehl, Rosinen und Trockenmilch. Die Serben bestanden darauf, daß wir drei alles aufessen mußten. Es war das Beste, was ich seit meiner Gefangennahme gegessen hatte.

Ein anderes Lieblingsgericht von mir war Stalag-Backpflaumenbrot. Ich erinnere mich noch genau an das Rezept. Man legt acht Backpflaumen, die einige Stunden eingeweicht wurden, in eine leere Milchdose. Die Backpflaumen werden gekocht und mit einem Löffel zerdrückt. Vier große Stück Zucker löst man in einer achtel Tasse Wasser auf und gießt die Flüssigkeit zu. Man kocht alles zehn Minuten und rührt dann Stücke von Brotkrusten hinein, die man von der Tagesration abgeschnitten hat. Man kocht es unter ständigem Umrühren weitere 15 Minuten. Köstlich!

Viele Dinge waren hart, aber ich muß sagen, daß ich mit »Bewältigung« oder »Psychoanalyse« oder »Psychologie« nichts anfangen kann. Es war kein Vergnügen, hungrig zu sein, keine Zahnbürste zu haben oder wochenlang die Unterwäsche nicht wechseln zu können. Aber damit wird man fertig. Ich hatte keine Dauerprobleme mit der Gefangenschaft. Natürlich gefiel es mir nicht, und ich möchte es nicht noch einmal durchmachen, aber es hat mich nicht wirklich berührt. Wenn ich bei der Armee war oder im Gefängnis, dann war ich eben drin, und wenn ich draußen war, war ich draußen. Einiges, was ich tat, hat mich überrascht, und wenn ich nach dem Krieg daran dachte, glaubte ich, ich war verrückt. Aber du reagierst auf den Augenblick und handelst instinktiv.

McKees Gefangenentagebuch beschreibt die ungeheuren Entbehrungen und den Druck, den er und seine Mitgefangenen auszuhalten hatten. Mindestens drei Viertel seines Tagebuchs handeln ausschließlich vom Essen. Gegen Ende seiner Gefangenschaft, als das Essen sehr knapp war, verbrachte McKee viel Zeit im Bett. Auch spielte die Religion eine immer wichtigere Rolle für ihn. Er beschreibt mehrere Male, wieviel Kirche und Gebet ihm bedeuteten, besonders wenn er sich wegen der langen Trennung von seiner Frau und seinem kleinen Sohn sehr einsam und niedergeschlagen fühlte. McKees Eintragun-

gen vom 21. März 1945 sind besonders aufschlußreich, denn er schildert in einem Absatz, wie ein Offizier getötet wurde, weil er während eines Luftangriffs außerhalb der Baracke war, die Ankunft von Rotkreuz-Lastwagen, den Speisezettel des Tages und den ersten Frühlingstag:

»Heute töteten die Deutschen einen weiteren unserer Offiziere! Sie hatten bekanntgegeben, daß wir während eines Fliegeralarms einzeln zur Latrine gehen dürften. Vorher konnten wir überhaupt nicht gehen, und die Deutschen würden jeden erschießen, der außerhalb des Gebäudes angetroffen wurde. Heute ging Leutnant Weeks von unserer Division während eines Alarms nach draußen, und ein Posten, der anscheinend die neue Anordnung noch nicht kannte, schoß ihm in den Rücken. Aus etwa 30 Meter Entfernung legte der Posten sein Gewehr am Zaun an und erschoß ihn! Er war sofort tot, hatte die Hände noch in den Taschen. Seine Beerdigung war heute, etwa sechs Stunden, nachdem er getötet wurde. Das ganze Lager nahm daran teil. Zwischen zwei und sechs Rotkreuz-Lastwagen sind im Lager. Wir wissen nicht, ob sie Lebensmittel bringen, aber wir hoffen es. Heute aßen wir Graupen, Kartoffeln und Rüben. Heute war Frühlingsanfang, und es war ein richtig sonniger Tag, aber windig und etwas kalt.«

Ich habe mit vielen Leuten gesprochen, die mich fragten: »Was werde ich machen, wenn ich zum Kampfeinsatz komme? Werde ich weglaufen? Werde ich vorwärtsstürmen wie John Wayne und den Hügel erobern?« Viele der Jungs machten sich Sorgen darüber. Ich war auch besorgt und fragte mich, was ich wohl in bestimmten Situationen tun würde, bevor sie wirklich eintraten. Aber wenn der Augenblick kommt, vergißt man gewissermaßen den ganzen Kram. Man tut, was man tun muß.

Ich registrierte viel Mutlosigkeit und den Zusammenbruch der Moral in den Gefangenenlagern. Viel mehr, als mir gefiel. Die Disziplin ließ merklich nach. Und dies geschah in einem Offiziersgefangenenlager. Eine Menge hängt von dem einzelnen und seinem Werdegang ab. Obwohl ich zugebe, daß es schwierig ist, vorauszusagen, wer zusammenbrechen wird, glaube ich, wenn man im Lager war, konnte man vorhersagen, wem es am ehesten passieren würde. Sie begannen wie Landstreicher auszusehen, oder sie hielten sich nicht mehr sauber. Manche Männer versuchten mit ihnen zu reden und sie daran zu erinnern, daß sie Offiziere der amerikanischen Armee waren. Manchmal half es, aber bei den meisten nicht. Diese Jungs ließen sich ganz einfach gehen. Im Winter konnten wir unsere Kleidung nicht waschen. Wir hatten nicht viel Seife, aber kaltes Wasser und ein wenig Reiben half. Wir hatten ein paar Rasierapparate. Die Klingen wurden ziemlich stumpf, doch man konnte etwas von seinem Bart abschaben.

In Limburg sah ich in der Nachbarabteilung Russen, die in schrecklicher Verfassung waren. Für sie war es ein Todeslager. Die Deutschen gaben ihnen nichts zu essen außer einer Art Suppe. Wir haben auch viel von dieser Suppe gegessen; tatsächlich bekam man soviel Flüssigkeit in den Körper und die Nieren waren so schwach, daß man in der Nacht dauernd urinieren mußte. Man mußte eine Flasche am Bett haben, denn man konnte nicht zur Latrine gehen aus Angst, daß die Wachen einen erschießen würden. Aber die halbe Zeit schaffte man es nicht bis zur Flasche. Man hatte soviel Flüssigkeit in sich und das Körpersystem war so geschwächt, daß man es einfach nicht halten konnte.

Ich kann Ihnen sagen, wenn wir lange genug in den Lagern geblieben wären, wären wir alle verhungert. Aber selbst dann noch tauschten einige Jungs ihr Essen gegen Zigaretten. Ich habe erlebt, daß Männer, die praktisch am Verhungern waren, zu mir kamen, weil ich nicht rauchte, und mir anboten, ihr Essen gegen meine Zigaretten zu tauschen. Da wurde mir bewußt, wie süchtig Nikotin macht.

Freundschaft oder ein Kumpelsystem in den Lagern machten einen riesigen Unterschied. Man muß auch die Religion in Betracht ziehen. Je tiefer man in Probleme gerät, desto mehr scheint sich jeder Gott zu nähern. Ich habe viele Leute beobachtet, die seit Jahren nicht gebetet hatten und die jetzt auf die Knie gingen und wie wild zu beten begannen.

Reeducation und der lange Weg nach Hause

In wenig präziser Form bestimmt Art. 75 der Genfer Konvention, daß die Repatriierung der Gefangenen mit möglichst geringer Verspätung nach dem Friedensschluß durchgeführt werden soll. Die besiegte Wehrmacht wurde mit diesem Problem überhaupt nicht konfrontiert, und kurz nach der Befreiung waren die amerikanischen Kriegsgefangenen wieder zu Hause, sieht man von denjenigen US-Soldaten ab, die von den Sowjets befreit und mit kurzer Verzögerung über Odessa nach Hause verschifft wurden. Viele dieser Männer hatten unter den psychischen Spätfolgen dennoch zu leiden, als sie sich im Zivilleben einzurichten versuchten, doch war eine Übergangsregelung oder Starthilfe nicht vorgesehen. Die meisten wurden rasch ausgemustert und ihrem Schicksal überlassen, alleingelassen mit schmerzhaften Erinnerungen, unergründbaren und verwirrenden Ängsten und manchmal gar auffälligem Sozialverhalten.

Für deutsche Kriegsgefangene stellte sich die unmittelbare Nachkriegserfahrung ganz anders dar. Auch wenn viele posttraumatische Belastungsstörungen erlitten, war ihr vordringliches Problem die Sorge um die Heimkehr. Nach Beendigung der Feindseligkeiten wurde nur eine Minderheit von ihnen unmittelbar in ihre deutsche Heimat entlassen. Die Mehrzahl blieb bis zu 14 Monaten in den Vereinigten Staaten. Danach wurden ganze zwei Drittel nach England und Frankreich geschickt, wo nicht wenige bis 1948 bleiben mußten.

Ein Thema, das die deutsche Nachkriegsgesellschaft noch lange beschäftigt hat, war die *Reeducation*. Das *US-War Department* richtete im September 1944 die sogenannte »*Special Projects Division*« ein, in der mit der Hilfe deutscher Exilianten im Sinne der USA politisch zuverlässige deutsche Kriegsgefangene für die politisch-kulturelle Aufklärungsarbeit eingesetzt wurden, um es allen Gefangenen zu ermöglichen, sich mit den Prinzipien der liberalen Demokratie nach amerikanischem Vorbild vertraut zu machen. Manch einer der deutschen Regimegegner der ersten Stunde war über diese »Nachhilfe in Demokratie« durchaus befremdet. Kernstück der *Special Projects Division* war die sogenannte »*Factory*«, die im Oktober 1944 im Camp van Etten (New York) eingerichtet und ab März 1945 nach Fort Kearney (Rhode Island) verlegt wurde. Es wurde nicht nur die weitverbreitete Kriegsgefangenenzeitschrift »Der Ruf« redigiert und die »Bücherreihe Neue Welt« herausgegeben, auch Bildungsprogramme, Lagerzeitschriften, Film- und Radio-Programme für die Masse der deutschen Kriegsgefangenen konzipierte man hier.

Als sich Anfang 1945 abzuzeichnen begann, daß auf die USA als Besatzungsmacht in Deutschland gewaltige Probleme zukommen würden, begann die *Special Projects Division* mit der Auswahl zuverlässiger Kriegsgefangener. Circa 800 wurden für eine Verwaltungsausbildung im Schulungslager Fort Getty (Rhode Island), circa 2 900 für die Polizeischulung in Fort Wetherill (Rhode Island) ausgesucht, von denen effektiv 1 166 das Ausbildungsprogramm dieses sogenannten »*United States Army School Center*« durchliefen. Die Kriegsgefangenen wurden zum einen in englischer Sprache, Verwaltung, Aufgaben der Militärregierung und deutscher und amerikanischer Geschichte ausgebildet, zum anderen für Aufgaben der Polizeiverwaltung im demokratischen Staat geschult. Ende 1945 startete man das umfangreiche »*Eustis-Project*« im gleichnamigen Lager im US-Bundesstaat Virginia. In einem einwöchigen Orientierungslehrgang wurden hier nacheinander rund 20 000 als »*Anti-Nazi*« eingestufte Kriegsgefangene zur raschen Repatriierung mit den Prinzipien der Demokratie, der amerikanischen Verfassung, des Wirtschaftssystems, aber auch mit deutscher Geschichte vertraut gemacht. Die Gefangenen nannten diesen Schnellkurs in Demokratie salopp »Sechs-Tage-Rennen«.

Die Maßnahmen der *Special Projects Division* fanden seitens der US-Militärregierung wenig Beachtung. Das *War Department* ermittelte unmittelbar nach dem Kriege, daß die quasi als Sendboten der liberalen Demokratie geschulten ehemaligen Kriegsgefangenen von der Notwendigkeit der Überwindung des Nationalsozialismus bei weitem überzeugter waren als der Bevölkerungsdurchschnitt und daß sie – obwohl nur selten in Schlüsselstellungen der Verwaltung gelangt – ein wichtiges Bindeglied für die deutsch-amerikanischen Beziehungen darstellten.

Der legendäre Morgenthau-Plan forderte 1944 Reparationen durch den Einsatz deutscher Arbeitskräfte außerhalb Deutschlands, eine Möglichkeit, die auch auf den Konferenzen von Jalta und Potsdam oder in San Francisco diskutiert wurde, als Delegierte anregten, daß Frankreich, die Niederlande, Belgien, Luxemburg, Jugoslawien und Griechenland mindestens drei Millionen deutscher und italienischer Arbeitskräfte benötigten, um ihre Länder wiederaufzubauen. Französische Vertreter äußerten, daß sie zwei Millionen deutsche Arbeitskräfte fordern würden, die Russen reklamierten deren fünf bis zehn Millionen. Am Ende des Zweiten Weltkrieges hatten sich die Alliierten darauf verständigt, deutsche Gefangene zum Wiederaufbau dieser durch Hitlers Aggression zerstörten Länder einzusetzen.

Gewiß nährten auch die Aufdeckung nationalsozialistischer Gewaltverbrechen und besonders die Filme und Fotos der Konzentrationslager die Absicht, auf deutsche Kriegsgefangene im Sinne einer Wiedergutmachung zurückzugreifen. Nach einer Meinungsumfrage aus dem Mai 1945 befürworteten 82 Prozent der Amerikaner, daß deutsche Kriegsgefangene herangezogen würden, zerstörte Städte in der UdSSR wiederaufzubauen. Ein Kongreßabgeordneter, George Bender aus Ohio, pflichtete dem bei in der Hoffnung, daß hierdurch »eine Gruppe gefährlicher, arroganter Männer, die andernfalls eines Tages der Kern einer neuen Bedrohung für die Welt würden, zur Raison gebracht werden könnten«.

Andere amerikanische Stimmen warnten davor, eine große Anzahl deutscher Kriegsgefangener nach Deutschland zurückzubringen. Die *Washington Post*, die den Rückgriff auf die Arbeitskraft der Kriegsgefangenen nach dem Krieg als »Verletzung von Geist und Buchstaben der Genfer Konvention« ansah, befürchtete, aus einer allzu raschen Repatriierung könnten möglicherweise Gefahren erwachsen: »Die deutschen Kriegsgefangenen mit dem Ende der Feindseligkeiten oder kurz danach nach Hause zu schicken, erscheint nicht nur undurchführbar sondern auch gefährlich«, hieß es in einem Leitartikel vom 24. April 1945. »Die Rückkehr der Kriegsgefangenen könnte diese bald in *Freikorps* zusammenführen, die sich zu einer Privatarmee vereinigen könnten.« Amerikanische Militärs in Europa mahnten ihrerseits die behutsame Rückführung der Deutschen an, da sie »vermutlich die einzige größere Gruppe von Deutschen seien, die gut genährt und immer noch unbeirrbar Nazis seien«.

Bestimmte amerikanische Handels- und Landwirtschaftskreise hielten eine Zurückhaltung der Gefangenen aus anderen Gründen für erforderlich. Sie waren billige Arbeitskräfte, zuverlässig und verhältnismäßig gut organisiert. Das Kriegsministerium stimmte zu und stellte unmittelbar nach *VE-Day* 140 000 Kriegsgefangene Vertragspartnern in Landwirtschaft und Industrie zur Verfügung. Diese Männer arbeiteten in den USA bis Juli 1946, als schließlich die letzten von ihnen nach Europa verschifft wurden. Freilich hatten sich die organisierte Arbeiterschaft, Veteranenverbände und einige Politiker im Hinblick auf die Arbeitsmöglichkeiten heimkehrender US-Soldaten für eine rasche Repatriierung aller deutschen Gefangenen eingesetzt.

Ende Juni 1945 erklärte der *Provost Marshal General* Arthur L. Lerch, daß die Gefangenen im Juli nach Europa heimkehren würden. In einer Erklärung an die besorgten Kriegsgefangenen, die in der Juli-Nummer der Kriegsgefangenenzeitschrift »Der Ruf« publiziert wurde, versuchte Lerch seinen Rückführungsplan zu erläutern, denn längst waren Gerüchte unter den Gefangenen in Umlauf, daß Mannschaften noch längere Zeit zurückgehalten würden, während Offiziere, darunter auch fanatische Nationalsozialisten, nach Hause könnten. Lerch versicherte ihnen, »die amerikanische Regierung mag mitunter solche nach Europa zurückschicken, die unser Vertrauen nicht verdienen und sich im Angesicht des Desasters als unbelehrbar erweisen ..., aber diese Männer werden nicht als freie Bürger nach Europa zurückkehren. Sie werden keine Privilegien besitzen, sie werden Gefangene bleiben.« Bis Ende November waren gerade etwas mehr als 73 000 Deutsche Gefangene in die Heimat entlassen worden. Annähernd 50 000 von ihnen schätzte das *War Department* als ohne größeren Nutzen ein. Es handelte sich um Offiziere und Unteroffiziere, die nicht zur Arbeit herangezogen werden konnten, jene die krank oder unfähig waren und hartgesottene Nazi-Anhänger, die man als unzuverlässig einschätzte. Was geschah mit den Mannschaftssoldaten, die zurückblieben? Sie waren in der Regel die letzten, die die Vereinigten Staaten verlassen konnten, Zehntausende von ihnen führte der Weg abermals in Kriegsgefangenenlager in England und Frankreich.

Edwin Pelz
Wir hatten schon schlechtere Zeiten gesehen

Bei Kriegsende war Edwin Pelz in einem Kriegsgefangenenlager in Arkansas. In dem folgenden kurzen Abschnitt, der zuerst im Frühjahr 1983 im »Arkansas Historical Quarterly« veröffentlicht wurde, beschreibt er, wie das Kriegsende die Behandlung der deutschen Gefangenen negativ beeinflußte.

Das Ende des Krieges veränderte unser Leben im Lager auf dramatische Weise. Nachdem Deutschland kapituliert hatte, bekamen die Zivilarbeiter den Sonntag frei und nach der Kapitulation Japans auch den Samstag. Deshalb mußten wir jetzt jeden Tag arbeiten. Das war ein Punkt der neuen härteren Behandlung von Gefangenen, die den Achsenmächten angehörten. Das Internationale Rote Kreuz kümmerte sich nicht mehr um uns. Vor der deutschen Kapitulation inspizierten sie das Lager alle zwei oder drei Monate – aber nach dem Kriegsende in Europa nicht mehr. Aus unserer Lagerkantine wurden alle guten Dinge entfernt, und unsere Rationen wurden auf 1 200 Kalorien pro Tag reduziert. Man sagte uns, das sei die gleiche Menge, die die amerikanischen Gefangenen in Deutschland erhalten hätten. Was für ein Unterschied! Aber was bedeutet schon eine reduzierte Ration oder eine leere Kantine oder so etwas Ähnliches im Vergleich zum Frieden? Der Krieg in Europa war zu Ende, ich war am Leben, fast dreiundzwanzig Jahre alt und voller Zukunftspläne. Das war mir wichtiger als alle

Kalorien der Welt. Es war uns klar, daß die Lebensmittelknappheit im Lager in erster Linie eine Strafmaßnahme war. Wir wußten auch, daß die Menschen in Europa Lebensmittel nötiger hatten als wir, und wir wußten, daß ganze Lebensmittelzüge aus dem Depot dorthin geschickt wurden. Im großen und ganzen war es nicht so schlimm. Wir hatten schon schlechtere Zeiten gesehen.

Ludwig Norz
Ich kam im Mai 1948 nach Hause

Ludwig Norz, der dem Leser bereits im ersten Abschnitt begegnete, war einer der unglücklichen Kriegsgefangenen in Amerika, die bei Kriegsende nicht direkt nach Deutschland heimgeschickt wurden; statt dessen wurden sie für zwei weitere Jahre Gefangenschaft nach England gebracht.

Von Fort Lewis kamen wir zurück nach Montana und zur Zuckerrübenernte. Der Winter setzte früh ein, und wir gruben noch Zuckerrüben unter Schnee und Eis heraus. Im Dezember wurden wir nach Florence zurückgeschickt zur Baumwollernte. Dort blieben wir bis März 1946 und dachten, nun würde es nach Hause gehen. Wir hatten gehört, die Genfer Konvention schreibt vor, daß alle Kriegsgefangenen innerhalb von zwölf Monaten nach Ende der Feindseligkeiten nach Hause entlassen werden sollten. Darüber wurde in den Lagern allgemein gesprochen, obwohl wir kein offizielles Exemplar der Genfer Konvention besaßen. Da die deutsche Regierung nicht mehr existierte, glaubten wir auch, uns müsse das Internationale Rote Kreuz vertreten. James Bacque, der später *Other Losses* schrieb, meinte, daß das Internationale Rote Kreuz daran gehindert wurde, uns zu vertreten. Dessen bin ich mir nicht sicher, aber wir hatten ganz bestimmt keine Vertretung. Ich weiß nicht, warum wir nicht direkt nach Hause durften. Einige behaupteten, die amerikanische Regierung hätte ein Abkommen mit Frankreich und England getroffen, ihnen deutsche Kriegsgefangene zum Wiederaufbau ihrer Wirtschaft zu schicken. Auf alle Fälle wurden Tausende von uns nach Frankreich, England und Belgien gebracht. Ich gehörte zu denen, die nach England transportiert wurden, obwohl wir bis zum Tag vor unserer Landung immer noch glaubten, wir würden nach Hause kommen.

Wir gingen in San Francisco an Bord eines Schiffes und fuhren durch den Panamakanal. Während der Durchfahrt mußten wir unter Deck bleiben, damit wir die militärischen Einrichtungen nicht sehen konnten, aber wir hätten sowieso nichts tun können. Nachdem wir wieder an Deck waren, sahen wir drei erbeutete deutsche Schiffe. Eins von ihnen war die »Prinz Eugen«, die später für die Atombombenversuche im Pazifik benutzt wurde.

Man sagte uns, wir würden nach Frankfurt transportiert und müßten von da auf eigene Faust nach Hause kommen. Später sagte man uns, mit der Maschine wäre etwas nicht in Ordnung, deshalb müßten wir in Guantanamo Bay in Kuba anlegen. Dort lagen wir zwei oder drei Tage. Wir machten Witze darüber, daß sie uns bewachten, weil doch keiner über Bord gehen würde, wenn wir auf dem Weg nach Hause waren. Sie müssen wohl gedacht haben, wir wüßten, daß wir nicht nach Deutschland kommen würden, und deshalb müßten sie uns bewachen. Aber niemand wußte es. An dem Abend, bevor wir das Schiff verlassen sollten, sagten sie uns schließlich, daß wir aus technischen Gründen nach England fahren würden. Sie erklärten, die Nordsee sei noch vermint und wir würden innerhalb von drei Monaten von England nach Hause gebracht. Das war im April 1946. Ich kam im Mai 1948 nach Hause, mehr als zwei Jahre später und fast drei Jahre nach dem Ende der Feindseligkeiten. Von den Deutschen in amerikanischer Gefangenschaft war ich einer der letzten, die nach Hause kamen, aber ein Vetter von mir wurde bis Ende 1948 in Frankreich festgehalten. Zum Glück verbrachte er die meiste Zeit auf einem Bauernhof und wurde verhältnismäßig gut behandelt – wie die französischen Gefangenen, die während des Krieges auf deutschen Bauernhöfen arbeiteten. Einige, die in Frankreich gefangengehalten wurden, kamen nie zurück. Ein Schwager von mir kam nicht als Kriegsgefangener um, aber er starb drei Tage, nachdem er nach Hause kam. Er war über 1,80 Meter groß, von athletischem Körperbau und wog etwa 200 Pfund. Er versuchte bei Kriegsende nach Hause zu gelangen und hätte es beinahe geschafft. Er hätte in einem Tag nach Hause gehen können, denn wir wohnten nicht weit von der französischen Grenze. Aber er besuchte seinen Bruder, der wegen einer körperlichen Behinderung nicht Soldat gewesen war. Zu der Zeit versuchten die Franzosen, noch deutsche Soldaten zu finden, die sich vielleicht verborgen hielten. Wer einen früheren Soldaten versteckte, wurde schwer bestraft, aber sein Bruder wollte das Risiko eingehen und ihn verstecken. Mein Schwager sagte: »Nein, das kann ich dir nicht antun. Es ist zu gefährlich, und ich kann euch nichts von dem wenigen Essen wegnehmen, das ihr für euch und eure vier Kinder habt.« Deshalb stellte er sich – nur einen Tagesmarsch von daheim entfernt. Er kam ein Jahr später nach Hause mit einer Gruppe von etwa 5 000 Gefangenen, die alle so ziemlich in der gleichen schrecklichen Verfassung waren wie er. Er wog 78 Pfund. Da war nichts mehr von ihm übrig. Er wurde ins Krankenhaus gebracht, aber es war zu spät, um ihn noch zu retten. Die Geschichte sagt nicht, daß er in einem französischen Gefangenenlager starb, aber das war sein Tod.

In England war alles anders. In den Staaten schien jeder

Lagerkommandant sein Lager so zu leiten, wie er es für richtig hielt. Keine zwei Lager waren sich gleich. Die Briten hatten anscheinend ganz klare Richtlinien, wie sie die Lager führen sollten. Man wußte, was man zu erwarten hatte. Wenn du in einem Lager gewesen warst, kanntest du so ziemlich alle. In England arbeiteten wir hauptsächlich im Straßenbau. Mitte Dezember 1946 wurde uns gesagt, wir könnten über Weihnachten das Lager verlassen, allerdings unter einer Bedingung. Man konnte nachmittags von eins bis vier Ausgang bekommen, aber nur, wenn ein Zivilist für einen bürgte. Der Bürge mußte in das Lager kommen, einen austragen, zurückbringen und wieder eintragen. Es war überraschend, wie viele Leute zum Lager kamen, um einen Kriegsgefangenen mit nach Hause zu nehmen. So bekamen wir zum ersten Mal Kontakt mit der Zivilbevölkerung.

Einer dieser Kontakte war unvergeßlich. Eines Sonntagmorgens kam unser deutscher Lagerleiter in die Baracken und fragte: »Möchte jemand zu einem Picknick gehen?« Natürlich wollten alle gehen. Er sagte uns, er hätte nur Einladungen für zwanzig. Wir waren aber 600. Er schlug vor, daß wir Lose ziehen sollten, und ich bekam eins von den zwanzig. Wenn ich im voraus gewußt hätte, was uns erwartete, hätte ich nicht gehen wollen. Zum Glück entschied ich mich anders. Etwa zwanzig jüdische Ehepaare nahmen uns zu dem Picknick mit und bewirteten uns großartig. Ich werde das nie vergessen. Sie waren alle deutsche Juden, die aus Deutschland geflohen waren. Das war ein ernüchterndes Erlebnis. Sie behandelten uns, als ob nichts geschehen wäre. Sie wollten uns nur einen schönen Tag bereiten. Später trafen wir auch andere Juden, die uns oder Deutschland nicht kannten, dann mußten wir vorsichtig sein. Das ist verständlich. Das Bemerkenswerte ist, daß diese Leute, die wirklich gelitten hatten, uns nicht diskriminierten oder haßten.

Dieser Ausgang wurde später auch auf Samstagabend ausgedehnt, und als im Frühjahr und Sommer die Tage länger wurden, verlängerte man die Zeit bis zur Dunkelheit. Zu der Zeit konnte auch jeder, der das wollte, einen Bürgen finden, und selbst diese Bedingung wurde im späten Frühjahr 1947 aufgehoben. Von da an konnten wir uns im Umkreis von drei Meilen vom Lager frei bewegen. Das war großartig, nachdem man so lange ein streng bewachter Gefangener gewesen war. Wir waren noch deutlich als Kriegsgefangene gekennzeichnet, und deshalb konnte man sich nicht verstecken, selbst wenn man es gewollt hätte. Manchmal sprachen uns Leute an und luden uns zu sich ein oder schenkten uns etwas. Natürlich begegneten wir auch viel Kriegspropaganda und Feindseligkeit, aber es gab auch sehr viel guten Willen. Diese Menschen sahen in uns nicht nur Kriegsgefangene. Zuerst mögen sie aus reinem Mitleid gehandelt haben, um unser Leben etwas leichter zu machen, aber schnell sahen wir uns ganz einfach als Menschen und dann ganz einfach als Freunde. Und diese Erfahrungen änderten natürlich grundlegend unsere Einstellung England gegenüber.

Im Mai 1948 wurde ich schließlich entlassen. Es kursierten immer viele Gerüchte, aber vor dem frühen Frühjahr 1948 wurde kaum jemand nach Hause geschickt. Aus unserem Lager waren es vielleicht einer oder zwei im Monat, meistens Bauern und Bergleute, sonst niemand. Wer studiert hatte, war schon nach Hause geschickt worden, bevor wir nach England kamen. Im Frühjahr 1948 wurden dann plötzlich jede Woche zwanzig oder dreißig oder noch mehr entlassen. Die Gerüchte besagten, es hätte etwas mit der Sommer-Olympiade 1948 zu tun. Einige neutrale Regierungen hätten angeblich gefordert, England solle die restlichen Kriegsgefangenen nach Hause schicken oder sie würden nicht teilnehmen.

Louis G. Grivetti
Slaughterhouse Five

Louis Grivetti schämte sich jahrelang, daß er Kriegsgefangener gewesen war und hat erst 1995 begonnen, darüber zu sprechen. Er war neunzehn, als er in der Ardennenschlacht gefangengenommen wurde, und er erlebte den katastrophalen Feuersturm während des Bombenangriffs auf Dresden, wo er mit dem Schriftsteller Kurt Vonnegut zusammen war. Nach dem Angriff mußte er in die Luftschutzkeller kriechen und Leichen der Deutschen herausholen. Er war auch im Stalag XII A, als die Briten am 23. Dezember 1944 irrtümlich eine Offiziersbaracke bombardierten und große Verluste verursachten. Beide Ereignisse hinterließen bleibende Schäden bei ihm. Wie so viele seiner Mitgefangenen hatte Grivetti, der mit sanfter Stimme redet und fast schüchtern wirkt, große Schwierigkeiten, von der Veterans Administration Hilfe zu bekommen. Seit zwei Jahren erhält er endlich eine Rente für dreißigprozentige Kriegsbeschädigung infolge posttraumatischer Belastungsstörungen.

Kurt Vonnegut und ich waren in Dresden zusammen, aber ich kann mich wirklich nicht sehr gut an ihn erinnern. Als ich in die Staaten zurückkam, versuchte ich, alles zu vergessen, was mit meiner Gefangenschaft zu tun hatte. Erst seit wenigen Jahren kann ich mir viele Dinge wieder zurückrufen, die passiert sind. Ich habe ein kleines Tagebuch geschrieben, und kleine Erinnerungen kommen zurück. Wie viele andere versuchte ich jahrelang, alles aus meinem Gedächtnis zu verdrängen, was mit dem Krieg und meiner Gefangenschaft in Dresden zusammenhing.

Das war falsch, aber ich weiß, warum ich das tat. In unserem Gefangenenlager starb ein Junge. Er gab ganz einfach auf. Er war ein ganz junger Bursche. Er saß da, und dann war er weg. Er schlief in meiner Nähe. Nach dem Krieg bekam ich einen Brief von seinen Eltern, die fragten, was mit ihrem Sohn geschehen sei, aber ich konnte damals über solche Dinge ganz einfach nicht sprechen, und ich habe nie geantwortet. Es war schlecht, daß ich das tat, aber ich konnte nicht anders.

Das erste Mal ging ich ins Veteranenbüro in Louisville zu einer sogenannten Protokoll-Untersuchung nach dem Krieg. Der Arzt behandelte mich mit ziemlicher Verachtung. Während er mich untersuchte, versuchte ich ihm gewisse Dinge zu erzählen, aber er wollte nichts davon hören. Er sagte zu mir: »Halten Sie den Mund. Soll ich nun Ihre Papiere fertig machen oder nicht?« Er schaute mich nur an und schrieb dann etwas. Man kann doch nicht den Gesundheitszustand eines Menschen bestimmen, indem man ihn nur anschaut.

Kurze Zeit später nahm ich an meinem ersten Kriegsgefangenentreffen teil. Dort erzählte ich einem Beamten aus Washington, was mir mit dem Arzt im Veteranenbüro passiert war. Er sagte: »Sie hätten aufstehen, ihm in die Schnauze hauen und weggehen sollen.« Er riet mir dann, ich sollte zurückgehen und eine neue Protokoll-Untersuchung verlangen, was ich auch tat. Aber ich geriet an den gleichen Doktor, und diesmal hatten wir eine Auseinandersetzung. Etwa eine Woche später mußte ich zum Psychiater. Seine erste Frage war: »Was war los, daß Sie Doktor Soundso Probleme gemacht haben?« Ich mußte also die ganze Geschichte noch mal erzählen.

Aber dieser Arzt war ein Veteran des Vietnamkrieges und sagte zu mir: »Machen Sie sich keine Sorgen, ich werde das in Ordnung bringen.« Ich vermute, er ist derjenige, der mir die dreißigprozentige Kriegsbeschädigung durch PTSD bescheinigt hat.

Wie Kurt Vonnegut in seinem Roman schrieb, war unser Lager in Dresden das Schlachthaus Fünf, und es war wirklich ein Schlachthaus. Vonnegut konnte etwas deutsch und war der Dolmetscher für unsere Gruppe. Aber ich kann mich nicht an viel über ihn erinnern. Wir mußten jeden Tag zum Arbeitseinsatz und reinigten die Straßen von Dresden. Als offizieller Dolmetscher brauchte Kurt nicht mit. Eines Tages schikanierte ein deutscher Posten den Mann, der zurückgeblieben war, um die Baracken zu reinigen. Kurt nannte den Posten im Flüsterton einen Schweinehund, aber der Posten hörte es und meldete ihn. Danach mußte Kurt mit uns zum Arbeitseinsatz. Wir hatten einen deutschen Posten, der noch ein Teenager war und den wir Junior nannten. Er hatte es jeden Tag auf Kurt abgesehen. Ich vermute, er wollte Kurt zeigen, daß man einen deutschen Soldaten nicht beleidigt. Er piekte Kurt immer mit seinem Bajonett, um ihn zu einer Reaktion zu verleiten, damit er ihn dann richtig stechen konnte. Aber Kurt hielt gut durch.

Das Gebäude Fünf war von einem richtigen Schlachthaus zu Baracken umgewandelt worden. Sie hatten es gereinigt und zwei oder drei Pritschen übereinander eingebaut, alle sehr dicht beieinander. Zum Abendessen bekamen wir unsere Tagesmahlzeit – eine kleine Schüssel voll Suppe. Zum Frühstück gab es eine Tasse Ersatzkaffee. Jeden Morgen führte Junior zwei Gefangene zu einem anderen Gebäude, um unseren Kaffee zu holen. Wenn sie dorthin marschierten, trennten sich die beiden

Jungs ein Stück. Es war immer noch dunkel, und Junior wurde ganz nervös, lud sein Gewehr durch und befahl ihnen, wieder zusammen zu gehen. Aber sie taten das jeden Tag, um ihm Angst zu machen. Dann war Junior eines Tages weg. Wir fragten einen der anderen Posten, was mit ihm geschehen sei. Er sagte, wahrscheinlich sei er an die Ostfront geschickt worden.

Der Brandbombenangriff auf Dresden erfolgte am 13. und 14. Februar 1945. Als die Feuer ausbrachen, bemerkten die Wachen, daß der Sauerstoff in unserem Gebäude knapp wurde, und brachten uns runter in die Luftschutzräume. Deshalb überlebten wir. Der Schlachthauskomplex lag in der Altstadt von Dresden und nicht im Zentrum der Stadt, das durch die Brände völlig zerstört wurde. Als es vorüber war, mußten wir in die am schwersten zerstörten Teile der Stadt gehen und all die Leichen aus den Luftschutzräumen holen.

In Vonneguts Roman hatte sich einer der Amerikaner betrunken, als wir die Stadt aufräumten, und wurde in einer Schubkarre zurückgefahren. In Wirklichkeit untersuchten wir, wenn wir die Leichen aus einem Schutzraum holten, zuerst immer ihre Rucksäcke nach Lebensmitteln oder vielleicht Wein oder Schnaps. Die meisten von uns suchten allerdings nur nach Nahrungsmitteln. Nun, einer der Jungs trank den ganzen Alkohol und wurde völlig betrunken. Wir sagten dem Posten, daß er durch die Gase im Schutzraum ohnmächtig geworden sei und wir ihn deshalb in der Schubkarre zum Lager zurückfahren müßten. Wenn die Deutschen gewußt hätten, daß er etwas von den Leichen genommen hatte, hätten sie ihn wahrscheinlich erschossen.

Wenn wir bei diesem Beerdigungskommando auf die Toilette mußten, sagten wir: »Ich muß gehe scheiße.« Die Wachen sagten uns, wir sollten in die Keller gehen. Wir wollten dort runtergehen, weil wir wußten, wir würden etwas zu essen finden. Wenn wir etwas fanden, nahmen wir einiges davon und sagten den anderen, wo sie es finden würden. Dann gingen sie hinunter. Einer brachte seine Lebensmittel mit nach oben und versteckte sie, aber als er nachsehen wollte, ob sie noch da seien, beobachteten ihn SS-Männer und fanden die Lebensmittel. Sie hielten eine Art Standgericht ab, und dann erschossen sie ihn. Die Deutschen suchten einige seiner engsten Freunde aus, die ihn beerdigen mußten, um uns übrigen zu zeigen, was passieren würde, wenn wir noch weitere Lebensmittel mitnahmen. Vonnegut kannte den Mann, der erschossen wurde, aber in seinem Roman nannte er ihn Edgar Derby. Er ließ den Geschichtslehrer an der höheren Schule erschießen, weil er eine Tasse aus Meißner Porzellan aufgesammelt hatte. Ich vermute, das hört sich ironischer an, als erschossen zu werden, weil man ein Glas Lebensmittel genommen hatte.

Nach dem Bombenangriff hatten wir Angst, wenn wir auf die Straßen gehen mußten. Unsere Wachen behandelten uns richtig grob, denn viele von ihnen hatten ihre Häuser und Wohnungen verloren. Während der nächsten paar Tage mußten wir vorsichtig sein. Wir mußten auf Zivilisten achten, die uns mit Steinen bewarfen. Einmal fragte ich, ob ich in einen Keller runtergehen könnte, und als ich wieder rauskam, war mein Arbeitskommando verschwunden. Oh, hatte ich Angst. Ich wußte, daß ein anderes Kommando gerade um die Ecke herum arbeitete. Ich ging zu ihnen und erklärte dem Posten, daß ich im Keller mein Geschäft erledigt hätte und meine Gruppe ohne mich abgezogen wäre. Wir hatten natürlich den Deutschen ein wenig nettes Soldatenenglisch beigebracht, und der Posten sagte: »*Oh, you was whipping off.*« Ich reihte mich in seine Gruppe ein, und als wir in das Lager zurückkamen, schloß ich mich wieder meiner Gruppe an.

Wir wußten damals, daß viele Menschen umgekommen waren, aber nicht, daß es Zehntausende waren. In den Luftschutzkellern lagen die Menschen übereinander. Sie waren ganz einfach erstickt. Wir mußten Tücher vor unseren Gesichtern tragen wegen der Gase und dem Gestank. Wir banden ganz einfach ein Seil um ihre Knöchel und zogen sie raus auf den freien Platz, wo wir sie aufstapelten, und die Deutschen verbrannten sie dann.

Es war eine schreckliche Arbeit. Wir mußten sie mehrere Tage lang tun. Es waren auch Gefangene anderer Nationalitäten bei dieser Gruppe. Als wir diese Arbeit machten, sagte einer der Posten zu mir: »Ihr seid die Ursache von all dem.« Ich antwortete: »*Nix versteh*«. Nun, er schlug mir mit seinem Gewehrkolben in den Rücken, daß ich zu Boden fiel. Ich versuche immer noch, dafür eine Rente zu bekommen. Ich habe sogar Briefe von einem meiner Mitgefangenen, der das gesehen hat. Ich habe chronische Rückenprobleme, und meine Füße, die stark erfroren waren, verursachen mir auch beträchtliche Beschwerden. Aber für meine körperlichen Gebrechen kann ich von der Veterans Administration nichts bekommen.

Lucas Felix Müller
Unser Ausguck auf die Freiheitsstatue war stacheldrahtvergittert

Müller ist der Sohn des bedeutenden Dresdner expressionistischen Malers Conrad Felixmüller. Er lief als Veterinäroffizier im besetzten Frankreich 1944 bei der ersten sich bietenden Gelegenheit zu den Amerikanern über. In den USA fand er zu der Gruppe, die in Van Etten und Fort Kearney später die Kriegsgefangenenzeitschrift »Der Ruf« redigierte. Nach dem Krieg ging er als Veterinärmediziner an die Universität Leipzig. Im Zusammenhang mit dem Volksaufstand vom 17. Juni 1953 in der DDR geriet Müller politisch unter starken Druck und siedelte nach Westberlin über, wo er an der Freien Universität einen Lehrstuhl für Veterinärmedizin bekam. Bis heute hat er sehr große Schwierigkeiten, die Spannung zwischen Patriotismus und der landläufig als Verrat ausgelegten Gegnerschaft gegen das NS-Regime auszuhalten. In einem als Kopie in den National Archives in Washington aufgefundenen Brief aus der Kriegsgefangenenschaft hatte er im September 1944 an Freunde in England diesen Zwiespalt beschrieben: »(...) auf die Royal Airforce zu warten und Englands Stimme zu hören, war eine tägliche Notwendigkeit und eine halbe Befreiung für uns. Fieberhaft warteten wir auf die Zerstörung der deutschen Kriegsmaschine durch die RAF. Schreckenserfüllt wurden wir Zeugen der vielen unschuldigen Opfer des Hitlerschen Krieges. Verführte, irregeleitete Deutsche, lebendig begraben unter Ruinen, englische Jungen, die aus brennenden Flugzeugen her-

abstürzten. Titus und ich mußten zur Armee, auf der falschen Seite, gegen die gerechte Sache (...) Im Falaise-Tal erlangte ich schließlich meine Freiheit wieder. Nun sitze ich hier mit einigen Gesinnungsgenossen hinter Stacheldraht, vergeblich darauf hoffend, mitwirken zu dürfen. Einsam und müßig auf einer Insel luxuriösen Lebens in Vorahnung des europäischen Chaos, währenddessen meine Eltern, meine junge Frau und mein kleines Kind umkommen können wie so viele andere Unschuldige. Ich hoffe, daß Ihr einen raschen Sieg erlangen werdet, der uns allen das Leben, Frieden und Freiheit wiederbringen möge.«

Mein Vater war ein erfolgreicher Künstler und politisch sehr engagiert. Nicht eigentlich aus ideologischen Gründen war er Kommunist, sondern weil die Kommunisten die entschiedensten Kriegsgegner waren. Er hat von Anfang an den Wehr- und Kriegsdienst verweigert und wurde daraufhin in eine Irrenanstalt gebracht. 1924 ist er aus der KPD ausgetreten, als man von den Greueln erfuhr. Er ist also mehr aus menschlichen Gründen Kommunist geworden. Das war auch der Grund, daß er von dieser Grundüberzeugung her das Aufkommen des Nationalsozialismus als eine schlimme Katastrophe ansah. In dieser Abwehrhaltung gegen die Nazis bin ich großgeworden. Ich bin Jahrgang 1918.

Ich war keineswegs ein Soldat, der die Absicht hatte, Krieg zu führen, den Krieg zu gewinnen. Ich wurde Veterinäroffizier und hatte Verantwortung für die Pferde. Daß ich keine Verantwortung für Menschen hatte wie so viele andere, erleichterte mir die Entscheidung überzulaufen. Es war für mich schon eine Genugtuung, nicht in Frankreich Krieg führen zu müssen.

Müller macht an dieser Stelle halt und hält nur mühsam seine Tränen zurück.

Ich hatte als Schüler oft am Austausch mit Frankreich teilgenommen, da mein Vater Freimaurer war. Hier in Berlin habe ich dann als Angehöriger der Veterinärakademie im Range eines Wachtmeisters das Staatsexamen gemacht. Ich kam zum Feldheer nach Rußland, später nach Frankreich an die Kanalküste und wurde im Kessel von Falaise und Agentan gefangengenommen. Dort war ich Abteilungsveterinär bei einer schweren Feldhaubitz-Abteilung und verantwortlich für 400 schwere Zugpferde. Es ergab sich für mich die Möglichkeit, mich zu absentieren. Das habe ich mit Hilfe eines französischen Bauern getan. Ich war vorsichtig. Als ich die Panzer mit dem weißen Stern sah, habe ich mich dann ausgeliefert. Es waren Kanadier.

Ich bin in dem umzäunten Wiesenstück, in dem wir eingepfercht waren, mit einem *Intelligence Officer* zusammengekommen, einem Kanadier, dem ich erklärte, warum ich übergelaufen bin und daß ich eigentlich erhoffe und auch erwarte nach dem Kriegsverlauf, daß wir den Krieg verlieren. Die psychologische Situation, sein Land sozusagen der Willkür der Kriegsgegner auszuliefern – das ist schwer zu ertragen. Doch er war eigentlich sehr beeindruckt. Er sagte mir, er hätte in Heidelberg studiert, sprach aber nur noch sehr wenig deutsch, weil das einige Zeit zurücklag. Ich sprach aber ziemlich fließend englisch. Er hat mich herausgenommen und mich tagsüber bei sich behalten. Nur nachts wurde ich ins Lager zurückgebracht. Ich wurde schließlich nach England gebracht, um von dort aus mit dem Schiff nach Amerika zu gelangen.

Es war beim Heer im Grunde ein sehr viel freierer Ton

unter den Kameraden – auch politisch – als dann in den Lagern in Amerika. Das habe ich den Amerikanern schwer verübelt. Wir fuhren unter der Freiheitsstatue ... in den Hafen von New York.

Wieder hält Müller inne und schluckt seine Tränen herunter.

Unser Ausguck war stacheldrahtvergittert. Die Amerikaner waren ausgesprochen Rotkreuz-treu. Sie haben sich strikt an die Richtlinien für die Kriegsgefangenen gehalten. Wir waren als Offiziere getrennt von den Mannschaften untergebracht auf diesem Schiff. Es war ein ursprünglich deutsches Schiff, die »Aquitania«. Sie mußte 1918 abgeliefert werden, und die Amerikaner haben sie als Truppentransporter benutzt. Wir fuhren ein in den Hafen von Manhattan, es waren vielleicht 400 Mannschaften und nur ein paar Dutzend Offiziere auf dem Schiff. Wir sind vier Tage übergefahren, wurden dann in Eisenbahnzüge verladen, mußten über den East River hinweg und wurden quer durch Amerika gefahren. Auf diesem Transport ging alles sehr gesittet und freundlich vonstatten. Die Amerikaner haben uns jedoch außerordentlich stark mit Maschinenpistolen bewacht. Wir fuhren an Chicago vorbei nach Colorado, und ich kam nach drei Tagen nach Trinidad. Das war das Lager von »Afrikanern«, ein Offizierlager, wie die meisten Kriegsgefangenenlager ursprünglich aus *Barracks* der amerikanischen Armee bestehend. Da waren wir dann hinter Stacheldraht.

Ich bin im Oktober 1944 ohne ein Dossier nach Amerika gekommen. Was ich dem kanadischen *Intelligence Officer* berichtet hatte, hat sich nicht weiter ausgewirkt. Auch in England, wo ich nur ungefähr zwei, drei Wochen war, bin ich nicht zu irgendeinem *Intelligence Officer* gekommen, habe mich dort auch nicht aus der Menge herausgehoben. Ich bin nicht kollidiert, sondern einfach mitgelaufen. Mitgefangenen habe ich frei von der Leber weg von der militärischen Katastrophe an der Kanalküste berichtet und ihnen erklärt, der Krieg sei binnen weniger Wochen verloren. Nun, als ich denen das gesagt hatte, war alles still. Kurze Zeit später kam ein Hauptmann zu mir und sagte, »Kamerad, wenn Sie glauben, daß Sie hier in Defätismus machen können, dann warten wir nicht ab, bis Sie sich unter den Schutz der Amerikaner begeben haben. Wir werden Sie mundtot machen.« – So sieht das aus hier in Amerika, in diesem freien Land – da werden wir beherrscht von Nazis! Nach dieser Unterredung bin ich in das Kasino gegangen. Getreu der Genfer Konvention hatten wir ja eine deutsche Lagerverwaltung, an deren Spitze ein Reserve-Oberst stand. Doch der war umgeben von scharfen Nazis, insbesondere auch von SS-Männern, die dort den Ton angaben. Wenn ein *Cage* von einem amerikanischen Offizier betreten wurde, waren im Handumdrehen zwei deutsche Offiziere um ihn herum. Ich ging ins Kasino, denn man konnte sich ja frei bewegen. Im Kasino hing ein aus Konservendosen gebastelter Pleitegeier, und die deutschen Offiziere grüßten die amerikanischen Offiziere mit dem »Deutschen Gruß«. Also, ich war empört.

Mein Bestreben war es nun, Kontakt mit einem amerikanischen Offizier aufzunehmen. Ich wollte ja meinen Mund nicht halten und wollte zweitens nichts riskieren. Ich bin an einem der kommenden Tage bei Beginn der Dunkelheit Richtung *Cage*-Ausgang gegangen. Am Eingang zu dem *Cage* stand ein Wachhaus, in dem ein *Guard* saß. Dem habe ich sofort erzählt: »*I want to speak to an American officer!*« Ich habe mich in sein Wachhäusel reingedrückt. Schließlich kam auch jemand, ein Chaplain, dem gegenüber ich nun meine Empörung zum Ausdruck brachte, daß man hier als Kriegsgefangener von den eigenen Leuten tyrannisiert wird in diesem freien Land. Er entgegnete unbeeindruckt, ich solle zurückgehen! Das hatte ich ja nun schon gelegentlich gehört. Ich habe mich in der Dunkelheit wieder reingeschlichen und bin ins Kasino gegangen. Ich saß dort keine zwanzig Minuten. Ein amerikanischer Militärpolizist, ein *Guard* mit dem Knüppel in der Hand, kam: »*Lieutenant Müller?*« Ich habe mich gemeldet und wurde mitgenommen. Draußen stand ein gedeckter Jeep, und ich wurde in meine Stube gebracht. Dort stand schon ein Jeep mit *Guards*, in meinem Raum war auch einer mit einem Knüppel. Ich mußte meine Sachen zusammenpacken und alles mit in den Wagen nehmen. Warum? Ich habe später erfahren, daß diejenigen, die von den Amerikanern herausgeholt wurden, von Kameraden mit Steinen beworfen wurden. Vorher haben die »Kameraden« deren Decken und Eigentum zerrissen und zerschnitten. Ich wurde dem amerikanischen Lagerkommandanten, einem *Southerner*, vorgestellt. Dem habe ich gesagt: »Wenn die Amerikaner es versäumen, Einfluß zu nehmen auf die Masse der Deutschen, die sie hier in der Hand haben, dann müssen sie sich nicht wundern, wenn ihre Besatzungsleute in Deutschland in den Hochöfen verschwinden, wie die französischen Besatzungsangehörigen bei der Rheinbesetzung.« Na ja, der war beeindruckt. Ich wurde nicht mehr zurückgebracht ins Lager. Ich bekam einen Raum in der Baracke, die für die *Guards* bestimmt war. Es kamen dann noch zwei oder drei andere hinzu. Wir waren schließlich fünf Leute, die sie herausgeholt hatten. Ich habe dem Oberst in Trinidad gesagt: »Wissen Sie, die meisten Offiziere sind unpolitische Leute. Aber daß Sie die Masse dieser unpolitischen Leute und die, die nun wirklich dagegen eingestellt sind, beherrschen lassen von SS-Leuten ...« – Dort wurde die Zeitung – es wurde nur die *Chicago Sun* zugelassen in dem Lager, – zensiert, da wurden Artikel ausgeschnitten. Die Amerikaner haben uns Filme geboten, auch die wurden zensiert! Da kam eine Kommission hin und hat nur bestimmte Filme freigegeben. Das haben sich die Amerikaner alles gefallen lassen, und das fand ich unerhört! Ich habe es erst später verstanden, erst hier, als ich in Deutschland ein Buch darüber las, daß es nach der Genfer Konvention unzulässig ist, Kriegsgefangene politisch zu beeinflussen.

Wir kamen nach Ruston, Louisiana. Es war eine amüsante Überfahrt, zwei Österreicher und mit mir zwei oder drei andere, die sie auch aus politischen Gründen herausgeholt hatten. In Ruston, Louisiana, war ein sehr gemischtes Volk. Von Kommunisten, Sozialdemokraten, Gewerkschaftern, Bibelforschern bis zu Deutschnationalen – also Leute, die politisch nicht zu den üblichen gehörten, aber natürlich auch manche, die lediglich hier eine neue Gesinnung hervorkehrten und meinten, daß sie sich auf diese Weise vielleicht Vorteile in der Kriegsgefangenschaft verschaffen könnten. – Es bildeten sich gewisse Gruppen von Gesinnungsgenossen. Wir haben unsere Uniformen abgelegt und haben die amerikanische Kriegsgefangenenkluft angezogen, wo hinten *»PW«* draufstand, und wir wurden dort auch ganz korrekt behandelt. Zunächst, bis zum Waffenstillstand, dann ließ das sehr stark nach.

Ich kann nicht sagen, nach welchen Kriterien die Amerikaner vorgingen. Es haben sich dort Gruppen gebildet, der Gesinnung entsprechend. Es war hier absolut frei. Ich habe dann erlebt, daß es eine internationale Solidarität der Militaristen, der aktiven Militärs, gibt. Den

Amerikanern waren die *Orderly Germans* lieber als wir Antinazis. Wir waren sehr starke Individualisten. In Ruston haben wir versucht, auf die amerikanischen Offiziere Einfluß zu nehmen, damit etwas geschieht mit den deutschen Gefangenen. Sie haben sich das angehört, haben auch interessante Leute zu uns geschickt. Etwa den Schwiegersohn von Roosevelt oder deutsche Emigranten, die dort lebten. Wir kamen mit ihnen in Kontakt und schlugen ihnen vor, doch Einfluß zu nehmen auf diese oder jene Art. Schließlich haben sie eine Gruppe von Leuten, die in dieser Richtung gewirkt haben, herausgeholt – das war im Winter 1944 – und haben uns transferiert, wiederum in öffentlichen Zügen, nach New York *upstate,* nach Van Etten.

Es gab in Ruston keine offizielle, durchgängige politische Kultur. Es gab weder eine Lagerzeitung noch gab es ein Lagertheater. Dazu waren wir wohl gesinnungsmäßig zu verschieden und zu sehr in einzelnen Gruppen miteinander verbunden und bestrebt, nun bestimmte Dinge in Gang zu setzen mit den Amerikanern. – Die Leute waren zu heterogen, und jeder hatte dort die Möglichkeit, sich zu beschäftigen. Ich habe viel gelesen. Man hat eben zusammengegluckt. In Van Etten wurde dann die Herausgabe des »Rufs« vorbereitet.

Wir waren dort dem *Provost Marshal General*, der *Special Projects Division* unterstellt. Der *Provost Marshal General* war für das Gefangenenwesen zuständig, und dazu gehörten die Kriegsgefangenen. Mir hat man dann das Archiv übertragen. Das war eine hochinteressante Sache. Wir hatten sämtliche amerikanischen Zeitschriften und bekamen jeden Tag einen Band, in dem die Sendungen des deutschen Rundfunks und europäischer Sender in der Originalsprache abgedruckt waren, so daß man nach diesen täglichen Berichten auch den Kriegsverlauf in Europa ganz genau verfolgen konnte – einschließlich der Propaganda, die nun eben gemacht wurde. Die Propaganda der Russen und das, was sie dann anrichteten, haben wir sehr genau verfolgt. Darüber wurde ja auch berichtet.

Wir sind erst im April 1945 nach Fort Kearney gekommen. Ideologische Auseinandersetzungen gab es in gewisser Weise, und zwar sowohl mit den Nationalisten in Ruston als auch mit Kommunisten. Sie gingen von unserer Gruppe aus, blieben aber zivilisiert, weil die Stimmung im Lager liberal war. Es waren immer eigene Meinungen, die aufeinanderprallten: der Kommunist, der Sozialdemokrat oder eben auch nur mehr der Demokrat ohne eine bestimmte Einordnung. Es gab ja keine Parteien mehr, mit denen Demokraten und Liberale sich schlechthin hätten identifizieren können. – Alte Rechnungen wurden nicht beglichen. In Ruston war die Stimmung sehr, sehr diffus, aber Schärfen gab es nicht. Man hat sich in kleineren Gruppen abgesondert und hatte eben mit den anderen nichts zu tun.

Ich bin dann mit einigen anderen verlegt worden. Unsere Bestrebungen haben schließlich dazu geführt, daß die Amerikaner ein *Reeducation*-Programm eingerichtet haben. Das hat Howard Mumford Jones, der damalige Präsident der amerikanischen Akademie der Künste und Wissenschaften, in Fort Getty organisiert. Wir gehörten zur ersten Generation dieses *Reeducation*-Kurses. Es war zwar in gewisser Weise ulkig, uns 100 Mann für die *Reeducation* auszubilden, aber natürlich eine schöne Sache. Übrigens hat Howard Mumford Jones den ersten Kurs geleitet. Dann hat er das niedergelegt und gesagt: »Man kann den Menschen nicht Demokratie näherbringen, wenn sie hinter Stacheldraht sind.«

Der Kurs war natürlich ein Erlebnis: »Deutsche Geschichte in neuer Sicht« hat ein deutscher Emigrant vorgetragen. Howard Mumford Jones hat uns amerikanische Literatur und Geschichte beigebracht. Wir haben dort selbst auch Referate gehalten. Sie haben uns *American Military Government* in Deutschland vermittelt. Man fand es herrlich, man war befreit, daß man nun publizieren konnte, was der eigenen Gesinnung entsprach. Die Arbeit am »Ruf« hat alle getragen. Daß man das selber hat bewirken können! Es ging eben wirklich von den Gefangenen in Amerika aus. Daß man das erreichen konnte!

Getty war als *Reeducation*-Kurs angekündigt. »Wir wollen Euch politisch mal das zeigen, was wir in Amerika unter einer Demokratie verstehen.« Es war ja interessant, was sie uns geboten haben. Wir waren sehr kooperativ, es hat uns Spaß, hat uns Freude gemacht, Neues vermittelt. Amerikanische Literatur – was wußte man davon? Oder von amerikanischer Geschichte?

American Military Government ... Wir wurden nach Europa gebracht. Das war ein 18 000-Tonnen-*Liberty*-Schiff, wir bekamen gedruckte Verhaltensmaßregeln für *Prisoners-regulations*. In der *American Army* sind *Regulations* das A und O. Die *Regulations* galten für amerikanische Militärgefangene, also auch für Kriegsgefangene. Da kann ich amüsante Dinge zitieren: *»Skylarking and horseplaying is strictly forbidden!«* Die amerikanische Sprache ist außerordentlich bildhaft. *Skylarking* – Die Lerche, die in den Himmel steigt, jubilierend. Und *Horseplaying* – haben Sie mal junge Pferde auf der Weide gesehen, wie die miteinander spielen, vergnügt herumtollen? Das ist strikt verboten. Und: *»All formations are to be done in double.«* Von unseren Schlafkojen oder dem Platz, wo wir beschäftigt waren, beim Rostabklopfen im Schiff zum Beispiel, mußten wir zum Essenfassen in die

Kantine im Laufschritt gehen. Da standen die *Guards* hinter uns. Wir wurden bewacht vom *US Navy Corps*, das sind die *toughest guys ever seen* entsprechend unseren Fallschirmjägern ..., wenn wir nicht im Laufschritt gingen, dann sprangen die Kerle hoch und traten uns mit beiden Füßen in den Hintern. Soll man da glauben, daß man nun vorbereitet worden ist für irgend etwas? Wir waren *Ordinary PWs.* Wir waren Gefangene.

Ich gehörte dann – angekündigt in *Stars and Stripes* – zu den »*first German 66 PWs being repatriated*«, wurde also im Juli 1945 nach Europa verschifft. Wir wurden in Cherbourg angelandet, nach Le Havre transferiert und kamen dann in das Lager an der Kanalküste auf der Cotentin-Halbinsel, das war bei der Geburtsstadt des großen französischen Historikers Tocqueville – »*Democracy in America*« ..., ein sehr hellsichtiger Mann.

An dieser Stelle hält Müller wieder inne und setzt seinen Bericht erst nach Minuten des Schweigens fort.

Wir blieben drei Wochen. Niemand wußte offenbar recht, was sie mit uns anfangen sollten. Dann wurden wir nach Deutschland gefahren, in offenen Waggons, und in Frankreich, wenn Halt war, warfen uns die Franzosen Steine in die Waggons rein. Von Brücken aus haben sie Eisenbahnschwellen heruntergeschmissen. Das war im August 1945. Ich wurde am 15. 8. in Bamberg entlassen mit der Auflage, mich bei *American Military Government* zu melden.

Ich muß sagen, ich bin ganz bewußt nicht in sowjetische Gefangenschaft gegangen, sondern habe mich in westliche Gefangenschaft begeben, weil ich eben nach allem, was man über die Sowjetunion in den 20er und 30er Jahren erfahren konnte und befürchten mußte nach diesem entsetzlichen Krieg, den wir als Deutsche begangen haben, von einer westlichen Demokratie einen anderen Umgang mit den Menschen erwartete. Aber natürlich hat die Erfahrung meiner Kriegsgefangenschaft meine Einstellung den westlichen Demokratien gegenüber weiter geprägt, auch meine Skepsis gegenüber den totalitären Systemen von der Sowjetunion bis zur DDR als Ostzone.

Ich habe schon unter dem Bewußtsein gelitten, im Grunde genommen die Bomber zu begrüßen, die uns zerbombt haben, und doch zu wünschen, daß damit der Krieg und damit das Regime schnell beseitigt werden. Ich habe das dann im Verlauf der Sowjetisierung der Ostzone noch manches Mal bereut, doch immer nur anflugsweise. Ich habe es in gewisser Weise als berechtigt empfunden, daß wir als Deutsche dieses Schicksal teilen und erleiden ... Daß man als Soldat in diesem Zwiespalt war, habe ich schon als ganz schweres Trauma empfunden.

John J. Foster

... fast fünfzig Jahre ohne jede Hilfe

John Foster weiß nicht mit Sicherheit, warum er von der SS so mißhandelt wurde oder warum er in ein Lazarett gebracht wurde, das, wie er glaubt, bei Buchenwald lag. Vielleicht, weil er eine Karte seiner Heimatstadt bei sich trug, auf der Straßennamen standen, die sich wie militärische Bezeichnungen anhörten. Oder weil er mit seiner Fallschirmjägereinheit irrtümlich so weit hinter den deutschen Linien landete. Auf jeden Fall haben die Folter bei den Verhören und die eingebrannten Erinnerungen an aufgestapelte jüdische Leichen und brennendes Fleisch dauernde physische und psychische Probleme verursacht. Alkohol wurde ebenso ein ernsthaftes Problem für ihn wie heftige Wutausbrüche. Er sah sich nicht in der Lage, auf Dauer irgendeine zivile Arbeitsstelle zu bekommen. Jetzt erhält er eine Rente für fünfzigprozentige Kriegsbeschädigung infolge posttraumatischer Belastungsstörungen, aber nichts für die wiederkehrenden körperlichen Beschwerden, die auf seine Kriegsverletzungen und die Mißhandlungen zurückzuführen sind, denen er als Gefangener ausgesetzt war.

Du kämpftest im Krieg und dann kämpfst du gegen deine Regierung noch härter als im Krieg, um das zu bekommen, was dir zusteht. Nachdem ich nach Hause gekommen war, begann ich über all das nachzudenken, was ich gesehen hatte, und es begann an meinen Nerven zu zehren, aber keine Organisation hat mich jemals aufgefordert auszusagen. Meine Entlassungspapiere besagen, daß ich in Buchenwald war, aber niemand hat mich jemals gefragt, was ich dort gesehen habe. In der Tat wußten sie nicht einmal, was das für ein Lager war.

Nach dem Krieg bekam ich für keine meiner Wunden jemals eine Versehrtenrente. Die US-Regierung behauptete, sie wären oberflächlich, aber das waren sie damals nicht. Ich war in schrecklicher körperlicher Verfassung, als ich befreit wurde. Ich wog 89 Pfund. Meine Beine machen mir immer noch Probleme, ich wurde zweimal am Rücken operiert und brauche noch eine weitere Operation. Die Metallklammern, die man mir in dem deutschen Lazarett in den Rücken gesetzt hat, sind auch noch drin. Die Veterans Administration hat mir vor zwei Jahren eine Rente für posttraumatische Belastungsstörungen bewilligt. Fast fünfzig Jahre war ich ohne jede Hilfe.

Ich sprang am 17. September 1944 mit der 82. Fallschirmjägerdivision über Holland ab als Teil des Unternehmens *Market-Garden* und wurde fünf Tage später gefangengenommen. *Market-Garden* war eine groß angelegte amerikanische und britische Luft- und Bodenoffensive mit dem Ziel, das nördliche Ende des Westwalls zu umgehen. Die alliierten Kräfte sollten die Brücken über eine Reihe holländischer Flüsse erobern, die letzte war in Arnheim am Niederrhein, und dann nach Deutschland vorstoßen. Davon erzählt auch der Film *A Bridge Too Far*. Wir wurden mit Transportmaschinen C-47 eingeflogen, aber dann setzten sie uns über den Wäldern ab, etwa achtzig bis neunzig Kilometer über unser ursprüngliches Ziel in der Nähe der Stadt Groesbeek hinaus. Wir wurden ziemlich zusammengeschossen, und wir saßen in der Falle. Die Deutschen vor uns waren auf dem Rückzug, und hinter uns waren ebenfalls Deutsche. So saßen wir dazwischen. Die meisten von uns sind während der Kämpfe gefallen, bevor wir überrannt wurden. Ich hatte meinen Rücken verletzt, als ich mit dem Fallschirm in einem Baum landete, und spürte meine Beine nicht mehr; ich hatte etwa drei Monate lang kein Gefühl in ihnen. Ich bekam auch eine Kugel in den Rücken und ein paar Splitter, bevor wir uns ergaben, aber ich war so benommen, daß ich nicht sicher bin, wann und wie das passierte.

Meine Kumpels Bill Reed und Jim Batstone trugen mich in einen Stall, weil ich nicht laufen konnte. Die Deutschen führten sie ab, und ich blieb mit fünf anderen Verwundeten zurück. Dann brachten sie uns an einen anderen Ort, und dort begann die SS uns zu verhören.

Vielleicht wurde ich schlecht behandelt, weil ich eine Karte mit den neuen Buslinien in Port Huron, Michigan, wo ich aufgewachsen bin, bei mir hatte. Auf der Karte waren *Military Avenue* sowie *Lapeer Road*, *Twenty-Fourth Street Viaduct*, *Electric Avenue* und *Lakeside Road* eingezeichnet. Ich vermute, sie dachten, das sei eine Art militärischer Karte. Sie war in meiner Brieftasche. Ich dachte mir nichts dabei. Als sie uns in diesen Stall brachten, nahmen sie uns die Brieftaschen ab und fanden die Karte. Ich lag auf dem Rücken auf dem Boden und versuchte es zu erklären, aber da war niemand, der englisch sprach. Deshalb folterten sie mich das erste Mal. Einer stieß mir sein Bajonett in die rechte Kniescheibe. Ich konnte nur sagen: »*Nix versteh. Nix versteh.*« Darauf stieß er noch einmal zu.

Als nächstes hängten sie mich an meinen Zeigefingern auf. Ich habe die Narben noch heute. Sie sehen aus wie Fischkiemen. Dann banden sie mich auf einem Stuhl fest, verbanden mir die Augen, entblößten meinen Oberkörper und gossen heißes Wachs über meine Schultern. Zuerst fühlte ich etwas Kaltes, dann etwas richtig Heißes, und ich wurde ohnmächtig. Nachdem es vorüber war, stellte ich fest, daß sie mir ein kaltes Tuch über die Schulter gelegt hatten mit Schlitzen darin, so daß das Wachs in bestimmten Bahnen über die Haut lief. Diese sich kreuzenden Narben habe ich auch noch. Das ging so etwa zwölf Stunden lang. Endlich kam jemand, der englisch sprechen konnte. Er trug die reguläre Uniform eines SS-Mannes, vorn mit den regulären Hakenkreuzen, hatte aber eine Art steifen schwarzen Hut auf dem Kopf. Er fragte mich: »Sind Sie Amerikaner?« Ich bejahte. Er fragte mich dann nach meinem Namen, meinem Dienstgrad und der Nummer meiner Erkennungsmarke. Ich nannte sie ihm. Er sagte: »Ich sehe, Sie sind von der 82. Fallschirmjägerdivision.« Ich sagte: »Ja«. Ich beantwortete nur die Fragen, die er mir stellte, und das rettete meine Haut. Sonst hätten die anderen mich wohl getötet. Er verbot ihnen, mich weiter zu foltern, und befahl ihnen, etwas Fett auf meine Finger zu tun und sie zu verbinden. Er muß wohl auch dafür gesorgt haben, daß ich in dieses Lazarett in der Nähe von Buchenwald geschickt wurde.

Sie luden uns sechs auf die Pritsche eines Lastwagens. Ich kannte die anderen fünf nicht. Sie kamen von einer anderen Einheit, die *Railsplitters* genannt wurde. Wir fuhren mindestens zwei Tage und eine Nacht auf diesem Lastwagen. Wir landeten in Buchenwald in diesem kleinen Lazarett. Ich weiß, daß es Buchenwald war, denn wir konnten von dem zweiten oder dritten Stock des Lazaretts aus dem Fenster schauen und sahen etwa zwei oder drei Blocks entfernt ein Feld voller Leichen. Sie waren nackt, und sie waren tot. Sie benutzten Bulldozer, um sie zu beerdigen.

Es ist möglich, daß das Lazarett neben einem anderen Konzentrationslager war. Foster war sich damals über die

Einzelheiten nicht im klaren, und er ist es auch heute noch nicht. Er wurde im November 1944 aus dem Lazarett entlassen und dann in das Stalag XI B in Fallingbostel gebracht, westlich von Bergen-Belsen.

Unser Lazarett lag unmitelbar hinter der Umzäunung, und man konnte den süßlich, ekelhaften Duft von brennendem Fleisch riechen. Zu der Zeit wußte ich nicht, wie ernst das war. Wir hatten natürlich Angst, daß wir bei den übrigen Leichen auf dem Feld enden würden. Zwei der anderen fünf Jungs starben tatsächlich an ihren Verwundungen. Weil wir das alles gesehen hatten, fragte ich mich oft, weshalb sie die übrigen von uns nicht umbrachten, anstatt uns in ein anderes Gefangenenlager zu schicken.

Ich war sechs oder sieben Wochen in dem Lazarett. Wir waren zu sechst in einem Raum von etwa 6 Metern im Quadrat. Wenn dort noch andere Amerikaner waren, so habe ich sie nicht gesehen. Eine Krankenschwester betreute uns. Die Deutschen sprachen nie englisch, während wir dort waren, aber wir konnten miteinander reden. Wir konnten jeden Tag aus dem Fenster sehen, wie die Leichen transportiert wurden. Sie brachten einige Leichen, die in braunes Papier gewickelt waren, so wie man Fleisch einwickelte. Sie sahen aus, als ob sie gefroren wären, zumindest waren sie steif wie ein Brett, wenn sie sie von den Wagen luden. Ich sah Hunderte von diesen Leichen.

Josef Krumbachner
Die Zeit im Lager war für uns ganz besonders bereichernd

Der katholische Pfarrer Josef Krumbachner aus Passau hat seine Erinnerungen bereits 1988 publiziert – in einer kleinen Broschüre im Selbstverlag, die unzugänglich ist. Als junger Leutnant war er 1944 bei Cherbourg in amerikanische Kriegsgefangenschaft geraten, eine Erfahrung, die sein Leben nachhaltig beeinflußt hat. Von Europa gelangte er in das Offizierslager Como (Mississippi), wo über das Kriegsende hinaus treue NS-Anhänger sehr großen Einfluß hatten.

Als sich nun Hitler selbst getötet hatte, wurde das ganze Lager noch einmal unter dem Zeichen des »Pleitegeiers« – deutscher Reichsadler mit dem Hakenkreuz in den Krallen –, an der Stirnwand einer Baracke groß aufgehängt, versammelt. Ein Redner pries den Helden, der sich an vorderster Front geopfert habe – er sei »im Nahkampf gefallen!« usw. Mein lieber Freund, Paul Schmidt aus Krefeld, stand neben mir und meinte ironisch, als dann die Nationallieder gesungen wurden: »Jetzt müßten wir noch singen ›Zu Bethlehem geboren ward uns ein Kindelein‹«. Es war wahrhaftig eine makabre Situation. Die Wortführer erkannten nicht einmal, daß in wenigen Tagen ihre Zeit zu Ende sein sollte, daß sie uns nun als Verteidiger und Fürsprecher in Anspruch nehmen müßten. Der Redner wurde übrigens zusammen mit den anderen NSlern in ein eigenes Lager abgeschoben. Er tauchte nach der Rückkehr in die Heimat bald als Redakteur einer Saarbrückner Zeitung auf, die den Anschluß des Saargebietes an Frankreich forderte. Eine gründliche Wandlung ...!

Nach dem Zusammenbruch wurden die Rädelsführer in ein eigenes Lager gebracht, auch unser deutscher Lagerleiter. Sein Adjutant war Dr. Walter Hallstein, der spätere Mitarbeiter Adenauers. Er hatte in der Lageruniversität Vorlesungen gehalten. Auch er war Angriffspunkt der Lagerführung gewesen, weil man ihm vorgeworfen hatte, er habe mit jüdischen Fachkollegen in den USA Verbindung aufgenommen, von ihnen Bücher geschickt bekommen. So habe ich es in Erinnerung.

Glücklich, daß die meisten Ideologen so dumm waren, daß sie bei den Vorlesungen von Dr. Albert Mirgeler – sicher das Hochgeistigste, was wir im Lager erleben durften – nicht merkten, wie gezielt die NS-Weltanschauung angegriffen wurde. Der Zufall (die Vorsehung) hat es gewollt, daß mit Dr. Mirgeler ein junger SS-Offizier, Werner Schlepper, zusammenkam, der in jugendlicher Begeisterung mit besten Absichten – ahnungslos über das Verbrecherische des Nationalsozialismus – zur Waffen-SS gekommen war. In Dr. Mirgeler lernte er einen hochgelehrten Katholiken kennen. Noch im Lager konvertierte er zur katholischen Kirche. Als 16jähriger Junge war er erstmals aus seiner evangelischen Kirche ausgetreten, da »ein deutscher Junge sich nicht niederkniet«, wie man ihm beigebracht hatte.

Im Lager kam er mit den Kameraden der SS zusammen, die in ziemlicher Anzahl vorhanden waren, und berichtete uns über deren Absichten. Einmal erfuhren wir von einem geplanten nächtlichen Anschlag auf Dr. Mirgeler. Wir bewaffneten uns mit Prügeln – aber es kam doch nicht so weit.

Die NS-Clique veranstaltete deutsche Morgenfeiern

als Gegengottesdienste (der Lagerleiter vor dem 8. Mai 1945 nahm daran teil und auch an unserer Messe – zu schwach im Kopf, um den Widerspruch zu erkennen!). Es wurde uns gesagt, daß die Gottesdienstbesucher notiert würden, damit sie als Verräter nach dem Endsieg gemeldet werden könnten – ob dies zutraf, kann man heute nicht mehr feststellen.

Einen ganz besonderen »Glanzpunkt« des Lagerlebens gäbe es noch zu berichten: Eines Tages, es war Februar oder auch März 1945, wurde im Lager bekannt, daß ein deutscher General namens Schubert gestorben sei und vom Generalslager nach Como gebracht werde, damit er mit den ihm als General zustehenden Ehren beerdigt werde – in nächster Nähe des Lagers befand sich nämlich ein kleiner Friedhof für Deutsche, die in der Kriegsgefangenschaft gestorben waren. Es wurde tatsächlich ein Sarg ins Lager gebracht, die deutsche Lagerführung ließ ihn öffnen, man sah einen Mann in Generalsuniform, er hatte u.a. auch ein türkisches Tapferkeitszeichen aus dem ersten Weltkrieg am Waffenrock.

Die Lagerführung lud ein, sich am Leichenzug zu beteiligen: für manche eine willkommene Gelegenheit, ihre nationalsozialistische Gesinnung zu zeigen, für andere wohl einfach eine Abwechslung. Jedenfalls formierte sich ein großer Zug, voran die Kapelle mit Blasinstrumenten, hinter der stramm marschiert wurde – in voller Uniform, soweit vorhanden. Der Sarg mit dem General war bedeckt vom Fahnentuch mit dem Hakenkreuz, in der Lagerschneiderei gefertigt. Vom Lager aus sahen wir das seltsame Spiel. Am Beerdigungsplatz hielt der deutsche Lagerführer eine schneidige Rede, gewürzt mit Siegeshoffnung (einige Wochen vor dem Ende!) und nationalsozialistischen Parolen. Wie in der Genfer Konvention über Kriegsgefangene vorgesehen, schoß die amerikanische Ehrenwache, bestehend aus zwölf amerikanischen Soldaten, den Ehrensalut. Der Sarg wurde in die Erde gesenkt, wobei die deutschen Teilnehmer die Hand zum »deutschen Gruß« erhoben hatten.

An den kommenden Tagen gingen die Bilder von diesem Ereignis durch die amerikanische Presse. Es war die Zeit, in der die amerikanischen Truppen in Deutschland auf die grauenvollen Tatsachen der KZs stießen – eine Welle der Empörung ging durch das Land. Die Zeitung, die in der dem Lager Como nahen Stadt Memphis herauskam, schrieb etwa: Man hätte den Leichnam dieses deutschen Generals auf das Feld werfen sollen, damit ihn die Vögel zerhacken. Bilder von Kriegsgefangenenlagern erschienen in der Presse, von Wänden der Unterkünfte, »geschmückt« mit Nazi-Emblemen, sowie Berichte über die »Verhätschelung« der Gefangenen, gegenübergestellt den Verbrechen in den KZs. Und nun war das satte Leben im Lager beendet. Wir bekam Hungerration, so daß die fleißigen Kameraden, die im Lager Gartenfrüchte zogen, hoch in Kurs kamen wie auch das Lagerküchenpersonal... Es war die Zeit kurz vor der Kapitulation.

Wie schon gesagt, wurden nach dem 8. Mai 1945 die bisher herrschenden »alten Kämpfer« aus dem Lager ausquartiert und in sogenannte Nazi-Lager gebracht. Die Amerikaner bezeichneten sie als *Trouble-Maker*. Sie wurden übrigens, soweit bekannt, verhältnismäßig bald in die Heimat abgeschoben!

Eines Tages wurden einige (in der Erinnerung etwa 50) von uns zu einem Gespräch darüber geholt, ob sie unter der NS-Herrschaft zu leiden gehabt hätten. Es wurde nachgefragt, ob man am Wiederaufbau mitarbeiten wolle. Ich war unter den Befragten, habe aber erklärt, ich wolle sofort nach der Heimkehr mein Studium mit dem Ziel des Priesterberufes wieder aufnehmen. Unter denen, die von den Amerikanern ausgewählt worden waren, war Professor Dr. Walter Hallstein. Soweit bekannt, wurden die Ausersehenen in einem Sonderlager besonders in englischer Sprache geschult.

Alle aber hatten ein Reedukationsprogramm zu absolvieren. Es wurden uns Filme über die Greuel in den Konzentrationslagern gezeigt, bisher in Deutschland verteufelte Literatur in die Hand gegeben usw. Einige – besonders solche, die es nötig hatten – begannen Zirkel für demokratische Bildung aufzumachen ... Übrigens: Auch der Gottesdienstbesuch am Sonntag stieg. Hatten wir vor dem 8. Mai 1945 so etwa 40 bis 50 Teilnehmer, so konnten wir jetzt über 60 zählen.

Über den Lagerlautsprecher meldeten jetzt wir uns zu Wort. So verlasen wir die ersten Verlautbarungen, die uns Deutschen wieder Zukunft verhießen, besonders die guten Worte unseres Papstes Pius XII. und einen Artikel aus *Our Sunday Visitor*, der Wochenschrift der Katholischen Aktion Amerikas, in dem der Morgenthauplan, der die Deutschen zu einem Bauern- und Hirtenvolk machen wollte, energisch abgelehnt wurde. Wir freuten uns, daß unsere Glaubensbrüder in den USA, die uns auch vorher mit Büchern, Bibeln usw. reichlich versorgt hatten, für unser Volk Stellung nahmen – damals eine einsame Hilfeleistung.

Die Gottesdienste hielt ein Gefreiter-Priester aus dem Nachbarcamp. 1944 hatten wir zunächst noch keinen katholischen Gottesdienst, wir besuchten den evangelischen Gottesdienst: Es waren ja elf evangelische Geistliche in unserem Lager, einige zu den »Deutschen Christen« neigend, andere streng gläubig.

Als wir nach der Kapitulation in Winston-Salem bei der Tabakernte arbeiteten, wurden wir von einem amerikanischen Geistlichen betreut. Dankbar erlebten wir die Weltkirche, die überall den gleichen, damals lateinischen Gottesdienst feierte: Wir waren als Katholiken überall in der ganzen Welt zu Hause!

Wir sangen unsere Kirchenlieder – für Amerikaner damals noch eine unbekannte Gestaltung des Gottesdienstes. Als ich nach dem Gottesdienst einmal sagte: »*A very beautiful song today*«, antwortete der amerikanische *Father*: »*A terrible one*«.

Noch eine Bemerkung zu den Gottesdiensten in Como: Dort hatten wir eine eigene Kirchenbaracke, von den Amerikanern zur Verfügung gestellt. Hinter dem Altartisch errichteten wir einen gotischen Bogen mit den Motiven der Festzeiten als Transparent mit Kerzen dahinter. Die Amerikaner stellten uns auch einen transportablen Beichtstuhl zur Verfügung, zwei mit einem Scharnier verbundene Sperrholzplatten. Mein Freund Paul Schmidt bewahrte ihn über seinem Bett in der Baracke auf. Ich bewunderte seine herrlich rheinländische Art, in der er die – durchaus nicht gläubigen – Kameraden über dieses seltsame Möbelstück aufklärte: Da könnt ihr am Samstag kommen zum Beichten.

Übrigens hatte dieser Beichtstuhl sein besonderes Schicksal: Nach der Kapitualtion brach das Heimkehrfieber aus. Einer sah in den Sperrholzplattten des Beichtstuhls einen guten Rohstoff für Koffer zur Heimreise. Wir ließen durch den Lageradjutanten nachforschen – bis wir fündig wurden: Das Holz war schon zu einem Koffer verarbeitet …

Die Zeit im Lager war für uns, die wir sie nutzten, eine ganz besonders bereichernde Zeit. In großer Dankbarkeit denke ich daran, besonders auch an die herzlichen Männerfreundschaften, die sich gebildet hatten: Paul Schmidt traf ich beim ersten katholischen Gottesdienst.

Er hatte sich wie ich hinter dem Altar eingefunden, um dem Pfarrer seinen Dienst anzubieten. Wir beide (der Größe nach ein wenig ungleich) wurden so als die Vertreter der katholischen Gemeinde im Lager bekannt. Ich denke mit Freude an meinen Freund Josef Stettmeier, meinen Zimmergenossen, der im Lager berühmt war durch seine stete Hilfsbereitschaft – er war handwerklich besonders geschickt und half, wo er konnte.

Viele geistige Anregung empfing ich von Professor Dr. Albert Mirgeler – bis heute lebt viel davon in mir.

Eine tiefe Freundschaft verband mich bis zu seinem leider sehr frühen Tod mit Werner Schlepper, der einen inneren Weg machte von dem in der NS-Ordensschule Geformten, aus der evangelischen Kirche Ausgetretenen: Er fand durch Dr. Mirgeler zum katholischen Glauben. Nach der Heimkehr trat er in den Orden der Jesuiten ein. »Eigentlich wollte ich immer in einem Orden sein«, hatte er mir geantwortet, als ich ihn abzuhalten versuchte.

Wir erlebten von Seiten der Amerikaner Menschlichkeit und Entgegenkommen. Unverständlich war uns ihre geradezu naive Gutgläubigkeit, die sie im politischen Bereich schwere Fehler machen ließ. Wir konnten es nicht verstehen, daß sie ihre einzigartige Weltmacht nicht ausnutzten, um eine Zukunftslösung zu schaffen, die nicht schon wieder neue Konflikte vorprogrammierte. Über eine Straße in Winston-Salem, der Tabakstadt (Reynolds Tobacco – Camel), in der nach der Kapitulation ein Teil von uns arbeitete, war ein großes Band gespannt: *CAMEL LEADS THE WORLD* – Kamel führt die Welt: Nicht bloß die Camelzigarette – sondern auch ... Wir dachten an den alten Spruch: Zuviel Gutmütigkeit ist Liederlichkeit.

Ein besonders gutmütiger Amerikaner begegnete uns

in Winston Salem: Es war der Lagerleiter, ein Oberst, der uns versprach, er würde dafür sorgen, daß wir *»as soon as possible«* heimkommen würden, der sich dafür persönlich verbürgte und auch noch lächeln konnte, als wir ihm erwiderten, was denn sei, wenn er plötzlich sterben würde. Wir schlossen mit ihm nämlich einen Vertrag, wir würden nur wieder arbeiten, wenn wir dann heimgeschickt würden – er war in Druck, weil er den Arbeitgebern unsere Arbeitskraft schon versprochen hatte! Der Oberst starb zwar nicht, aber er wurde plötzlich abberufen nach China …

Literaturhinweise

Stephen E. Ambrose und Günter Bischof, Eisenhower and the German POWs. Facts Against Falsehood. Louisiana State University Press 1992 (Eisenhower Center Studies on War & Peace).

Alfred Andersch, Getty oder die Umerziehung in der Retorte. In: Frankfurter Hefte II, 1947, S. 1089–1096.

Alfred Andersch, Mein Verschwinden in Providence. Zürich 1979.

James Bacque, Der geplante Tod. Deutsche Kriegsgefangene in amerikanischen und französischen Lagern 1945–1946. Frankfurt am Main – Berlin (Neuauflage) 1993.

Wolfgang Benz und Angelika Schardt (Hrsg.), Deutsche Kriegsgefangene im Zweiten Weltkrieg. Erinnerungen. Erweiterte Neuausgabe Frankfurt am Main 1995.

Kurt W. Böhme, Die deutschen Kriegsgefangenen in amerikanischer Hand. Europa. München 1973 (Geschichte der deutschen Kriegsgefangenen des Zweiten Weltkrieges, Band X/2).

Kurt W. Böhme, Geist und Kultur der deutschen Kriegsgefangenen im Westen. München 1968 (Geschichte der deutschen Kriegsgefangenen des Zweiten Weltkrieges, Band XIV).

Kurt W. Böhme, Die deutschen Kriegsgefangenen in französischer Hand. München 1971 (Geschichte der deutschen Kriegsgefangenen des Zweiten Weltkrieges, Band XIII).

Kurt W. Böhme und Helmut Wolff (Bearb.), Aufzeichnungen über die Kriegsgefangenschaft im Westen. München 1973 (Geschichte der deutschen Kriegsgefangenen des Zweiten Weltkrieges, Beiheft 2).

John Christgau, »Enemies«. World War II Alien Internment. Ames, Iowa 1985.

Robert C. Doyle, Voices from Captivity. Interpreting the American POW Narrative. Kansas 1994.

Yves Durand, La vie quotidienne des prisonniers de guerre dans les Stalags, les Oflags et les Kommandos, 1939–1945. Paris 1987.

Henry Faulk, Die deutschen Kriegsgefangenen in Grossbritannien. Re-education. München 1970 (Geschichte der deutschen Kriegsgefangenen des Zweiten Weltkrieges, Band XI/2; englische Originalausgabe: Group Captives. The Re-education of German Prisoners of War in Britain, 1945–1948, London 1977)
David A. Foy, For You the War is Over. American Prisoners of War in Nazi Germany. New York 1984.
Judith M. Gansberg, STALAG U.S.A. The Remarkable Story of the German POWs in America. New York 1977.
Hermann Jung, Die deutschen Kriegsgefangenen in amerikanischer Hand. USA. München 1972 (Geschichte der deutschen Kriegsgefangenen des Zweiten Weltkrieges, Band X/1).
Allen V. Koop, Stark Decency. German Prisoners of War in a New England Village. Hanover – London 1988.
Arnold Krammer, Nazi prisoners of war in America. New York 1979 (Neuausgabe: Chelsea 1991; deutsch: PW, gefangen in Amerika. Stuttgart 1982).
Arnold Krammer, German Prisoners of War in the United States. In: Military Affairs 40 (1976), S. 68–73.
Amia Lieblich (Hg.), Seasons of Captivity. The Inner World of POWs. New York 1993.
Erich Maschke u. a., Die deutschen Kriegsgefangenen des Zweiten Weltkrieges. Eine Zusammenfassung. München 1974 (Geschichte der deutschen Kriegsgefangenen des Zweiten Weltkrieges, Band XV).
Allan K. Powell, Splinters of a Nation. German Prisoners of War in Utah. Salt Lake City 1989.
Hans Werner Richter, Die Geschlagenen. Roman. München 1949.
Der Ruf. Zeitung der deutschen Kriegsgefangenen in USA. Faksimile-Ausgabe, München – London – New York – Oxford – Paris 1982.
Heinrich Scheel, Vor den Schranken des Reichskriegsgerichts. Mein Weg in den Widerstand. Berlin 1993.
Heinz Schröder, »Olle Icke« erzählt. Über Widerstand, Strafdivision und Wiederaufbau. Berlin 1987.
Arthur L. Smith, Heimkehr aus dem Zweiten Weltkrieg. Die Entlassung der deutschen Kriegsgefangenen. Stuttgart 1985 (Schriftenreihe der Vierteljahrshefte für Zeitgeschichte; Nr. 51).
Arthur L. Smith, Die »vermisste Million«. Zum Schicksal deutscher Kriegsgefangener nach dem Zweiten Weltkrieg. München 1992.

Peter Steinbach, Zur Sozialgeschichte der deutschen Kriegsgefangenen in der Sowjetunion im Zweiten Weltkrieg und in der Frühgeschichte der Bundesrepublik Deutschland. Ein Beitrag zum Problem historischer Kontinuität. In: Zeitgeschichte 17 (1989), Heft 1, S. 1–18.

Matthew Barry Sullivan, Auf der Schwelle zum Frieden. Deutsche Kriegsgefangene in Großbritannien 1944–1948. Frankfurt am Main – Berlin – Wien 1984.

Wilma Trummel Parnell, The Death of Corporal Kunze. Secaucus, New Jersey 1981.

Claus Tulatz, Exil hinter Stacheldraht. Die Vorbereitung politischer 999er in amerikanischer Kriegsfangenschaft auf die Nachkriegszeit am Beispiel Fort Devens. In: Helga Grebing und Christl Wikkert (Hrsg.), Das andere Deutschland im Widerstand gegen den Nationalsozialismus. Beiträge zur politischen Überwindung der nationalsozialistischen Diktatur im Exil und im Dritten Reich. Essen 1994, S. 173–199.

Curt Vinz, Verleger hinter Stacheldraht. In: Börsenblatt, Nr. 98, 6.11.1987, S. 3066–3068.

Curt Vinz, Verleger hinter Stacheldraht. Der Ruf nach Freiheit für eine Neue Welt. In: Buchhandelsgeschichte 1991/1, S. 1–27 (Beilage zum Börsenblatt Nr. 24).

Volker Christian Wehdeking, Der Nullpunkt. Über die Konstituierung der deutschen Nachkriegsliteratur (1945–1948) in den amerikanischen Kriegsgefangenenlagern. Stuttgart 1971.

Richard Whittingham, Martial Justice. The Last Mass Execution in the United States. Chicago 1971.

Helmut Wolff, Die deutschen Kriegsgefangenen in britischer Hand. Ein Überblick. München 1974. (Geschichte der deutschen Kriegsgefangenen des Zweiten Weltkrieges, Band XI/1).